暨南少年家事法研究文库

丛书总主编　张鸿巍

性别平等与妇女发展
理论与实证

陈　晖◎著

中国民主法制出版社

2018年·北京

图书在版编目（CIP）数据

性别平等与妇女发展：理论与实证/陈晖著．--
北京：中国民主法制出版社，2018.6
（暨南大学少年及家事法研究丛书／张鸿巍主编）
ISBN 978-7-5162-1651-4

Ⅰ.①性… Ⅱ.①陈… Ⅲ.①妇女工作—研究—中国
②男女平等—研究—中国 Ⅳ.①D442

中国版本图书馆 CIP 数据核字（2018）第 053694 号

图书出品人：刘海涛
出 版 统 筹：乔先彪
责 任 编 辑：唐仲江　程王刚

书名/ 性别平等与妇女发展：理论与实证
作者/ 陈　晖　著

出版·发行/ 中国民主法制出版社
地址/ 北京市丰台区玉林里 7 号（100069）
电话/ （010）63292534　63057714（发行部）　63055259（总编室）
传真/ （010）63056975　63292520
http：// www. npcpub. com
E-mail：mzfz@ npcpub. com
经销/ 新华书店
开本/ 16 开　710 毫米×1000 毫米
印张/ 14.25　字数/ 240 千字
版本/ 2018 年 9 月第 1 版　2018 年 9 月第 1 次印刷
印刷/ 北京中兴印刷有限公司

书号/ ISBN 978-7-5162-1651-4
定价/ 45.00 元

前　言

本书以社会性别理论和社会性别分析方法来检视妇女权利，研究妇女发展，探讨新形势下妇女发展的现状、面临的挑战以及未来发展的对策。

全书共分为八章：第一章、第二章对妇女权利、妇女发展等相关概念予以厘定，分析妇女权利与妇女发展的关系，阐述妇女发展的理论基础，提倡通过社会性别主流化、推进社会性别平等的国家机制，以实现性别平等，为全书展开提供一个基点和理论支撑。第三章至第八章，以妇女在教育、劳动就业、参政、婚姻家庭、环境以及妇女社会组织等方面中的内容为主线，以翔实、客观、可量化的监测统计数据为依据，对妇女发展的历程进行梳理和总结，揭示现行制度下基于性别的歧视以及对妇女权益保障中存在的问题，总结了妇女发展进程中的经验和不足；也针对本领域妇女发展的热点及难点，探讨了新形势下妇女发展的规律与特点、理论基础与实践困难，以及妇女面向未来发展的对策与措施，为妇女发展和妇女工作提供有实践意义的理论与例证。

本书研究的主要内容及逻辑结构如下：

"引言"。主要概述本书研究的缘起、选题背景和研究的意义，以及研究方法、资料来源。

第一章"妇女权利与妇女发展"。本章对妇女权利、妇女发展等相关概念予以厘定，阐述了妇女权利与妇女发展的关系。

第二章"妇女发展的理论基础"。本章阐述了妇女发展的理论基础，为全书的展开提供一个基点和理论支撑，提出政府应在公共政策领域通过社会性别主流化、推动建立性别平等机制以实现性别平等，妇女要通过全面参与以实现自身的全面发展。

第三章"教育与妇女发展"。本章以珠海为例，对教育领域性别平等状况进行整体分析，主张发展普惠性的学前教育，减轻女性事业发展和子女抚养的双重压力，加强性别平等教育，营造性别平等的校园文化环境，设立规范的分性别教育统计口径，以充分实现教育领域性别平等与妇女的发展。在终身教育理念之下，本章还针对女性职业教育的现状及存在的问题，借鉴国际妇女职业教育发展战略，提出女性职业教育发展的对策，从而与男性拥有同样的参与、竞争和发展的机会，以实现女性的自我价值。

第四章"经济领域性别平等与妇女发展"。本章以可量化的监测统计数据分析了妇女在经济领域性别平等的现状；女性在就业中面临的竞争日益激烈，职业中的性别隔离状况、就业中的性别歧视依然存在。妇女劳动权益保障也面临着巨大的困难，为了应对就业中的性别歧视，有必要制定"反就业歧视法"，成立专门的反就业歧视机构，并且加强对就业歧视的诉讼救济。此外，"全面二孩"政策的提出，生育行为让女性面临职场与家庭的两难选择，职场隐性歧视以及照顾家庭的压力也接踵而至，在平衡二孩生育和女性职业发展的对策中，政府、企业以及家庭应各负其责，前瞻性、有针对性地给出解决方案，通过及时的制度衔接、措施配套和职能转变，释放出更多政策红利和服务便利。两性应平等参与生育事务、共担家庭责任。本章还对延迟退休政策进行社会性别分析。

第五章"妇女参与决策与管理"。本章根据妇女在参政领域的监测数据以及对高校女性参与高校公共事务管理相关调查问卷进行统计，描述了妇女在参政领域的现状，提出要建立妇女"精英—大众互动的参政模式"，谨防妇女在参政过程中"职务性别化"和"权力边缘化"，并以性别配额保障妇女参政数量，从而有效激发妇女群体的参政能力，增强妇女对社会政治生活的影响。

第六章"婚姻家庭领域性别平等与妇女发展"。本章以珠海为例，全面梳理了外嫁女权益保障在实践中存在的问题，并进行原因分析，提出对外嫁女权益保障的对策与建议。本章还描述了珠海市反家庭暴力的实践与成效，建议未来构建反家庭暴力综合防治体系，在全社会实现"家庭零暴力"。

第七章"环境领域社会性别主流化"。本章首先对妇女与环境领域的总体状况进行分析，并就环保组织中男女对环保参与的认知、态度、动机、行动等方面的现状进行描述和比较分析，提出将性别平等纳入环境保护的发展策略中，提升环境保护与可持续发展相关决策中的性别意识，从而有效促进环境保护领域社会性别主流化。

第八章"社会组织与妇女发展"。本章以妇联组织为核心，梳理了妇联组织建设发展概况，进而探讨妇联组织在开展枢纽型组织建设，培育和发展妇女社会组织方面所取得的成效。在中央新一轮妇联组织改革的背景下，妇联更要在创新中谋求发展，以更好地代表和维护妇女权益。

目录

引　言

一、导言：问题与研究缘起

社会发展不仅包括经济发展，也包括人类政治、文化、环境、人口、妇女等方面的综合发展。性别的差异和歧视很容易就会将妇女排斥在发展的主流之外，使妇女地位相对下沉。因此，在现代化和社会转型过程中，我们需要处理好妇女发展与社会发展之间的复杂关系，在经济发展和城市化进程中确保妇女的权益。

20 世纪中后期以来，随着全球经济社会的发展与进步，国际社会形成了一系列有关促进妇女发展的国际公约。为认真履行国际承诺，保障妇女权益，提升妇女整体素质，国务院分别于 1995 年、2001 年和 2011 年制定和颁布了《中国妇女发展纲要》，在每一轮妇女发展纲要中，都明确了一定历史时期妇女优先发展的领域，设置了妇女发展各个领域的主要目标，提出了具体的策略措施。每一项妇女发展指标、每一个监测数据都是一个观察视角，也是某一方面的关注重点，它反映了某一阶段出现的问题，也为有效地促进这些问题的解决提供了思路。

但在新形势下，随着户籍制度改革、人口流动加快等因素，妇女发展也面临着许多新的问题，全面二孩政策与延迟退休政策对妇女发展提出了新的挑战。"双创"背景下如何更有效地提升妇女创新创业新空间，妇女诉求在农村妇女土地权益、家庭暴力、企业女职工维权，以及女童、老年女性、女性贫困人口、迁移流动女性等特殊女性群体方面也呈现出一些新的问题。妇女在健康保健、精神文化和培训提升等方面也提出新的需求。这些都使妇女发展呈现出日益多元和复杂的态势。

当前对"妇女与发展"的研究多集中在社会学、人口学、经济学等学科领域。近年来，有学者开始从社会性别的视角出发，探讨两性的关系、性别平等以及妇女与发展的终极目标。但是，"妇女与发展"问题的理论体系还不完善，代表性的成果也少之又少。"妇女与发展"问题的研究不仅仅包含两性关系的平等，更主要的是性别双方在发展当中均衡受益，这意味着我们现在研究妇女与发展并不是盲目地追求"平等"，而是如何在社会的整体发展中，将妇女引入发展的序列中，为她们寻求一条真正能够实现她们"发展"的路径。

从法律的角度而言，以权利为视角来研究妇女问题主要是为了强调对妇女地位及妇女特殊权利的重视，从而使立法者在立法时能够更多地保障妇女的权利，使妇女的应有权利、法定权利和实有权利得到全面实现，从而完善对妇女权利的保护措施。

笔者最初对于妇女权利问题的研究始于 2010 年珠海市妇联委托的项目"珠海市妇女生存现状与发展"的调研，该调研工作完成后形成的调研报告于 2011 年获得珠海市哲学社会科学优秀成果调研报告类二等奖。2013 年，笔者完成了珠海市哲学社会科学规划课题"社会性别视角下妇女参与社会管理创新研究"，该项目同时获得广东省妇联与广东省妇女发展研究会的经费支持。2015 年，笔者主持并完成广东省高校女性发展研究专项重点课题"性别平等视阈下高校女性参与公共政策研究"，2016 年再次完成珠海市妇联委托的项目"妇女发展蓝皮书"。在研究过程中，笔者尝试对妇女权利、性别平等等相关理论问题进行研究，也有对珠海市妇女发展现状的全面梳理与实证分析，本书的写作就以此为思路对妇女权利与性别平等的相关问题进行思考和阐述，既是对以往研究工作的总结，也是对未来的研究奠定了基础。

二、研究方法与资料来源

（一）研究方法

开展对妇女发展的实证研究，往往要通过对大量社会事实的定性和定量相结合的分析，从经验和理论建设的更高层次上寻找社会与妇女在发展过程中的种种内在关联，厘清妇女的观念和行为方式进步中的逻辑关系，从而寻找出妇女发展的时代性规律。

妇女发展，受益的并不只是妇女本身，它还将促进整个社会的可持续发展。本书尝试在较广泛的领域和背景下，对妇女群体进行整体考察，运用一些妇女发展规定的监测指标和统计数据对妇女发展的情况进行科学的量化并加以分析与总结，以便能够有效地凸显出妇女发展进程中存在的问题，找出更具有趋势性和战略性的妇女发展方向。

本书采用以下研究方法：

1. 文献法

本书主要以政府官方统计监测数据以及二手文献资料作为分析材料。这些数据和文献资料主要源于珠海市，根据近年来珠海经济变化与妇女发展变化不同侧面的资料，对研究妇女发展的因素探索有重大的裨益，并全面呈现妇女发展的状况及存在问题。

2. 问卷法

在对妇女权利及发展状况的调查过程中，我们设计了一系列具体指标并对其实施情况用问卷、统计的综合方法，形成更直观、简洁的数据或表格形式。这是本书研究的有力工具，这种分析方法也有利于后续研究的资料与数据积累。

3. 比较研究方法

由于妇女发展中客观存在着群体差异，我们研究妇女问题时也坚持分层分类的原则方法：一是尽量实现对不同社会阶层妇女发展进行比较；二是对妇女权利及发展状况进行比较；三是对男女两性之间以及女性内部之间的实践差距进行比较。通过比较来分析、呈现问题的本质，揭示妇女发展中的共性与个性特征，从而促进妇女的协调发展。

4. 妇女发展评价指标分析

研究妇女发展不可或缺的一个方面是妇女发展的评价指标体系，本书以《珠海市妇女发展规划》监测指标为基础，研究近几年来妇女发展水平指标进展状况，分析其背景和原因，为寻求提高妇女发展的方法和途径提供可借鉴的客观依据。

（二）研究资料的来源

本书的研究主要以珠海市为基础，本书数据及文献资料的来源方面：一是查阅了政府有关部门提供的统计报表，以及政府相关文献资料，包括政府工作报告，政府及其职能部门白皮书，市妇儿工委各成员单位历年工作总结、中期自评估报告、统计监测数据，市、区政府制定的法规与规章、发展规划及其职能部门下发的与妇女发展有关的文件等，通过真实数据和实例再现珠海妇女发展状况；二是在研究过程中开展的专项调查，如调查问卷、基础数据收集、访谈、实地考察等获得的数据，也有大量的数据源于政府有关部门提供的统计报表，通过真实数据和实例再现珠海妇女发展状况；三是新闻、网络媒体发布的文章与报道。这些数据和资料真实地反映了珠海市妇女发展中所取得的成绩、面临的问题以及未来的发展策略等。

本书对于珠海市妇女权利与发展现状的研究，始于实际工作中对相关问题的思考，并对相关领域和妇女发展的动态保持了跟踪和积累。随着研究的深入，也有更多的问题延伸出来，本书也会存在一些不尽完善之处，对于农村妇女的权利及发展，以及外来流动妇女的权利与发展状况，实际涉足的内容很不够，系统的调查也未曾开始，因此，笔者会以持续的关注和研究将该课题进一步深入。

第一章　妇女权利与妇女发展

第一节　基本概念

一、"妇女"的界定

妇女是一个特殊的社会群体，其特殊性主要表现在她们自身的生理和心理结构，在不断发展的人类社会中也有着不同的社会地位。《辞海》对"妇"的解释为：①已婚的女子；②妻；③儿媳；④女性的通称，如妇科、妇孺；⑤容貌美。这些解释表明，"妇女"这个词可以作为女性的通称来用。在古代汉语中，"妇"和"女"是分开使用的，指称"妇人"（已婚的）或"女子"（未婚的）。但在近代社会，"妇"和"女"结合逐渐作为对一个社会群体的称呼。"妇女"一词有几层含义：第一层含义是将"妇女"指称为已婚女子，强调"妇"与"夫"相对应；第二层含义将"妇女"指称为所有的女性。在家庭中的称谓有"妻""女""母"等角色、身份和名分的差别。《现代汉语词典》中则直接将"妇女"一词定义为"成年女子的通称"，揭示了一般语境中"妇女"一词的基本内容。

我国《宪法》和《妇女权益保障法》对"妇女"的概念作了最广义的解释。《宪法》第48条第1款规定："中华人民共和国妇女在政治的、经济的、文化的、社会的和家庭的生活等各方面享有同男子平等的权利。"这里的"妇女"不仅包括成年女性，也应包括女婴、女性未成年人，才能不悖《宪法》的原意。因此，国务院颁布的《中国妇女发展纲要》也对"妇女"概念采用广义的解释。《妇女权益保障法》第16条第1款规定："学校和有关部门应当执行国家有关规定，保障妇女在入学、升学、毕业分配、授予学位、派出留学等方面享有与男子平等的权利。"该法不仅保障成年妇女、已婚妇女的权利，也保障"青少年""未成年人""适龄少年儿童"等各个年龄段女性的权利。"妇女"的概念也是广义的，基本上等同于全体"女性"，也就是说，所有女性在法律上都可以认为是"妇女"，无论其是否已婚或已成年。

但是，按照我国《婚姻法》规定，女性20周岁是法定最低婚龄，因此，实践中就存在以婚姻为标准，称结了婚的成年女性为"妇女"，因为从字源上来说，"妇"（婦）是会意字，甲骨文字形，左边是"帚"，右边是"女"。从女持帚，表示洒扫。《说文》：妇，服也。从女，持帚，洒埽也。会意，谓服事人者。说明"妇女"本义是指已婚的女子，有的甚至还将妇女的范围限定在结过婚并且生育了孩子的女性等。

从其他法律的规定来看，我国《刑法》中并没有对妇女直接进行界定，但在刑法条文的表述中都有关于"妇女"的规定，司法解释也对"妇女"与幼女、儿童的区分进行了规定。《刑法》第 237 条第 1 款规定："以暴力、胁迫或者其他方法强制猥亵他人或者侮辱妇女的，处五年以下有期徒刑或者拘役。"该条款中的"妇女"是指年满 14 周岁以上的未成年妇女和成年妇女。第 236 条第 2 款规定："奸淫不满十四周岁的幼女的，以强奸论，从重处罚。"该条规定的"幼女"是指不满 14 周岁的女性。最高人民法院 1989 年 7 月 7日《关于拐卖人口案件中婴儿、幼儿、儿童年龄界限如何划分问题的批复》中规定："不满一岁的为婴儿，一岁以上不满六岁的为幼儿，六岁以上不满十四周岁的为儿童。在办理奸淫幼女案件中，幼女的年龄按刑法第 139 条的规定执行，不满十四岁的均为幼女。"（该批复已被 1992 年 12 月 11 日最高人民法院、最高人民检察院《关于执行〈全国人民代表大会常务委员会关于严惩拐卖、绑架妇女、儿童的犯罪分子的决定〉的若干问题的解答》代替）1992 年 12 月 24 日最高人民法院、最高人民检察院《关于执行〈全国人民代表大会常务委员会关于严惩拐卖、绑架妇女、儿童的犯罪分子的决定〉的若干问题的解答》也采用通过年龄的方式来区分婴儿、幼儿和儿童，由此可以推导出，14 周岁以上的女性为妇女。显然，在我国的刑事法领域，"妇女"应作狭义理解，笔者认为，这种狭义界定主要是出于对"幼女"身心健康的特别保护。

由于"妇女"概念的不统一，实践中也带来一些问题，在一些人的朴素观念中，妇女似乎应该是年龄偏大的，岁数小则不宜称呼其为妇女。特别是近年来，在对妇女社会地位的讨论中，有的人对"妇女"两字产生了理解上的差异，把妇女与"家庭妇女"联系，而女性则与"职场女性"相连接，片面地将"妇女"概指年龄偏大、缺少文化的家庭妇女。一些现代女性甚至希望把"三八妇女节"更名为"三八女人节"或"三八女性节"，一些大学校园里也改称为"女生节"等。

因此，在本书中，我们注重"妇女"一词在中国语境下的特殊含义，将"妇女"一词的范畴涵盖所有的女性，但对妇女权利与发展的研究范围可以根据年龄进行区分或讨论。也有学者按照社会的分层理论，以政治、经济、文化为三个维度，将女性群体划分为五个层次（如表1-1）。并且认为女性是一个分层的存在，不同阶层的妇女有着不同的困境与需求；因此，在考察妇女的生存现状时必须与其所处阶层相联系，在制定关于妇女问题的社会政策中也必须加入阶层意识。[1]

表1-1　中国女性社会分层状况

上层	管理者阶层、企业家阶层、专业技术人员阶层
上中层	白领、记者、演员及其他自由职业者
中层	粉领（中小学教师、幼儿园老师、护士、秘书、服务员等）、职业太太
下中层	工人、农民及非正规就业者（如保姆）
下层	下岗未就业女性、失业者、性工作者

对于妇女群体的划分是为实现其特定的研究目的，这种分类对于我们研究妇女的整体发展也有一定的意义。在本书的研究文本中，我们也会借鉴这种划分以更全面地了解不同社会阶层女性的权利及其发展状况。

二、权利与妇女权利

（一）妇女权利的提出

权利是法学最基本的概念和范畴之一。权利的含义十分丰富，它与利益之间有着必然联系。因此，在表述"权利"时，也有时称之为"权益"，一般认为，利益在法律上的表达即为权利，权利本质上就是一种由法律保护的利益。为了表述的规范性，本书将"权利"和"利益"统称为"权利"。

妇女是人类社会的"半边天"，担负着延续历史的重任，也是推动人类走向进步与文明的强大力量。但是，从历史上看，在相当长的时间内，妇女的权利却常被排斥在权利范畴之外。直到启蒙资产阶级思想家提出人权概念时，才为妇女权利问题的提出提供了理论武器，妇女们开始了争取权利的斗争，并产生了现代意义上的女权主义运动。女权主义运动经历了三次浪潮：一是17世纪英格兰所发生的以选举权、禁酒、节制生育等为目标的女性解放运动；二是20世纪60年代末的女权主义运动，她们对女性的受压迫地位进行了多样性的分析，并且为女性解放提供多元的视角；三是当代的女权主义

---

〔1〕　王小波：《试析中国女性群体的分化与分层》，《妇女研究论丛》2005年第5期，第14—17页。

运动，主要有自由女权主义、激进女权主义、马克思主义女权主义、社会主义女权主义四个主要流派。[1] 尽管女权主义运动产生了各种流派，各种女权主义思想也风起云涌，但在争取妇女权利上却有着共同的目标。经过长期的奋斗，妇女权利得到了大多数国家的承认。1673 年，法国著名女革命家浦兰·德·拉巴尔出版了《论两性平等》一书，标志着妇女权利思想的产生。她从人类学的角度研究妇女的不平等地位，提出妇女不是天生低劣于男人，男女不平等是社会造成的，男女在本质上是平等的思想，同时批判了亚里士多德、卢梭、康德及弗洛伊德的女性低劣于男性的观点。[2] 1791 年阿伦普·德·古杰发表的《妇女和女公民权利宣言》被认为是历史上第一个妇女权利宣言，其明确提出"妇女生而自由，在权利上与男子是平等的"[3]，标志着妇女向社会公开提出了妇女权利的政治要求，同时也标志着女权主义思潮和运动的正式形成。

（二）妇女权利的国际法律框架

自联合国成立以来，妇女权利保护受到国际社会的重视，在联合国的大力倡导及行动的影响下，国际社会通过了许多国际公约以保护妇女的人权，形成了比较系统的保障妇女人权的国际法律体系。1945 年通过的《联合国宪章》第一次将人权概念正式纳入国际法范畴，它在序言中明确规定了关于基本人权、人格尊严与价值，男女平等权利原则，为保障妇女人权的立法提供了一个总的指导方向。1948 年的《世界人权宣言》是国际人权宪章的第一个文件，提出禁止歧视的人权基本原则，成为联合国人权公约的基本准则。"人人生而平等，在尊严和权利上一律平等……""人人有资格享受本宣言所载的一切权利和自由，不分种族、肤色、性别、语言、宗教、政治或其他见解、国籍或社会出身、财产、出生或其他身份等任何区别。"这些表述都贯穿了人权平等理念。1966 年联合国大会通过《公民权利和政治权利国际公约》和《经济、社会和文化权利国际公约》将《世界人权宣言》确立的平等/非歧视原则写成具体的条约法规范，要求缔约国承担保证男子和妇女在享有公约所载一切权利方面有平等的权利，同时也确立了妇女人权保障的基本框架，这三个国际人权法文件也被称为"世界人权宪章"。

---

〔1〕 刘华萍：《性别平等之悖论：在哲学与政治之间》，《岭南学刊》2016 年第 2 期，第 127 页。

〔2〕 邓喜莲：《论妇女应有权利的保护》，《山西煤炭管理干部学院学报》2009 年第 4 期，第 120 页。

〔3〕 马庚存：《中国近代妇女史》，青岛出版社 1995 年版，第 50 页。

此外，联合国妇女地位委员会负责起草了一系列保护妇女的专项国际公约，并由联合国大会通过，包括：1952 年《妇女政治权利公约》、1957 年《已婚妇女国籍公约》、1962 年《关于婚姻同意、结婚最低年龄及婚姻登记的公约》。国际劳工组织也通过了一些禁止就业性别歧视的国际人权文件，如1951 年《男女工人同工同酬公约》、1958 年《就业和职业歧视公约》、1981年《有家庭责任的男女工人机会和待遇平等公约》等。

专门保护妇女人权的国际公约是 1979 年 12 月 18 日联合国通过的《消除对妇女一切形式歧视公约》，其包括序言和六个部分，共 30 条，将妇女的权利扩展到政治、经济、社会、文化、公民和任何领域，形成了一部综合性的具有法律约束力和广泛适用性的妇女人权公约，被认为是性别平权斗争的第一个全球性里程碑，并构成了 20 世纪 90 年代至 21 世纪初举办的一系列世界会议所参照的重要规范。[1] 针对性别歧视，该公约重申了平等与非歧视原则，并且确立了实现两性实质平等的模式，要求缔约国"立即用一切适当办法，推行政策、消除对妇女的歧视"。这些措施包括立法、司法、行政及其他措施等，更是将妇女人权的国际法律保护推上了一个高峰。在 1993 年联合国召开的世界人权会议上，妇女们在非政府论坛上举办了有千人出席的反对侵犯妇女权利的全球法庭，致使人权大会肯定妇女权利是全球人权议程的中心，联合国通过了《消除对妇女暴力行为宣言》。联合国《维也纳宣言和行动纲领》也提出"妇女和女童的人权是普遍性人权当中不可剥夺和不可分割的一个组成部分"，"促请各国政府、机构、政府间和非政府间组织加强努力和合作，保护和促进妇女人权"。1995 年在北京召开的联合国第四次世界妇女大会上，会议通过的两个指导各国妇女发展的成果性文件《北京宣言》和《行动纲领》，提出了"妇女权利就是人权"的口号，这一口号宣示了妇女作为社会上一个平等意义上的人所应当享有的与其他主体一样的自由平等的权利，鲜明地体现男女平等的人权基本原则、改变和消除歧视妇女的心态和行为。1999 年 10 月 6 日第 54 届联合国大会通过了《消除对妇女一切形式歧视公约任择议定书》，该议定书通过提供个人申诉权而成为维护妇女权利的利器，进一步强化了《消除对妇女一切形式歧视公约》的实施机制。

（三）妇女权利的国内立法

我国妇女权利的发展是一个艰难曲折的历史过程，在漫长的奴隶和封建

---

〔1〕 ［德］克里斯蒂娜·冯·布劳恩、恩格·斯蒂芬等：《科学中的性别》，史竞舟译，人民出版社 2014 年版，第 165 页。

社会，一切以男子为中心，宗法等级制度森严，父权意识形态中存在着男主女从、男尊女卑的等级观念，妇女受压迫、受歧视，没有独立的人格及身份，被排斥于政治生活和公共事务之外。"男主外、女主内"的传统分工模式根深蒂固，"女子无才便是德"，所谓"三从"（幼从父兄，出嫁从夫，夫死从子）、"四德"（妇德、妇言、妇容、妇功）成了古代妇女生活规范的核心，反映了妇女的一生完全从属于男性的命运，妇女根本没有权利可言，只有服从的义务，这种差异经世代强化并固定下来，渗透于人们意识之中，严重影响着社会对妇女的态度，而这种态度也严重地影响了妇女潜能的发挥。

新中国成立后，妇女获得解放，1949 年《共同纲领》明确宣告"废除束缚妇女的封建制度"，规定妇女在政治、经济、文化教育、家庭、社会生活的各方面，均有与男子平等的权利，实现男女婚姻自由。党和政府非常重视提高妇女的地位，摧毁了以男权为中心的封建法律体系，将男女平等和对妇女权益的保障写进法律。1950 年的《婚姻法》第 1 条就阐明立法精神，确立了男女权利平等和保护妇女权利基本法律原则："废除包办强迫、男尊女卑、漠视子女利益的封建主义婚姻制度。实行男女婚姻自由、一夫一妻、男女权利平等、保护妇女和子女合法利益的新民主主义婚姻制度。"这部法律触及了中国封建社会以男性为中心，男尊女卑的婚姻家庭制度，妇女成为该法实施后最大的受益者，其中很多规定为现行《婚姻法》所承继并得到发展。此外，1953 年《全国人民代表大会及地方各级人民代表大会选举法》让妇女有了与男性平等的选举权和被选举权，这是公民政治权利的核心。1954 年《宪法》确认了妇女和男子享有平等的权利，男女在社会生活和家庭生活各领域中法律地位平等。

1992 年《妇女权益保障法》是我国第一部以宪法为依据，以妇女为主体，全面保护妇女合法权益的基本法律，将妇女权利分为政治权利、文化教育权利、劳动与社会保障权利、财产权利、人身权利、婚姻家庭权利六个方面进行了具体详细的规定与保障。2004 年我国宪法修正，明确规定"国家尊重和保障人权"，从而为在法律法规政策中进一步扩大人权保障范围，加强保障措施，提供了宪法依据。2005 年修改后的《妇女权益保障法》更是凸显了反对性别歧视的立法理念和国家责任，明令禁止在教育、就业、财产权利上的性别歧视，并从立法、司法、行政、社会监督等多方面强化了保障措施和法律责任，这一专门性立法，引领了中国妇女权益的法制保障，实现了专门性法律的集中保护与各部门分散保护相结合的双轨制。

经过多年的努力，以《宪法》为依据，我国基本形成了以《妇女权益保障法》为主体，包括《劳动法》《婚姻法》《继承法》《母婴保健法》等法律、行政法规、地方性法规在内的一整套保障妇女享有平等权利和促进妇女发展的法律保障体系，体现了保障妇女权益、促进男女平等的基本立法宗旨。虽然多部法律法规中都包含了保护妇女权利的条款，但在立法模式上也存在一定的局限性：在立法中，我们往往把女性作为保护的客体，而非权利的主体；在立法技术和内容上，原则性的规定比较多，而且过于分散，有的规定过于重复，缺乏必要的概念界定和认定标准；法律救济和法律责任部分过于笼统，可操作性有待提高。这些缺陷也削弱了对妇女权益的保护，导致了法律适用性的不足。

（四）影响妇女权利的因素

法律赋权给妇女享有平等权利并不等于妇女就真正拥有了事实上的权利，就能够在现实生活中享受到这种平等权利。法律的赋权只是妇女维权的目标和依据，却不是现实的结果。有学者为了揭示权利的产生、形成、发展及实现的阶段和过程，将权利厘定为三种最基本的存在形态：应有权利、法定权利和实有权利。[1]

"应有权利"是权利的最初形态，本源基础为"天赋人权"，是特定社会的人们基于一定社会物质生活条件和文化传统而产生的权利需要和要求，也是人们的利益和需要的自我反映，具有其独立存在的客观意义。"法定权利"，即法律意义上的权利或者有法律根据的权利，是通过立法对应有权利作出的规定和确认，其以一定的法律形式或与规范相联系而存在。而"实有权利"，则是通过法律的实施、法律效果的实现，人们对法定权利的真正享有。换言之，规定妇女享有权利的较为完善的法律体系并不能保证妇女就能够在现实生活中享受到这些权利。妇女所拥有的"法定权利"与"现实权利"之间还存在一定距离，将"法定权利"转化为"现实权利"不仅需要良好的运行环境，更需要妇女自身艰苦的奋斗历程，否则任何法定权利也不过是空白支票无法兑现。

笔者认为，妇女权利并不独立于社会而存在，也非单纯的法律问题，对妇女权利的影响应置于整个社会背景下来考虑。妇女权利的实现受到政治、经济、文化等各种因素的制约。

首先，政治因素影响妇女权利。政治是一个国家的命脉，是最活跃的上

---

[1] 文正邦：《有关权利问题的法哲学思考》，载张文显、李步云主编：《法理学论丛》（第1卷），法律出版社1999年版，第435页。

层建筑，国家的政治理论和政府态度影响着妇女权利的构成与实现，它可以在最大限度上推进妇女权利的发展，但也可能成为妇女权利实现中最大的障碍。其次，经济资源与经济收益是妇女生存与发展的重要条件，也是妇女获得权利的物质基础，国家的经济体制或者经济政策都会深刻影响着妇女权利的实现。如果妇女因贫困而在温饱的边缘挣扎，连生存都难以保障，何谈去接受教育和学习新技术，最终的结果是她们只能在劳动力市场竞争中处于弱势地位，并逐渐在生产过程中被边缘化，甚至被淘汰。最后，文化因素也会影响妇女权利。社会文化传统是一种强大的意识形态，影响着人们的思想观念，引导着人们的价值取向。中国几千年的封建传统呈现出来的男尊女卑的父权制文化，会渗透到社会生活的各个领域，内化到人们的观念中，积淀成一种心理定势或潜在意识，然后外化为人们的行为。当然，妇女自身的权利意识也影响到妇女的权利，权利是人类千百次斗争的结果，长期以来，对妇女主体性的漠视导致妇女对自身权利意识极其淡薄。但随着社会的发展，人们逐渐扭转了这种格局，妇女不仅获得解放，而且开展了运用法律武器为维护和争取权利的斗争，这种权利意识的觉醒使权利成为真正美好而值得期望的东西。

三、发展与妇女发展

（一）发展权

发展是人类追求的一个永恒主题，人们对发展的认识是一个渐进的过程，从最初的经济指标的增长，到社会的综合发展，再到以人为中心的发展和保持生态平衡的可持续发展等，对发展的认识从单一到综合。

20 世纪 70 年代以后，国际社会日益关注发展问题，特别是一些发展中国家，不断地争取自身发展的运动，引起人们对发展权作为一项人权问题的思考和探索。最早提出发展权利主张的是非洲的阿尔及利亚正义与和平委员会，该委员会在其 1969 年发表的一篇题为"不发达国家发展权利"的报告中首次使用了"发展权利"的提法。而第一个将发展权作为个人人权提出的人是塞内加尔第一任最高法院院长凯巴·姆巴耶，1970 年他在题为"作为一项人权的发展权"的演讲中指出：发展权是一项人权，因为人类没有发展就不能生存。[1] 个人发展权概念越来越多地引起了国际社会的重视，并推动了

---

[1]　汪习根：《法治社会的基本人权——发展权法律制度研究》，中国人民公安大学出版社2002 年版，第 33—34 页。

对发展权与其他各项人权结合起来加以研究。

发展确实是妇女终身面对的一项严峻课题。随着妇女的权利逐渐受到广泛的重视，国际社会和各国政府开始采取一系列改善妇女状况的措施，并将妇女的发展权上升到妇女基本人权的高度，这是人类社会对人权认识的一个重要突破。

1979 年 11 月 23 日，联合国大会通过的《关于发展权的决议》正式宣布："发展权利是一项人权，平等的发展机会既是各国国家的特权，也是各国国内个人的特权。"20 世纪 80 年代后发展权概念逐渐成熟，1986 年联合国通过的《发展权利宣言》指出："发展权利是一项不可剥夺的人权，由于这种权利，每个人和所有各国人民均有权参与、促进并享受经济、社会、文化和政治发展，在这种发展中，所有人权和基本自由都能获得充分实现。"这一定义为我们揭示了发展权的内容，即发展权包括经济发展权、社会发展权、文化发展权和政治发展权。该宣言还全面解释了发展权的主体、内涵、地位、保护方式和实现途径等基本内容。尽管该宣言不是法律上具有约束力的条约规范，但它仍被广泛地参考。1993 年，维也纳世界人权大会通过《维也纳宣言和行动纲领》，各国一致确认了个人发展权是一项普遍和不可剥夺的权利，是人的基本权利的组成部分。这一纲领的通过标志着发展权进入了一个新的发展阶段。2000 年，第 55 届联合国大会通过《联合国千年宣言》，在第 11 条中，各国元首和政府首脑再次表达了"使每一个人实现发展权，并使全人类免于匮乏"的决心。

但同时，发展权不仅是一项独立的个人人权，而且是国家的权利，是一项集体权利，由个人组成的国家、民族乃至全人类是该集体权利的主体。国家的进步和发展能促进个人的发展，而个人的发展反过来又能促进国家和社会的发展。

（二）妇女发展的不同观点

根据《发展权利宣言》，发展权是一项不可剥夺的人权，由于这种权利，每个人和所有各国人民均有权参与、促进并享受经济、社会、文化和政治发展，在这种发展中，所有人权和基本自由都能获得充分实现。我国作为一个发展中国家，在促进对人权的普遍尊重和遵守的过程中，发展权始终位于被优先考虑的地位。

但是，"发展从来都是有性别的、有阶级的、有种族的、有地区的"[1]。

---

[1] 沈奕斐：《被建构的女性——当代社会性别理论》，上海人民出版社 2005 年版，第 333 页。

除了经济指标的增长，发展更是社会的进步，发展的最终目的应该是人的发展，即让每一个人都有机会参与到经济发展之中并能公平享受到经济发展所带来的成果。如果忽略了占人口半数的女性，无论是人的发展还是社会的发展，肯定都是不健康的、畸形的，在这一背景下，妇女发展问题也逐渐成为一个全球性的话题。妇女发展研究成为妇女研究领域的一个新的视角，不少研究者对"妇女发展"的内涵作了初步的阐释。

（1）妇女发展是妇女解放在现代社会中的延伸，等同于妇女解放，关键在于不断提高妇女地位。妇女发展主要指人格发展，重心在于女性意识的觉醒。[1]

（2）妇女发展属于人的发展的子系统，即"在人的发展框架下，来确定促进妇女发展需要做的事情"，它更加关注"妇女作为主体的人应该发展什么、如何发展"的问题。[2]

（3）女性发展不应基于一般人的发展理论，也不应是男性发展模式的复制与重现，而应是与女性生活本质相吻合的，从女性特点出发的，显现女性精神风貌的发展。[3]

（4）妇女发展应该既包括妇女的权利、就业、政治参与、受教育程度和健康水平等经济发展指数，还应该包括妇女的精神环境、价值观念、行为方式、主体意识和道德责任等人文发展状况。[4]

（5）妇女发展的众多要素应归纳为三个层次，即基础层、动力层和目标层，这三个层次是以人的发展的阶段性、层次性为科学依据的。基础层是妇女发展的基础层面，包括妇女文化、道德素质、体能、保健、社会化水平等；动力层是指妇女发展在社会、经济、政治和文化的多重动力要素，包括女性观念的变迁、文化水平的提高、主体意识和法制意识的增强、经济收入的提高和生活方式的进步、社会参与的增强、家庭关系和各种人际关系的调整改善等；目标层是指女性人格的独立和完善、个性的自由全面发展、成就动机的满足和社会价值的不断实现等。从系统观的角度来看，妇女发展是一个由多项要素、多元子系统与社会大系统相互作用下的群体共生现象，除了由三

---

〔1〕 叶南客：《社会发展中的妇女发展》，《浙江学刊》1994 年第 2 期，第 68 页。

〔2〕 李静之：《论妇女解放、妇女发展和妇女运动》，《妇女研究论丛》2003 年第 6 期，第 8 页。

〔3〕 杨晓宁、李萍：《女性的"全面发展"与人的"全面发展"》，《辽宁师范大学学报（社会科学版）》2004 第 6 期，第 31 页。

〔4〕 祝平燕：《社会性别视野中的女性与发展——对湖北高校知识女性专业发展现状的调查分析》，《湖北社会科学》2004 年第 12 期，第 153 页。

个层次众多要素组成的要素系统之外，妇女发展系统至少还应包括认知系统、环境系统、目的系统等相关领域。也有学者对东西方妇女发展予以比较，认为西方的妇女发展是以广大妇女主体意识的觉醒、参与精神的唤起和素质的提高为前提和基础的，其妇女发展属于"内生型"，具有"自发性""渐进性""自下而上"的特点，而中国妇女的发展则属于"后发外生型"。具有"外生型""赶超性""自上而下"的特点。[1]

（三）本书对妇女发展的理解

以上对妇女发展的理解基于不同的思维角度，我国从 20 世纪 90 年代在中国妇女研究领域也出现了"妇女发展"或"女性发展"的新概念，较之以往所使用的"妇女解放"和"妇女地位"有了极大的进步。妇女发展较之于妇女解放更加强调内在主体的自我成长。[2] 笔者认为，妇女解放与发展的目标和方向是一致的，只是侧重点不同，妇女解放更多的是强调妇女对于外在束缚、压迫和内在障碍的摆脱，而妇女发展则侧重于妇女在摆脱外在束缚和内在障碍后如何发展以及发展什么。妇女在解放中得到发展，又在发展中促进解放，二者的实质一样，都是要促进妇女全面而自由的发展。从时代的角度来看，发展的话语已代替了解放，妇女解放面临的主要任务转向了妇女发展。

具体而言，妇女发展包括四层含义：

1. 妇女自身的全面发展

妇女是一个自然人、公民与职业者的结合，扮演不同的角色，承担不同的责任，全面发展是从妇女生存发展的基本需求出发，着力解决关系妇女切身利益的现实问题，努力实现其在知识的积累、经验的丰富、智力的发展以及人格的完善等方面的全面发展。

西方著名的女权主义者玛格丽特·富勒曾说："女人所需要的，不是作为女人去行动或统治，而是作为一个自然人在发展，作为一个有理智的人去辨别，作为一个有灵魂的人去自由生活，从而顺利发挥自己的能力。"这段话指出了女性自我发展所应遵循的途径，即女性要想获得自由，必须大胆抛弃所有强加在女人身上的陈腐观念，克服自卑、自弱、依附等消极心理，自尊、自爱、自信和自立，冲破女性角色的固定模式，提高自身素质，增强社

---

〔1〕 参见李宏伟：《妇女发展的当代转型——从政府保护到自主参与》，《浙江学刊》1998 年第 5 期；叶南客：《社会发展中的妇女发展》，《浙江学刊》1994 年第 2 期。

〔2〕 许健、谭小梅：《科学发展观视域下的当代中国妇女发展思考》，《湖北经济学院学报（人文社会科学版）》2015 年第 8 期，第 21 页。

会责任感和参与意识，最大限度地肯定和实现自己的人生需求和社会价值。[1] 妇女主体意识和自我发展意识是妇女不断发展的内在动力。

正确的妇女发展观，不能简单地以某项指标、某个层面、某个阶段等作为对妇女发展整体认知的依据，而更应该强调妇女自身的全面发展是整体、持续和全方位的。"整体性"是指妇女作为一个整体的发展，包括不同城乡之间、区域之间、群体（阶层）之间妇女的共同发展，特别要致力于生活在社会底层的农村和城乡弱势群体妇女的发展，改善她们的生存和发展条件，提高她们的发展水平，这是评价妇女发展的一个重要方面，妇女个体的全面发展才能实现群体发展。"持续性"是指妇女自身发展是一个持续的过程，它强调妇女在成长的各个阶段，如婴幼儿期、受教育期、工作期、老年期都能够获得充分的发展。"全方位性"则指妇女发展是一种女性在思想、政治、经济与家庭等多向度的全面发展，也是妇女在智力、体力、情感、意志等各方面能力的均衡发展。

2. 妇女参与并促进发展

参与，简言之就是参加、分享及共同行动，是借自政治领域的一个名词，在发展实践中被广泛使用。西方的公民参与理论认为，公众参与是具有公民权利的主体运用制度化的组织与途径公开表达利益诉求的过程，在参与过程中他们可以与政府机构进行协商谈判与讨价还价，并且影响政府公共决策的过程。同时，参与是社会成员对社会责任的分担和成果的共享。党和政府的重视、法律保障和政策推动以及社会文化环境支撑都只能是妇女发展的外在条件，妇女发展归根结底要靠她们自己。我国有学者认为，在计划经济体制下，妇女的发展是一种政府保护式的发展，而市场经济下的妇女发展则是一种自主参与式的发展。[2] 因为市场经济将计划经济体制保护下的妇女推向了市场，让她们超脱了作为男性的附属品或工具的角色，迎接生存与发展的挑战，因此，主动参与就成为妇女发展的主要推动力量。妇女必须成为发展的能动者和主角，在广泛地参与经济和社会发展的过程中，扫除自我发展中的羁绊与障碍，才能更好地争取自身的进步，才能保证每个妇女权利的真正实现。

妇女参与发展也是妇女发展研究中一个重要的理论流派，其思想和行动

〔1〕　孙月冬：《人的全面发展视域中的女性发展问题》，《经济与社会发展》2008 年第 5 期，第 68 页。

〔2〕　李宏伟：《妇女发展的当代转型——从政府保护到自主参与》，《浙江学刊》1998 年第 5 期。

来自联合国对"发展"的认识及其变化，以及国际妇女运动。第一个联合国发展 10 年（1961—1970）结束之际，丹麦的埃丝特·鲍塞罗普（Ester Boserup）在其著作《经济发展中妇女的作用》中引用翔实的数据表明了在过去的发展 10 年计划的实践中，妇女被排除在发展及生产资源再分配之外，经济发展提高了，妇女的地位反而下降，以此论证了妇女在经济社会进步中的中心作用，批判以工业发展为导向的发展政策对妇女作为生产者角色的忽视。为了改变这一状况，联合国通过的第二个发展 10 年（1971—1980）战略，强调妇女参与发展，"全力将妇女纳入所有的发展努力之中"（"Full incorporation of women in the total development effort"）的内容，这就是妇女参与发展策略（Women in Development，WID），也是"联合国妇女十年"期间诱人的标语，其目的是使妇女摆脱长期被排斥在社会发展进程之外的状况，展开以提高女性劳动生产率、提高收入、提高管理社会和家务的能力等方面的策略将女性纳入发展过程的发展战略[1]。许多政府和国际机构都认识到妇女资源的重要性，妇女发展得到了国际社会的普遍认同，各国开始将妇女发展纳入本国的经济社会发展规划。1995 年世界妇女大会通过的《行动纲领》指出："妇女平等参与决策，不仅体现社会的公平和民主，也可视为是使妇女利益得到考虑的一项必要条件，如果各级决策进程没有妇女的积极参与，没有吸纳妇女的观点，就不可能实现平等、发展与和平的目标。"

总之，妇女通过参与经济、政治、社会生活主流获得经济独立与人格独立，从而提高自己在家庭和社会中的地位，不仅有利于改善妇女的处境并纠正男女之间的各种不平等，而且还会为自身的发展创造更好的条件。妇女的参与方式和参与程度，将直接影响人类可持续发展的进程，没有妇女参与发展，既达不到发展的预期目的，也不是完整意义上的发展。

3. 妇女公平地享有发展的成果

发展的首要目标是要使个人和社会的福利得到长期的改善，并使所有人受益。妇女在发展中经过自身坚持不懈的努力以及社会的支持和帮助，参与到发展的进程中，以平等的机会获得发展资源，并对发展利益和收入予以公平分配，平等地享有发展的结果，才能够实现完美意义上的妇女发展。社会财富等资源的形成过程中，每个人投入生产要素和劳动的数量是不同的，因而个体对于社会的贡献也是有差别的。但差别并不妨碍对每个成员进行有所

---

[1] 佟新：《社会性别研究导论》（第 2 版），北京大学出版社 2011 年版，第 260 页。

差别的分配，只有这样，才能够充分调动每个成员的积极性，激发整个社会的活力，这是符合市场经济基本要求的一种分配规则，也应成为正义社会的一种自觉行为。

经济的快速发展不能简单地等同于妇女的发展，政府把妇女发展纳入国家发展战略，加强对妇女发展的宏观指导，不仅是为了推动国家经济和社会的发展，也是为了更有效地促进妇女发展，使妇女充分享受自身发展与社会发展的结果。

4. 妇女与男性的和谐发展

性别关系是人类社会最基础的关系，无论是私人领域，还是公共领域，两性关系都广泛存在于我们的工作、生活和情感中，男女两性平等相处、相互依存、共同发展的性别关系是最自然的结果，两性之间的平等沟通与合作决定着我们的生活质量以及生命质量，影响着我们的情感和精神世界。

但是，由于传统两性关系以男性为中心，建立在男尊女卑的价值观上，女性被限定在家庭范围之内并被隔离在社会生活之外，"男主外、女主内""夫唱妇随"被认为是一种"和谐"的两性关系。而实际上，这种表面的"和谐"却是以牺牲女性的发展机会以及迫使女性扮演被动服从的角色为前提的。男性中心制度和权力框架为妇女发展带来了弊端和阻碍，两性生理特性的自然分工却衍化成了男女不平等关系的根源，这种状况不仅会制约到另一方的发展，也会影响到整个社会的发展。换言之，对妇女发展的忽视和不公平，受到损害的不仅仅是妇女自身，还会直接导致社会对男性的过高的期望，使男性承受着巨大的压力而不堪重负，社会问题也会接踵而至。从这个意义上来说，妇女充分发展才能实现两性最优化方式的组合，推动两性和谐。

因此，我们要正确认识和处理两性关系，鼓励两性的合作与协调。妇女的发展任何时候都不能以剥夺男性利益、牺牲男性为代价，更不是以女性取代男性成为权力的中心为目的的，而是要正确地对待和处理两性之间的对立和矛盾。妇女不仅要把自己当成发展的主体，认识自身发展的优势，主动发展，也要在与男性的交往中，自觉地将个人的发展与男性的发展结合起来，使双方在民主权利、经济法律地位、婚姻家庭和人格方面形成互补与合作，进而在全社会形成一个平等、和谐的性别环境，实现两性和谐共同发展的目标。

社会性别与发展（gender and government, GAD）是 20 世纪 90 年代以来妇女发展引人注目的理论模式，也是妇女参与发展理论和实践的深化，其目的是针对不平等的性别权力关系，实现妇女在发展中的充分参与，注重的是两性发展的长期需求和利益，以实现女性与男性共同决策、分享权力的平等和可持续的发展。[1] 该模式将妇女发展置于男女平等的视角中，坚持平等原则与妇女发展有着密切的关系，是妇女发展的一个重要的指导思想。它把认识妇女问题的视野从妇女角度扩展到社会中的两性以及影响两性关系的各种社会属性方面，拓宽了解决妇女问题的途径，它更关注发展进程中男女两性的性别关系，承认两性生理差异，消除性别歧视。也就是说，发展在改变社会的同时，也要改变传统的两性关系。在发展计划中缺乏性别计划是发展中国家经济、社会发展，特别是影响妇女的潜在作用发挥的主要根源，因此，将推动性别计划纳入国家发展计划中，就成了妇女与发展实践运动的主要主张。

总之，在发展中求平等，是我国妇女运动发展历史经验的科学总结，也是解决我国妇女问题、实现男女平等的重要途径。[2] 妇女发展被看成是人的发展的一个子系统，涉及妇女与经济、社会、政治和文化等方面的内容，包括妇女自身的发展，更包括妇女参与发展，妇女通过积极参与来实现自身的发展，同时有效地促进自身与社会的发展以及充分享受发展的结果，从而实现与男性的共同发展以及社会的和谐发展等，妇女发展是社会发展的重要组成部分。

第二节　妇女权利与妇女发展的关系

一、妇女发展权不同于妇女的各项权利

国际社会衡量妇女发展主要包括五个领域，即参政、就业、教育、健康和家庭地位，这五个领域组成了国际社会人权保护体系中不可分割的部分，也是妇女人权的具体表现。在不同的历史时期，由于历史条件、社会发展状况以及人们的认知水平的不同，妇女对权利的认识和追求也有不同的侧重点。有学者认为，妇女权利的实质并不在于某项具体的经济、社会和文化权利，而在于赋予妇女与男性同等的参与经济、政治、社会和文化发展并享受

---

〔1〕 佟新：《社会性别研究导论》（第2版），北京大学出版社2011年版，第260页。
〔2〕 中国特色社会主义妇女理论研究课题组：《论男女平等、妇女发展与性别和谐》，《中华女子学院山东分院学报》2010年第1期，第3页。

成果的发展权利。以机会均等和全面发展为核心的发展权，是妇女人权的最高形态和根本归宿，一切妇女权益保护的立法应该始终围绕这个根本点。[1]

笔者认为，妇女发展权作为妇女一项不可剥夺的基本人权，它与妇女其他各项权利有着明显的区别。

从权利内容来看，妇女其他各项权利一般只涉及妇女人权问题的某一方面，只对特定领域的社会关系作出规定，因而都具有各自不同的含义。比如，妇女参与公共事务权指的是妇女拥有直接或间接参加或影响公共事务的权利；妇女健康权是指妇女享有可能达到的最高标准的身体健康和精神健康的权利。而发展权以人的全面发展为归宿，涵盖了妇女在经济、社会、文化和政治发展的各个方面，其所保护的利益与各项个人人权所保护的利益有所重合，其旨在实现个人所有人权和基本自由，从而达到身体与心理，个体与社会，人类与自然的和谐、协调及可持续的发展。

从权利的行使来看，妇女各项权利的行使仅限于保障和实现权利主体某一方面的利益，妇女发展权强调的是妇女对经济、社会、文化和政治发展进程各个方面的参与、促进和享受发展的统一，丧失了其中任何一个环节，妇女发展权都不是完整的。

可见，妇女发展权是妇女的一项综合性、动态性的人权，妇女不仅是发展的受益者，更是发展的能动者。妇女全面、自由和充分发展，才是真正达到妇女权利实现的目的，从而实现每个人全面而自由地发展的人类社会的终极目标。

二、妇女发展是获得与实现权利的过程

我们倡导妇女的权利，并非要压迫男性，而是要重新构建男女两性之间的平等和自主的关系，以彻底颠覆过去对男女的等级观念。作为人权体系的组成部分，妇女发展权与妇女其他各项权利又是不可分割、相互促进的，妇女发展权有其独特的价值和存在意义，通过妇女发展权的实现，妇女的主体能力和基本素质可以大大提高，也会促进妇女其他各项人权的行使和人权享有水平。

妇女发展权的实现也有赖于妇女对权利的积极、充分、有效地行使，妇女权利保护水平的上升也代表了妇女发展权实现水平的提升。因此，妇女各项具

---

[1] 汪习根、占红沣：《妇女发展权及其法律保障》，《法学杂志》2005 年第 2 期，第 78 页。

体人权的实现对于妇女发展权的实现也有着一定的促进作用，我们应对妇女发展权和其他各项个人人权的实现给予同等的重视。

三、妇女发展与世界妇女大会

19 世纪中期，第一次妇女运动在英国出现，后转移至法国，妇女运动推动了法国的妇女组织的发展，这些妇女组织开展妇女运动的奋斗目标是为女性争取与男性同等的政治法律权利。参政权、受教育权和就业权成为第一次世界妇女运动争论的三个焦点。[1] 20 世纪 60—70 年代，第二次妇女运动爆发，并很快波及西欧及整个资本主义社会。第二次妇女运动通过批判现有性别歧视意识形态的方式，重构女性的主体意识。两次妇女运动从第一次"建设性"的、力图"建构"女性同男性同等的政治法律地位，到第二次倾向于"颠覆性"地"解构"现实中的性别歧视运动。[2] 妇女运动蓬勃发展，推进男女平等、提高妇女地位也成为联合国中心工作，妇女解放和发展与全球人类的进步和发展日益紧密地联结，妇女运动全球化的主要标志是 1975 年墨西哥国际妇女年世界会议、1980 年哥本哈根世界妇女大会、1985 年内罗毕世界妇女大会、1995 年北京世界妇女大会。

联合国第一次世界妇女大会是联合国成立以来第一次召开专门讨论妇女问题的政府间的世界性大会，在墨西哥首都墨西哥城召开，133 个国家和地区的 1800 多名代表出席了会议，本次会议通过了《关于妇女的平等地位和她们对发展与和平的贡献的宣言》（以下简称《墨西哥宣言》）。联合国决定将1976—1985 年定为"联合国妇女十年"，并通过了《实现国际妇女年目标的世界行动计划》（以下简称《世界行动计划》），向各国政府和国际社会提出了争取提高妇女地位的指导方针和优先领域，总目标是平等、发展、和平。为实现"联合国妇女十年"而召开的中期（1980 年）和终期（1985 年）大会，就成为第二次和第三次世界妇女大会。

联合国第二次世界妇女大会 1980 年在丹麦首都哥本哈根召开，该次会议审查和评估了在实现"联合国妇女十年：平等、发展与和平"目标进程中所取得的进展和遇到的障碍，并举行了对 1979 年联合国大会通过的《消除对妇女一切形式歧视公约》的签字仪式。

联合国第三次世界妇女大会 1985 年在肯尼亚首都内罗毕召开，该会议审

---

[1] 李银河：《女性权力的崛起》，中国社会科学出版社 1997 年版，第 74—77 页。
[2] 孙文恺：《法律的性别分析》，法律出版社 2009 年版，第 110 页。

查和评价了"联合国妇女十年"的成就和存在的问题，通过了《到 2000 年提高妇女地位内罗毕前瞻性战略》（以下简称《内罗毕战略》），这是一份对 20 世纪最后十五年妇女发展蓝图的描绘。

第四次世界妇女大会 1995 年在我国首都北京召开，声势浩大的妇女运动使人类对妇女发展是社会可持续发展的重要目标和动力的认识达到了一个新的水平：没有全世界妇女的充分参与，人类社会最具威胁的社会、经济和政治问题就无法得到持久解决，妇女问题的实质是社会发展问题。此次会议审查和评价了《内罗毕战略》的执行情况，制定和通过了旨在提高全球妇女地位的《北京宣言》和《行动纲领》，这次会议也是世界妇女事业发展史上最重要的里程碑。会议还通过了《北京 +10 宣言》，该宣言高度评价了妇女在实现平等、发展与和平中的作用和贡献，重申了《联合国宪章》对于男女平等的基本原则，提出要继续全力以赴、积极行动以促进妇女发展和男女平等。

联合国世界妇女大会是推动世界妇女事业发展的重要平台，也是维护社会公正、推进各国社会事业发展的重要举措，每一届的世界妇女大会将妇女问题纳入国际性政府间会议进行专题讨论解决，并通过了一系列宣言与行动纲领，有力地促进了妇女发展研究与妇女发展的实践进程。

四、妇女发展指标

（一）国际妇女发展指标

妇女发展指标和指标体系是评价、比较妇女发展状况的要素。指标一般描述或衡量事物某一方面具体情况，对之进行解释和评价，最早主要应用于经济领域。而指标体系则是按一定的逻辑结构和关系组成的一个整体，是对事物全貌的综合反映。指标与指标体系及其相应的统计方法目前已广泛地应用于社会科学各学科研究中。有效的评价指标体系和工具，不仅可以对妇女发展进行纵向上的比较，揭示不同历史阶段妇女发展的特点，而且还可以对不同的国家、地区、城市和人群进行横向比较，从空间上考察妇女发展水平的现状及不同妇女群体间发展水平的差异，分析产生的背景和成因，为寻求提高妇女发展水平的方法和途径提供可借鉴的客观依据。发展目标一经确立，必然会对人们的行为起着引导、约束和推动作用。

随着妇女解放和发展运动所取得的巨大成就，在各国及国际社会的共同努力下，妇女发展的目标越来越明确；同时，如何衡量妇女发展状况、评价促进妇女发展的政策，以及对各国、各地区妇女发展状况进行比较成为妇女研究的一个重要方面，构建妇女发展指标和指标体系成为解决这些问题非常有力的工具。最初这些指标散见于各个统计资料中，逐渐地，指标发展成一个体系，建立在妇女发展基础上，用于评价一个国家或地区妇女发展状况的重要工具，也是衡量该国家或地区男女性别平等、妇女权益保障水平的标准。[1]

联合国设立的一些全球性的国际组织，包括联合国妇女发展基金、联合国提高妇女地位国际研究训练所等，通过制定一系列的指标体系来衡量各国的妇女状况与地位。1995 年，联合国开发计划署出版了《人类发展报告》，报告首次用两个指标来考察世界妇女地位，即"性别发展指标"和"性别赋权指标"，来说明一个国家的性别发展状况，其中包括三项指数对男女两性进行比较，即两性预期寿命、受教育程度和收入水平。两性在就业、专业和管理岗位上的份额以及议会席位上的份额，包括女性在国会议席中的比例，在行政、管理、专业和技术性工作中的比例，获得工作和工资的途径。这两个指标体系倡导和显示了国际社会致力于推进平等的趋势，已作为衡量男女平等和妇女发展的综合指标，每年依此对各国的男女平等状况在全世界范围内进行排名。联合国的努力与行动，使妇女问题成为一个备受关注的议题，并从边缘走向中心。

（二）我国妇女发展指标的提出

我国政府是积极落实"性别发展指标"和"性别赋权指标"的践行者。早在 1992 年我国颁布的《妇女权益保障法》就明确规定了妇女应当享有的六个方面的法定权利，也就确定了我国评价妇女地位状况的具体框架指标。全国妇联在参照联合国及亚太地区监测妇女地位的指标后，设定法律权利、生育与健康、教育、劳动就业、社会参与和政治参与、婚姻家庭、自我认知与社会认同、生活方式八个方面，作为妇女地位的评价指标，使评价内容更趋于具体化。

1994 年 6 月国务院新闻办公室发布的《中国妇女的状况》白皮书，对中华人民共和国成立 45 年来的妇女基本权益和妇女发展状况进行了全面的评价。《北京宣言》和《行动纲领》列出了 12 个重大关切领域：妇女与贫穷、妇女与教育、妇女与健康、对妇女的暴力、妇女与武装冲突、妇女与经济、妇女权力与影响、提高妇女地位的制度机制、妇女人权、妇女与媒体、妇女与环境、女童。我国政府将"男女平等作为推进我国社会发展的一项基本国

---

〔1〕 侯公林、洪顺姬：《妇女发展评价指标体系进展的研究》，《中华女子学院学报》2008 年第 6 期，第 60 页。

策"，在这一基本国策指引下，我国政府为加快消除对妇女的歧视和增进妇女权利，通过定期发布三个《中国妇女发展纲要》和三个《国家人权行动计划》[即《国家人权行动计划（2009—2010 年）》《国家人权行动计划（2012—2015 年）》《国家人权行动计划（2016—2020 年）》]搭建了中国特色妇女人权保障政策框架，体现了《宪法》规定的"国家尊重和保障人权"的精神，为妇女人权发展奠定了坚实的基础。

《中国妇女发展纲要（1995—2000 年）》，这是中国历史上第一个妇女发展纲要，也是第一批实施北京《行动纲领》的国家行动计划，国家首次为妇女发展制定专项规划，将妇女发展目标与国家发展目标有机结合起来，确立了"九五"期间妇女发展的主要目标和保障目标实现的策略与手段。到 20 世纪末，纲要的主要目标基本实现，妇女在政治、经济、文化、社会和家庭生活等各个领域的权利得到进一步实现。

新世纪头十年（2001—2010 年）是我国完善社会主义市场经济体制和扩大对外开放的重要时期，为实践新千年国际社会提出的妇女行动计划，《中国妇女发展纲要（2001—2010 年）》确定了六个优先发展领域，共设置了 34 项主要目标、123 项策略措施，反映了在全面建设小康社会的关键期我国妇女发展的总要求，为实现妇女科学发展指明了方向，其目的是进一步强化政府职能，动员全社会的力量，为妇女的进步与发展创造更好的社会环境，同时鼓励妇女在参与经济和社会发展过程中争取自身的进步与发展。从 2000 年开始，我国还不断探索和推动将性别平等与妇女发展目标纳入国民经济和社会发展规划纲要的国家发展计划。

2011 年 7 月 30 日，国务院又颁布了《中国妇女发展纲要（2011—2020 年）》（以下简称《新纲要》），作为新时期促进妇女全面发展的重要文件。《新纲要》提出妇女发展的四项基本原则，即"全面发展原则、平等发展原则、协调发展原则、妇女参与原则"，设置了 2011—2020 年期间妇女发展的 57 项主要目标、88 条策略措施。在旧纲要的六个领域的基础上，增加了"妇女与社会保障"作为优先发展的领域之一，将"妇女与健康"列在第一位，作为妇女经济、政治等其他领域发展的前提，体现了一种人文主义的本位观，为促进我国妇女事业全面发展奠定了坚实的基础。《新纲要》以促进性别平等为宗旨，以推动社会性别主流化为策略，开启了中国促进性别平等、推动妇女发展的又一个新的历史起点。

第二章　妇女发展的理论基础

促进性别平等和妇女权能，以此作为战胜贫穷、饥饿和疾病及刺激真正可持续发展的有效途径。

——《联合国千年宣言》

第一节　社会性别与平等

一、从"生物性别"到"社会性别"

（一）"Sex"与"Gender"

自然属性的性别称为"Sex"，社会属性的性别称为"Gender"。[1]"Sex"是人与生俱来的性别特征，不因人的种族、民族、地域或国度而有所差别，如男女的染色体、激素、内外生殖器官等属于男女生物属性的生物性别"sex"。对个人而言，生物性别从其一出生就确定了，任何人从出生的那一刻起，生理发育要符合医学的鉴定，并顺利取得出生证明上明确的性别归属，这就是通过第一性征来确定的人的第一个身份。然后，在成长过程中才会完成第二性征的发育，包括成长后要有正确的性取向等。但是，在1935年，人类学家米德（M. Mead）在其著作《性别与性情》中首先指出了两性差异的社会性，提出"人非生而为男女"。

"Gender"是指社会性别，是社会学中对人的性别的界定，它超越了男女生理性别的理解，提出了应从社会、文化的背景去理解男（male）、女（female）特征及其关系，包括男女社会分工、性别角色、气质、能力等身份特征，体现了社会文化形成的对男女差异的理解，以及社会文化中形成的不同性别群体的特征和行为方式。这一概念的最先使用者是美国学者盖尔·卢

---

[1]　［美］梅里·E. 威斯纳-汉克斯：《历史中的性别》，何开松译，东方出版社2003年版，第3页。

宾。1975 年，他认为：妇女研究的任务应该证明，社会构造男女两性的性别
（gender），这种性别又是建立在男女两性生物性基础之上的，从而开始把生
物性别（sex）与社会性别（gender）区别开来。即每个人都有自己的生理性
别，并在此基础上，根据所处的社会文化对性别的不同要求，塑造出自己的
社会性别。生理性别是天生的，社会性别是社会文化造成的。此后，女权主
义者从各种角度、各种立场对社会性别概念提出批评和质疑，使其变得更加
丰富。在女权主义者们看来，生物意义的男性和女性同由社会形成的男女在
社会中的角色和地位加以区别。

在社会大环境中，人们逐渐对自己性别有了重新的认识，每个人在自己
生物性别的基础上，根据所处的社会文化对性别的不同要求、习惯塑造出自
己的社会性别。对社会性别概念尽管有不同的界定和使用，但都强调了社会
性别并非天生，而是后天的一个被建构的过程。也就是说，社会中的男人、
女人不是与生俱来的，也不是由生理性别决定的，而是社会历史文化建构的
结果。社会性别的关键在于它的"社会性"，同自然给予性别的生理特征不
同，它由社会、历史、文化意识形态所建构起来。社会性别对男女两性的影
响远远大于他们在生理上的差别，也有人通俗地表述为：男人和女人不是生
为男人和女人的，而是长为男人和女人的。

换言之，女人相对于男人而言，其本来只有生理结构的差异，这是自然
的结果，并无等级区别。男女角色的不同也只是基于这种差异的社会分工的
需要，如男子因刚强、坚毅而从事狩猎与耕作，女子因娇弱、温柔而从事守
护和纺织。这种建立在生理基础上的社会分工被逐渐社会化和普遍化。社会
对有关男女在角色分工、精神气质、行为方式等方面形成的不同期待和规范
并且向每一个人传递并渗透，大部分人是在无意识中"吸收"了这种性别要
求，并将这种观念固定。当对社会中的男女进行观察或与之接触时，就会带
入这样一种固定的理解，认为男人和女人生来就该如此，从而造成了女人与
男人社会角色上的差异，也渐渐赋予了女人和男人不同的社会地位。

（二）社会性别的内涵

20 世纪 60 年代末，西蒙娜·德·波伏瓦在其《第二性》中认为妇女受
压迫的主要原因不是生物因素，而是社会制度。她提出，"与其说女人是生就
的，而宁可说是逐渐形成的"，指出了自然性别和女性意识之间的非对称关
系，为社会性别这一概念的提出奠定了思想基础。社会性别作为一种新的概
念，其本质上是要把社会性别和生理性别相区分，这一理论逐渐成为妇女研
究的核心范畴。之所以强调生理性别和社会性别的差别，实际上是在强调人

的性别在社会关系中所表现出来的双重属性，即人的性别特征是由其生物属性和社会属性共同决定的。两性的行为和观念体现了遗传和社会两种因素的作用，妇女所扮演的性别角色并非由生理所决定，而是由社会文化所规范，人的性别意识也正是在来自家庭环境和父母与子女的关系的反应中形成的。

1970 年，凯特·米利特在其著作《性别政治》中提出了"父权制论"，认为男性或是用权力直接镇压，或是通过风俗、习惯、语言、传统、教育等来确定妇女所处的地位，也就是通过"性别政治"来支配女性。因此，男女角色的定位不是先天赋予的，而是由后天的文化构成的。20 世纪 80 年代末的后现代女性主义者琼·W. 斯科特对"社会性别"概念的分析指出社会性别由两大核心组成：一是以性别差异为基础的社会关系的成分；二是区分权力关系的基本方式。她认为社会关系组织的变化总是与权力关系的变化同步进行，只是变化的方向不尽相同。20 世纪 90 年代以后，受黑人女性主义、第三世界女性主义、同性恋女性主义的挑战，一些女性主义学者不再仅仅专注于社会性别，而是将社会性别与种族、民族、阶级、性倾向等概念结合，具体分析研究各阶层、各种族及不同性倾向妇女的处境。这样，女性主义便超越了社会性别的二元对立思维，在更广阔的视野上去审思性别、审思男人和女人，从而为人们进一步探讨男女不平等问题开辟了一个新的视角。总之，"社会性别"概念从其诞生至今，其含义正随着社会的发展不断地扩展。现在，它已不再是男人和女人的角色代码，而是一种社会关系，一种社会结构，是表示权力关系的一种途径，已经成为分析社会现象的一种重要方法和工具。[1]

我国的妇女学界是从 1992 年开始接触"社会性别"概念的，特别是在第四次世界妇女大会之后，一些妇女理论研究学者开始运用社会性别概念研究妇女问题，研究社会性别结构、社会性别文化乃至社会性别制度，分析社会性别关系及其与国家、经济体制的互动，由此推动了妇女理论研究的深入。我国学者认为，社会性别是指将男女两性的自然属性扩展到社会领域，将确立男女的社会地位和等级、利用资源和参与社会以及建构男女陈规定型的角色，视为天经地义之事。在性别差异的基础上，确立了男尊女卑的社会性别等级制度。[2] 也有学者借鉴美国女权主义法学家麦金侬的论述，指出社会性别（Gender）是指社会造成的基于生物性别（Sex）之上的思想、观念

---

〔1〕 杨晓宁：《对女性主义社会性别概念的哲学透视》，《学术交流》2003 年第 10 期，第 122 页。
〔2〕 黄列：《社会性别与国际人权法》，《环球法律评论》2005 年第 1 期，第 7 页。

和行为模式，是后天习得的社会性角色，是社会建构的差别即性构（gendered）。[1]

2001 年 5 月颁布的《中国妇女发展纲要（2001—2010 年）》中明确提出了社会性别意识的概念，并逐渐纳入了中国的主流话语，成为中国社会发展和妇女发展中的重要概念。对于社会性别内涵的理解，笔者认为：

其一，社会性别的概念强调两性之间的差异是"非自然"的。生理的差异是与生俱来的，社会性别是描述我们社会地位、角色、行为等作为性别身份的存在的标志。生理的差异并不影响性别的建构，传统价值观念中的性别差异是可以改变的。

其二，社会性别具有社会建构性。比如在母系氏族社会，女性在生产中发挥重要作用而被奉为女神。但随着社会分工的发展，男性的体力优势显现，社会性别观念逐渐将女性的性别角色限定在生儿育女上了。可见，社会性别是变化的，不同政治、经济制度以及不同社会文化传统，会产生不同的社会性别关系，任何社会都存在着以文化为基础的社会性别差异，社会文化把两性的生物性差别扩大化并且制度化。

其三，社会性别界限是可以跨越的。全球妇女解放运动表明，妇女通过改变社会结构和个体之间的联系而有意识地改变社会制度和文化观念，由家庭走向社会，进而进入社会管理层，说明社会结构和个人能动性是互动的，妇女的能动性能够创造出新的生活方式和生命类型，要改变社会性别的差异需要女性主体意识和全社会公共意识的觉醒。

总之，社会性别概念的提出对于一般意义上的"性别"概念进行了颠覆，将人的生物性别和社会性别加以区别，挑战了社会中许多被视为"常识"的知识，也挑战了传统的社会分工和价值理念，对于男女两性的研究也提升到了关于社会性别的研究层次，在妇女发展的研究中，社会性别已然成为一个新的理论视角和分析手段。

（三）社会性别意识

社会性别意识（或称性别意识）是 20 世纪六七十年代以来国际社会兴起的与人口意识、环境意识并列的现代意识之一，是指在分析处理任何问题时，不仅要考虑对政治、经济、社会的影响，还必须从性别的视角考虑对两性利益的影响是否公平，必须平等地表达两性的经验和需求，促进两性的协

---

[1]　郭慧敏：《社会性别与妇女人权问题——兼论社会性别的法律分析方法》，《环球法律评论》2005 年第 1 期，第 32 页。

调发展和平等受益。[1] 性别意识本质上也是一种观察社会的方法，具有性别敏感和性别自觉性，从性别的视角观察社会政治、经济、文化和环境，对其进行性别分析和性别规划，以便防止和克服不利两性平衡发展的模式和举措。社会性别意识被纳入联合国的人类发展统计指标和国际社会发展规划，成为衡量各国社会发展程度的依据之一。

性别意识挑战传统性别观念，打破了生理性别决定论的神话，揭示了生理性别与社会性别的复杂关系，引起了社会核心层次对妇女问题的关注。在考察认识妇女问题时，不是简单地将妇女孤立地提取出来，反对单纯地将女性视为男性的对立面，而是将其放在男女两性指派的社会角色和权力结构中去分析。强调从性别的视角观察社会政治、经济、文化和环境，并对之进行性别分析和性别规划。公共政策要具有性别公正的价值取向，要考虑到是否具有性别敏感度，让女性享有与男性平等的政策资源的权利和机会，拒绝性别歧视和性别盲点，以实现社会性别公平与公正。

因此，许多国家在公共政策与立法中也将性别意识纳入其中，强调两大性别共同参与法律与政策的决策过程，表达不同性别群体的声音，有助于制定者充分意识到政策对阶层、性别权利可能产生的负面影响。如果能够有准备地率先采取防范措施，使中性的政策转为有性别意识的政策，会有助于改变社会普遍认可的性别规则。

二、从平等到性别平等

（一）妇女运动对"平等"的阐释

平等的历史源远流长，影响人们的生活和历史进程。资产阶级革命开始后，平等由观念转化成法律现实。自 1215 年英国的《自由大宪章》以来，1776 年美国的《独立宣言》宣称"人人生而平等"，1789 年法国的《人权宣言》也用了类似的表述"人们生来并且始终是自由的，在权利上是平等的"。之后，1791 年美国的《权利法案》、1949 年德国的《联邦基本法》、1982 年加拿大的《权利与自由宪章》等都对公民的平等权予以了明确表达。对于平等的定义，不同的学科有不同的界定，甚至在同一学科，不同的学者也会有不同的理解。但经过千年不停的追求，平等由思想到法律，由合法的不平等逐渐被合法的平等所取代。

---

〔1〕 韩廉、韩自韵：《95 世妇会以来中国以公共政策促性别平等的新进展》，《湖南师范大学社会科学学报》2011 年第 6 期，第 46 页。

平等权作为一项基本权利，可以细化到政治、经济、文化和社会生活的各个领域，包括性别、年龄、职业、宗教信仰、出身、学历等各个方面。妇女追求平等权的经历是漫长而艰难的。在女权主义运动的推动下，男女平等的思想，唤醒了妇女的人权意识，成为妇女运动追求与男子平等享有人权的口号和旗帜。面对"平等"的目标，女性主义也存在不同的"平等观"，其中主要以自由女性主义的反对男女差异，追求男女对等的"绝对平等观"和激进女性主义强化差异、重视女性特征的"差异平等观"的影响最为广泛。

自由主义"绝对平等观"崇尚自由主义思想原则，忽略两性之间的生理差别，反对给妇女以特殊保护，认为对妇女进行保护性立法或给予特殊的保护性待遇，意味着承认了妇女的弱势地位，反而将妇女置于一个不利的竞争地位，妨碍公平竞争。这种平等观试图在法律上为两性创造一个完全均等的机会，拥有同样的权利，承担相同的义务，不分个人情况差异，不讨论社会历史变迁，主张每位妇女根据个人的能力和阅历在现行体制内通过个人之间的公平竞争，获得与男子平等的地位，这种平等观曾经是资产阶级革命强有力的反封建武器。但这种平等观容易局限于男女形式上的平等，因为它无视男女生理上的客观差异，否定了女性自身的特点，对男女不平等的社会原因分析得过于理性和简单，其结果往往对女性的精神和身体造成另一种压迫。当男女性别的差异在两性形式上的平等名义下被忽略时，我们虽然在法律或政策中看不到对妇女的直接歧视，而实际上却对妇女的发展产生了不利的影响。

激进主义的"差别平等观"则承认妇女在生理上与男性的差异特征，但并不主张消除性别差异，妇女仍有权利去发展人的一切潜能，拒绝男性对她们的种种生理和心理的限制以及偏见和束缚。因此，为了防止客观存在的生理差异使妇女陷入不利地位，必须通过法律调节，将男女两性区别对待，对妇女进行保护性立法作特殊保护，在体制上以差异的强化和重新评价以赋予妇女更好的条件，从而实现男女实质上的平等。"差别平等观"认为男女之间的生理差异也是妇女优越性的表现。然而，如果强调以重视性别差异的方法来实现男女平等，那么所面临的危机也会开始加剧，女性主义理论会重新陷入了生物决定论的僵局中。

可见，就平等的阐释而言，无视性别差异和重视性别差异都有着难以实现的危险，性别文化在规范女性的同时也同样规范着男性，过分强调妇女地位的男性责任，或者完全漠视妇女地位的男性责任，都会导致两性对立的立场，最终也不利于男女的真正平等。

（二）本书的性别平等观

平等是人类追求的理想目标，男女平等是妇女解放的重要体现，是世界妇女为之奋斗的目标之一，也是我国的一项基本国策。但男女平等不是指"男女都一样"的形式平等，而是指妇女应该享有与男性平等的人格和尊严，男女在经济、政治、社会、文化、家庭等各个方面享有权利和机会的平等，以及在经济社会发展过程中男女发展结果的平等。

本书所阐述的平等，首先表现为一种法律、制度上的平等，意味着男女两性在人格、地位、参与机会以及社会价值上的平等。平等并不是要完全抹杀两性的生理差异，并非"男女完全一样"，而是在正视差异的基础上，充分认识到妇女需求和利益的特殊性的平等，既是性别权利的平等，又是分性别特殊需求得到平衡满足的平等。换言之，如果男女不平等就意味着对女性的不平等，也是对男性的不平等。因为不平等在限制妇女的自主选择，阻碍妇女自身发展的同时，也对男性构成外在的社会压力和社会强制，使男性也失去了自主选择和自身发展。男性从来不是，也永远不会是女性的对立面，追求男女平等是在解放妇女的同时，也将男性从传统男权文化的禁锢中解放出来。男性在失去某些传统权利的同时，也丢掉了奴役自身的枷锁，男性与女性平等分享权利的时候，双方才会享有真正的两性和谐。

平等既是形式平等也意味着结果平等，这是平等在不同层次上的实现形式。形式平等又称"机会平等"，它不考虑个人的能力、地位、财富和所处的环境因素，为男女两性提供充分的选择机会，使他们获得平等的参与竞争的起点，在社会资源配置上得到公平的对待，包括财富的分配、权利的享有、受教育机会、就业机会，获得有效的发展空间，让个人凭借自己的能力和实力实现一种形式上的公平。结果平等，即无论公民在社会生活和社会活动中表现如何，彼此间能力差距多大，他们获得的结果（待遇或权利）都一样，这是社会为了保护弱势群体而将社会成果进行公平的分配。形式平等赋予人们以平等的权利和平等的机会，这种形式上的平等"至多为各个社会关系主体的发展提供了公平条件及进行最低限度社会财富的总量平衡，它不可能解决，也不可能消除人们的自然不平等"[1]。而实质上的平等则着眼于社会弱者，更关注结果上的平等，力求实现真正的社会公平，即保证"如果有些人有所得，那么处于不利地位的人也应有所得"[2]。

---

〔1〕 徐显明主编:《法理学教程》，中国政法大学出版社 1994 年版，第 342 页。
〔2〕 徐显明主编:《法理学教程》，中国政法大学出版社 1994 年版，第 348 页。

三、推进性别平等的国际实践

1975 年第一次世界妇女大会通过的《墨西哥宣言》，第一次定义了性别平等："男女平等是指男女的尊严和价值的平等以及男女权利、机会和责任的平等。"并不是说男女在形式上的平等，而是指实质上的平等，这意味着女性与男性享受同等的权利，有相同的机会去获得资源和保护。在全球推进性别平等的运动中，1975—1995 年，联合国召开了四次世界妇女大会。2000年，世界各国领导人会聚在美国纽约的联合国总部，召开联合国千年首脑会议，通过《联合国千年宣言》，其中，对于性别平等达成了一个基本共识，即"性别平等意味着两性在各级教育、工作领域中享有平等权利，能够平等掌握资源，并在公共和政治生活中拥有平等的代表性"。在此基础上提出的《千年发展目标》，在促进性别平等、赋予妇女权利和推动妇女发展中具有标志性意义。其中在 2000—2015 年的八大战略目标中，排在第 3 位的就是"增进社会性别平等及增强妇女权能"。联合国还将"性别平等"纳入人类发展统计指标，作为衡量各国社会发展程度的一个重要依据，性别平等是一切经济社会发展领域的首要目标，是实现社会公正的重要途径。

在《千年发展目标》的实施过程中，2013 年 6 月，联合国妇女署推出一份题为《实现性别平等、妇女权利和赋权妇女的变革性的独立目标：必要性和关键要素》的立场文件，呼吁在 2015 年后发展框架和可持续发展目标中加入对实现性别平等、妇女权利和赋权妇女的承诺。[1] 这个综合方案针对三个关键目标领域，即性别平等、妇女权利和赋权妇女。

继《千年发展目标》之后，联合国在《2030 发展议程》中重新设定了性别平等目标，包括消除歧视，消除一切形式的暴力，消除童婚、早婚、逼婚及割礼等一切伤害行为，认可和尊重无偿护理和家务，提倡家庭内部平等，促进妇女的政治参与、经济赋权和信息赋权等 9 个具体目标。在涉及相关议题的基础上，增加了新的内容，并将性别视角纳入消除贫困、消除饥饿、确保健康福祉、确保平等教育、提供水和环境卫生、促进经济增长和获得体面工作，减少内部不平等，创建可持续发展的城市和创建和平包容的社会等方面的可持续发展目标中。这是国际社会共同努力的成果，这些目标的实现将为世界妇女和女童的发展创造有利条件。

---

〔1〕 转引自李英桃、王海媚：《性别平等的可持续发展》，社会科学文献出版社 2016 年版，第 37—38 页。

四、中国促进性别平等的努力

我国批准和签署了一批有关性别平等的国际公约，作出推进性别平等的承诺，也负有推进性别平等的国际义务，我国实现性别平等的努力也是全球性别平等运动的有机组成部分。

男女平等是我国的一项基本国策，作为《消除对妇女一切形式歧视公约》、北京《行动纲领》《千年发展目标》等主要性别平等国际文件的缔约国，中国政府一直在为促进性别平等进行持续不断的努力。中国1954年《宪法》鲜明地确立了男女平等的原则，其后又在《婚姻法》《土地改革法》《选举法》等一系列法律法规中，保障妇女的婚姻自主权、土地所有权、选举权和劳动保护权，使中国妇女的法律地位发生了历史性的改变。虽然我国并没有像其他国家那样对性别平等进行专门立法，但自1995年以来，我国将立法决策作为促进性别平等的有效手段，加快制定并修订了一系列保障性别平等、促进妇女发展的法律法规。《妇女权益保障法》是我国第一部以妇女为主体，全面保护妇女合法权益的法律，更是具有里程碑式的意义。该法经2005年修订表明我国的性别平等立法正在从保护妇女权益发展到反对和惩处性别歧视，开始了性别平等立法理念的重大转变，通过社会性别视角下的法律来权威界定两性社会关系，才能确保两性真正的平等。1990年，我国成立了提高妇女地位的机构——国务院妇女儿童工作协调委员会[1]。自1995年起，《中国妇女发展纲要》的相继制定与实施也体现了政府对妇女发展理念的变化与进步，是我国对于促进性别平等所采取的一系列国家行动。《中国妇女发展纲要（2011—2020年）》旗帜鲜明地提出了消除性别歧视、推动性别平等，制定了更加具体和可操作的措施，并新增了妇女发展的四项基本原则：以促进妇女自身发展为起点，确定了"全面发展原则"；以推动男女平等为目标，确定了"平等发展原则"；以缩小城乡区域妇女群体差异为重点，确定了"协调发展原则"；以尊重妇女主体地位为根本，确定了"妇女参与原则"。这四项基本原则有效地推动了我国妇女发展与性别平等的同步。

党的十八大报告第一次将"坚持男女平等国策，保障妇女儿童合法权益"写入执政党的纲领性文件，成为执政党担当男女平等重任的宣言，标志着党对男女平等作为基本国策及提高妇女地位国家机制的确认。国务院在两个《国家

---

[1] 1993年，国务院妇女儿童工作协调委员会更名为"国务院妇女儿童工作委员会"。

人权行动计划》的基础上，于 2013 年发布《中国人权事业的进展》白皮书，对推动人权包括性别平等事业提出了具体要求。2013 年《中共中央关于全面深化改革若干重大问题的决定》规定"消除城乡、行业、身份、性别等一切影响平等就业的制度障碍和就业歧视"，同样表明执政党在全面深化改革中高度重视促进性别平等的实现。

中国政府在落实《千年发展目标》上取得了卓越成就，"主动参与"与"积极落实"体现了中国政府实施《2030 可持续发展议程》的意志和决心。[1] 2015 年，我国发布《中国实施千年发展目标报告（2000—2015 年)》，从四个方面总结了我国政府在实现性别平等和赋权妇女方面的具体措施：一是不断健全有利于男女教育平等和维护妇女权益的法律法规；二是制定中国妇女发展纲要；三是促进妇女就业创业；四是努力解决出生人口性别比例失调问题。这些措施为中国落实《2030 发展议程》奠定了坚实的基础，提供了有力的保障，也增强了实现全球可持续发展目标的信心。

当然，事实上的性别平等和法律上的性别平等仍然存在着差距，我国仍未完全实现男女两性平等的参与和享受经济与社会的发展，妇女发展和权益保护仍然面临着一些困难和问题，性别平等的努力还需要以科学的方法实施和监督，国家对妇女发展事业的资金和政策支持力度还远远跟不上妇女发展事业的需求，我国促进妇女发展和性别平等的任务仍然是路漫漫其修远。

第二节　社会性别主流化与妇女发展

一、社会性别主流化的提出

"社会性别主流化"（Gender main streaming）最早出现在 1985 年联合国第三次世界妇女大会通过的《内罗毕战略》中，自 20 世纪 90 年代中期以来，联合国成员国政府间会议上就社会性别主流化进行了积极的讨论，最终通过并采纳了主流化方法，在联合国第四次世界妇女大会通过的两个成果性文件《北京宣言》《行动纲领》中得以集中体现，社会性别主流化被联合国确定为促进性别平等的全球性战略。《北京宣言》要求各国政府"确保在我们所有的政策和方案之中体现性别观点"，《行动纲领》指出"在处理提高妇女地位

---

〔1〕 李英桃、王海媚：《性别平等的可持续发展》，社会科学文献出版社 2016 年版，第 177 页。

的机制问题时，各国政府和其他行动者应提倡一项积极鲜明的政策，将性别观点纳入所有政策和方案的主流，以便在作出决定以前分析对妇女和男子各有什么影响"。这也是第四次世界妇女大会通过的、获得承诺度最高的 12 个战略性行动方案之一。[1] 这一策略也打破了所谓措施、纲领或结构不包含性别立场的虚假神话。[2]

1997 年，联合国经济与社会理事会通过了对社会性别主流化的一致定义："把性别问题纳入主流是一个过程，它对任何领域各个层面上的任何一个计划行动，包括立法、政策或项目计划对妇女和男人产生的影响进行分析。它是一个战略，把妇女和男人的关注、经历作为在政治、经济和社会各领域中设计、执行、跟踪、评估政策和项目计划的不可分割的一部分来考虑，以使妇女和男人能平等受益，不平等不再延续下去。它的最终目的是达到社会性别平等。"社会性别主流化本身并不是一个目标，而是实现社会性别平等的一种手段。至此，社会性别主流化从概念转化为动力战略，成为各国减少性别歧视的普遍行动方式，并纳入联合国的性别发展指标体系和人类发展统计指标，纳入国际社会发展规划，并成为国际社会的共识。

2000 年，联合国第 23 届妇女问题特别联大（北京 + 5）被再次确认和重申。2005 年，联合国妇女地位委员会再次重申了社会性别纳入主流的目标和战略。这一战略成为联合国在总结过去几十年推动妇女进步、促进男女平等的国际经验与教训，针对"妇女参与发展"和"妇女和发展"模式的局限性，提出并确立了"性别与发展"这一促进两性平等的新模式，"性别与发展"主张将性别有差别地、因地制宜地纳入一切发展策略。

二、通过社会性别主流化实现性别平等

社会性别主流化的目的在于变革不平等的社会和体制结构，使其成为对男女两性而言都意味着平等与公正的结构。[3] 主流化战略以人权理念和社会公正为其明确目的，是全球以人为中心的社会发展模式的重要组成部分。在社会发展的各个领域，如果没有妇女的全面有效的参与，或者排斥妇女，无视妇女给发展进程带来的她们独有的知识、经验以及重大贡献，都不可能取

---

〔1〕 "社会性别主流化"也译为"性别平等主流化"、"性别主流化"或"性别观点主流化"。

〔2〕 ［德］克里斯蒂娜·冯·布劳恩、英格·斯蒂芬等：《科学中的性别》，史竞舟译，人民出版社 2014 年版，第 167 页。

〔3〕 陈明侠、黄列：《性别与法律研究概论》，中国社会科学出版社 2009 年版，第 27 页。

得有效和可持续的发展。

（一）将性别视角引入男女两性平等问题的理论研究

将性别视角引入男女两性平等问题的理论研究之中，认为性别问题不是单纯的妇女问题，妇女组织的问题，或某一部分人、某一个具体领域的问题，而是一个社会问题，需要全社会的关注和行动。男性和女性平等享有和承担基本人权框架下的所有权利、义务和责任，以传统的男性行为为标准，使女性变得跟男性一样，或者缺乏社会性别敏感，把"男主外，女主内"当成社会性别平等，都是传统性别观念的体现。社会性别主流化要作为社会发展的战略，贯穿于社会发展的全过程，国家和政府在各个层面的立法与政策中均应体现对社会性别主流化的关注，使两性平等参与社会并从中受益。

（二）政府是社会性别主流化的责任主体

社会性别主流化战略的实施涵盖整个国家的制度框架，因此，国家应将性别平等作为优先事项对待，政府是实现社会性别主流化的责任主体，确立社会性别平等的使命感和责任感，充分履行对性别平等的承诺，在各级政策中纳入性别平等原则，在政府工作和社会发展宏观决策方面，在立法或发展项目上充分体现对性别议题的关注，通过改变社会政策、法律、制度、文化和社会环境，使妇女和男性平等参与社会发展和受益，并采取充分措施实现两性在一切领域的事实平等。

我国中央政府特别强调性别平等促进工作中的政府责任，1995年世界妇女大会上，我国政府向全世界宣布："中华人民共和国把男女平等作为促进社会发展的一项基本国策。"之后，政府承诺将社会性别纳入决策主流，国务院开始制定和实施促进社会性别平等、保障妇女人权实现的国家行动计划——《中国妇女发展纲要》。目前，中国正在进行第三个《中国妇女发展纲要（2011—2020年）》的实施。为更好地实施妇女发展纲要，中央政府要求各级政府要坚持"五纳入"原则，即纳入国家和地方法规政策，纳入经济社会发展总体规划和专项规划，纳入各级政府财政预算，纳入为民办实事的发展项目，纳入政府工作议事日程和责任考核内容，以确保妇女发展与经济社会发展同步规划、同步实施和同步落实，有效地保障了妇女与社会发展同步。

（三）性别意识引入决策主流

社会性别主流化强调将性别意识引入社会发展主流，包括性别意识纳入决策主流。其基本特点是，在分析发展战略时，不能简单地谈女性问题，而要关注性别关系，女性是发展的积极参与者，更是发展成果的享有者。为此，政府在立法、公共政策、各种方案和项目的宏观决策时，都要考虑男性和女性的关注与需求，分析其对男性和女性将会产生的影响，并从男女两性不同的社会需求与发展的角度来考虑整个社会的发展，体现社会性别平等的观点，促进具有社会性别平等的法律与政策出台。社会性别主流化不是社会发展的女权化，而是社会发展的性别平等化[1]。在这个过程中，妇女自主表达自身的意愿和需求，自觉争取自身的权利，成为社会性别意识主流化的主要推动力。

总之，社会性别主流化的一个基本前提就是不分种族、性别、年龄和阶层都承认并尊重所有人的基本权利和尊严。对妇女的人权保障，必须着眼于妇女的具体生活，以妇女的视角来审视法律和政策的保护，抛弃"性别中立"的立场，既要承认社会性别差异，也要确保法律与政策的目的、本质不存在对女性的歧视和偏见，使妇女权利不因缺乏性别意识而受害。

三、性别平等在公共政策中的倡导

（一）公共政策与妇女发展

对公共政策的界定，国内外学者见仁见智。广义而言，公共政策指的是政府及立法机构制定的对公众利益和公众行为的规制和分配，包括法律在内。而狭义的公共政策则与法律相对，指政府等决策部门对公众利益和公众行为的规制和分配的措施[2]。本书取广义的公共政策概念，即公共政策包括法律、法规以及政府、政治团体的计划、报告、会议决议、措施、方法等在内。公共政策是公共权力机关为解决公共问题、实现公共利益而制定的，它非私人决策，也非市场决策，而体现出一定的"公共性"，这就意味着公共政策的目标是公共利益的最大化。

公共政策的理念之一是国家责任说，即政府是一个国家主要的社会公共权力机构，它对于社会成员承担着责任和义务。政府应当对普遍的基本需求有所增益，营造公平的社会环境，为社会成员提供平等的发展条件，为社会弱势群体提供必要的社会帮助。

公共政策的理念之二是人权说，即每一个社会成员都是平等的，其基本的生存权和发展权应当得到保证。公共政策包括四个层面，即基本权利的保障，机会平等，按照贡献进行分配，必要的一次分配后的再调剂。

---

〔1〕 薛宁兰：《社会性别与妇女权利》，社会科学文献出版社 2008 年版，第 22 页。

〔2〕 李慧英主编：《社会性别与公共政策》，当代中国出版社 2002 年版，第 1 页。

国家、政府是公共管理的主体，而公共政策是政府进行公共管理包括推动性别平等与妇女发展的主要手段。《北京宣言》和《行动纲领》重点加强了对性别平等的公共政策支持与推进，为促进性别平等与妇女发展创造了良好的政策环境。在妇女发展过程中，公共政策赋予妇女以权利，使妇女权利有了法律或政策依据，从而使权利的实现成为可能。有学者认为，公共政策与社会性别之间的关系可以从几个方面来理解：一是公共政策为所有社会成员包括女性提供公平的发展机会；二是公共政策要满足不同利益群体包括女性群体的利益；三是公共政策要保护弱势群体尤其是女性群体的利益。[1] 可见，公共政策的投入与支持对妇女的发展和权利的落实是一种重要资源性保证，能起到积极的促进作用。如果绝大多数妇女被排除在公共政策关注的范围之外，不能从公共政策中受益，那么这种公共政策就会显示出性别的不公正性。只有对公共政策进行社会性别分析，比较两性对公共政策的不同需求，以及公共政策对两性产生的不同影响，才有利于促进公共政策更好地关注妇女的利益，使公共政策公平地影响两性的和谐发展。

（二）社会性别视角下的公共政策模式

一般而言，各国政府在公共政策中对社会性别问题分别采取了四种态度。

1. 性别中性政策

性别中性政策实质上是一种排斥性别的政策，政府无视性别差异，也没有性别意识，政府政策可以无差别地对待两性。性别中性政策是世界范围内公共政策中的普遍性问题，它忽略了政策对男女两性产生的影响，其结果显然忽视妇女的发展，加剧了妇女与社会之间的分离。

2. 性别平等对待政策

性别平等对待政策是基于男女都拥有人的基本权利，政府应确保每个人得到平等对待的政策。这种政策追求形式上的绝对平等，把男女平等单纯地理解为"男女一切等同""结果平均"。这一政策看似平等，实际上却忽略或抹杀了性别之间的差异，政府往往根据男性的角色对待女性，根据男性的特点来要求女性，从而加重了女性的社会负担。

3. 性别差异政策

性别差异政策也分为积极的性别差异政策和消极的性别差异政策。积极的性别差异政策正视男女的社会及生理差别，以及由此形成的妇女不利处

---

〔1〕 邸晓星、畅引婷：《社会性别与公共政策——基于平等与公正视角》，《理论探索》2013 年第 5 期，第 79 页。

境，从而采取积极的纠正措施和积极行动方案。这一政策模式看到了平等对待政策的局限性。持这种观点的人认为妇女缺乏自主、自立意识，将她们看作依附者、受保护者和弱者，而不是平等的社会参与者。这种观点表面上是对妇女的尊重，实质上仍然是一种性别歧视，没有看到妇女平等参与对于社会发展和人类进步的重要意义。消极的性别差异政策则以性别分工为依据，巩固和强化男女不平等的社会性别制度，扩大男强女弱的性别差异及女性的从属地位，通过强制性的政策和措施剥夺女性的权利和机会。公开的歧视政策基本上已退出了国家一级的公共政策范畴。

4. 社会性别意识政策

政府意识到男女性别的差异，认识到这些差异与社会的性别制度密切相关，政府的职责不仅仅是帮助妇女解决具体的权益受损问题，而是要积极改变根深蒂固的社会性别结构，从而改变社会性别秩序。这一态度强调男女两性共同参与公共管理，共同发展，是性别平等的最高境界。这一政策模式自产生以来受联合国关注，在国际社会中通过自下而上的方式推行，成功地影响了一些国家的政策。

（三）公共政策中的性别缺失

性别平等理念的传播，并非随着社会经济的发展自然而然地实现。公共政策的制定与执行，可以使某些群体获益，也可能导致另一些群体受损。实践中，一些特殊妇女群体的利益得到公共政策的关注，比如关爱女孩的政策，对农村女童的权益保障，这就是具有性别意识的政策。也有一些主流政策看似中立，并没有出现明显的性别歧视的文字，而实际上却包含了大量性别盲视的隐患，造成对女性的间接歧视。比如，针对下岗职工我国出台了一系列的政策，但对于下岗女工并没有特别的规定，而是把下岗女工作为下岗职工的成员来保护。由于下岗女工相对弱势的地位，她们很难从性别中立的政策中与男性同等获益，在实际执行中就会导致男女不平等的结果。再如，对男女退休年龄和男女从事劳动范围的不同规定，看似是对女性的特别保护，而实际上这些保护性条款并没有实现保护女性的目标，反而限制了女性的生存与发展，造成了不合理的"男女有别"，形成制度歧视。

在法律领域也是一样，尽管构成直接性别歧视的法律条款已非常罕见，但是导致间接性别歧视结果的法律条款仍然存在。比如，法律对妇女人身权益的保护就作了不同的立法规定，如果妇女遭到非家庭成员的人身伤害，可以依《治安管理处罚法》或《刑法》进行惩罚。而当妇女遭受来自家庭内部的暴力时，对造成妻子人身伤害的施暴者，法律规定是不告不理的。又如，违背妇女意愿，强行与之发生性行为的，婚外的强奸，认定为强奸罪，而对于婚内的强奸，即便发生在夫妻分居，或离婚诉讼期间，在司法实践中也有不认定为强奸罪的判例。这些规定充分说明，在立法者的潜意识里，男女不平等的社会性别规范仍在起着作用，立法时缺乏女性的观察力和女性生活中的特殊经验，忽视了男女之间的生理差异和社会文化造成的差别，对不同情形下的男女同等对待，导致对某一性别（尤其是女性）持续性的不利后果和事实上的歧视。[1] 看似平等的法律法规实际上却给男女造成不平等的结果，导致法律在实施过程中给女性带来不利，也进一步强化了妇女在现实中的屈从地位并受到不公平的对待。

（四）对公共政策的性别审查

联合国消除对妇女一切形式歧视委员会曾呼吁缔约国加速本国法律审查进程，确保修正或废除一切歧视性法律。一些国家已经建立了国家层面的法律与社会政策的性别审查机制。20 世纪 80 年代，加拿大就曾对国内所有法律进行了清理，发现在法律中性别不平等的现象是普遍存在的，加拿大司法部曾向各部委派性别顾问，审查所有的行政政策，以防政府出台含有性别歧视的政策。我国《中国妇女发展纲要（2011—2020 年）》的策略措施中也提出"加强对法规政策中违反男女平等原则内容的审查"，"并对现行法规政策中违反男女平等原则的条款和内容进行清理"。2012 年，江苏省政府法规性别平等咨询评估委员会成立，以加强对政策法规制定和实施进行咨询和评估，开创了中国政策法规性别评估机制建设的先河。2014 年以来，浙江、北京、上海、天津、福建、安徽、陕西、甘肃等省市先后建立政策法规性别平等落实情况审查评估机制。

四、以性别视角下的公共政策推动妇女发展

将性别平等理念纳入公共政策，从性别的角度对各领域公共政策的设计、执行到监督、评估的全过程进行全盘考虑，才不会因性别意识的缺失而产生性别歧视，具有性别意识的政策才能够得到实施或有效监督，性别平等的观念才会深入人心，并影响和引导社会价值观念的变化。

（一）增加决策者的社会性别意识

"用妇女的眼睛看世界"是第四次世界妇女论坛最具有影响力的口号，

---

[1] 薛宁兰：《社会性别与妇女权利》，社会科学文献出版社 2008 年版，第 69 页。

《行动纲领》要求各国政府和其他行动者应该推行一种积极醒目的政策，把性别意识纳入所有政策和方案的主流。将性别观点列入准备讨论的拟定政策议题中，制定和完善具有性别平等和性别公正的公共政策，使公共政策不仅对经济增长和社会发展发挥积极作用，同时也对妇女发展产生正面推动作用。

实践中，部分决策者的思想观念由于受传统性别文化的影响，对现实生活中的性别差异和不平等的权责关系缺乏深入的了解，导致他们将一些问题简单地看成是妇女问题，如家庭暴力曾被传统观念认为是家庭内部的事情，属于私人领域，公权力应审慎介入。但20世纪90年代以来，由于妇女运动的不断努力，推动了整个社会对家庭暴力的关注，使家庭暴力问题逐渐转化为一个社会问题。我国有20多个省市陆续出台了反家庭暴力的地方性法规，2016年《反家庭暴力法》颁布，以全面禁止家庭暴力，保护受到家庭暴力的受害人的权益为宗旨。可见，只有当妇女问题影响到以男性为主导的所谓社会公共利益时，才可能得到社会和决策者的关注，并上升为政策问题；决策者们才会考虑将这一问题作为一个社会问题纳入政策议程，作为政策客体的社会公共问题。

此外，有了性别视角和性别敏感度，决策者在决策过程中就会正视政策对男女两性的不同影响。以针对妇女的"阶段就业"政策为例，所谓妇女阶段性就业也称"M型就业"，是"妇女回家"论的派生物，指职业妇女婚后或者生育后自动退职回家，从事家务劳动和抚育子女，待孩子长大后再重新就业的模式。对于该政策的争论被认为是改革开放以来规模最大、层次最高的关于公共政策和改革开放价值取向的论争。[1] 这一政策提议被认为是重效率轻公正、重男轻女，有悖公共政策规划的公正性原则，因而在设计阶段就被阻止。从性别视角来分析，如果女性因生育而返回家庭，无异于进一步强化了传统的"男主外、女主内"的观念，使女性失去已有的独立经济地位，而女性的社会地位和家庭地位也会下降，以至于在经济上和精神上重新依附于男性。决策者应该清楚地认识到，基于性别而作出的任何区别与限制，都有可能妨碍妇女平等的权利，有碍她们获得平等的机会，从而形成对妇女的歧视。

增加决策者的社会性别意识最直接的办法在于，要对公共政策的决策者进行社会性别意识的培训。如在加拿大，立法局制定法律的官员必须经过社

---

[1] 韩廉：《社会转型期全民自觉维护政策公正的范例——世纪之交的"妇女回家"、"阶段就业"论争与"十五"就业政策》，《湖南师范大学社会科学学报》2008年第6期，第64页。

会性别意识的培训，同时还设立了考查立法中是否有性别意识的检察人员。我国一些城市的市委党校在对高层决策者或者对在职领导干部培训班的主要课程中也曾开设马克思主义妇女观和男女平等基本国策课程，将社会性别主流化的氛围渗透到决策人的决策意识当中。通过培训强化领导层和决策层的社会性别意识，促进他们对基本国策的认识和理解，加强他们从性别视角对大型政策和立法进行可能性分析及论证。

（二）在决策结构中增加女性决策者

参与本身具有重要的性别意义，能够有效保证妇女的需求、利益得以实现。从政策决策机构的纵向来看，可以分为高层决策、中层决策和基层决策机构。一般而言，高层决策拥有更多更大的决策权，中层与基层机构往往要执行高层的决策，或者结合本地的实际而采取具体措施。横向来看，各决策层面内部，正职领导的决策影响力往往大于副职领导，因而形成一个以正职领导为核心的权力结构。在决策结构中，决策者往往要权衡多个群体的利益，如果不存在弱势群体的代表，那么弱势群体就会失去在决策中博弈的机会和能力；同样，如果决策中缺乏女性的参与和话语表达，由男性控制着政策的制定和实施，男性经验中就很难体会到女性的经历、体验和感受，男性的思考和判断就会自觉或不自觉地注入决策之中，成为普遍适用于男性和女性的规则，而女性的意愿和利益在决策中被忽略，女性群体的合法利益诉求也难以在决策层表达出来，而被边缘化，某些所谓中性、无性政策却往往带来了结果的不平等。因此，在不同层级的决策机构中增加女性决策者的比例，以保障女性在政策出台和执行中的主动权和选择权，也有助于她们从女性的经验出发或站在女性的立场上在决策论证阶段充分表达妇女的意愿，抵制对妇女不利的方案出台。

决策结构的调整包括两个方面：一是在数量上增加女性决策者的比重，二是从质量上提升女性决策者在决策核心层的地位。只有在决策中充分考虑两性诉求的不同和相应问题解决方式的差异性，扫除决策中的性别盲区，才能保证女性能够充分参与最核心层的决策讨论与制定，以此来影响政策的性别走向，女性不仅要占有、使用资源，而且要决定资源的分配和利用。

（三）建立并完善公共政策社会性别评估体系

公共政策问题的形成与确认是公共政策制定过程的起点，要出台促进性别平等的公共政策，首先要使性别平等成为公共政策问题，纳入政府的政策议程。作为社会公共政策的制定者，国家和各级地方政府是实现社会性别主流化的责任主体，要充分履行对性别平等的承诺。当涉及促进妇女发展的机制时，政府和其他参与者要将社会性别观念运用其中，使所有政策和计划在制定时都考虑到性别问题，从而在决策之前，对有关政策资料信息的收集整理时，就有必要广泛听取妇女及妇女组织的意见，积极采用具有性别意识的资料。

其次，是对即将出台的政策进行性别的预测性和可行性评估。性别的预测性评估要求预测公共政策为男女两性带来的不同效果、效益和效应，而性别的可行性评估要求评估男女两性所处的主客观条件和预期产生的效果的政策可行性[1]也就是说，用社会性别视角考评政策是否有性别倾向，政策的实施是否会对两性造成不同的影响以及程度和后果，从而从源头上预防损害两性平等的政策出台，使政策成为性别平等的矫正器。

公共政策一旦形成，就具有一定的权威性、强制性和持续性，就会对人们的生活方式产生决定性的影响。当性别平等从一般政策原则进入具体政策后，或具体机构在执行一般性政策时，却呈现弱化的倾向，与此同时，性别偏见和歧视呈现出强化的趋向[2]这种情况，越到基层越是明显，如外嫁女的土地承包及相关经济权益所反映出来的问题，说明在一般政策层面，我国性别平等政策已经有所体现，但在具体可操作性的政策中，性别缺失现象仍然存在。因此，在政策实施阶段，要运用性别视角对政策的运行过程进行实证考察，定期审查其执行情况，通过评估拨开政策和法律"中性"的外衣，检视它们在运行中对妇女权利的主张与保护是否有益，是否产生偏差造成两性不平等，找出背后隐藏的性别倾向，并及时提出修正的新方案，防止公共政策所带来的性别缺失，或者扩大性别歧视的后果。

总之，社会性别影响评价机制是一种风险防范机制，防范的是法律规范中的性别歧视风险[3]，有助于将男女平等基本国策内化于行之有效的社会发展和公共政策的制定与实施过程中。

（四）重塑性别平等的社会文化氛围和舆论环境

现实生活中所有的性别不平等现象的背后都有性别文化的影响，文化因素是造成两性角色和行为差异的主要原因之一。传统性别文化并没有随着社会主义制度的建立而遭到彻底的批判和摒弃，目前，我国的大众文化潮流仍带有浓厚的男权文化与制度的特征，"妇女回家论""妇女能力天生比男人

---

〔1〕 张再生、强馨元：《社会性别主流化进程中的公共政策困境与对策研究》，《天津大学学报（社会科学版）》2015 年第 5 期，第 429 页。

〔2〕 李慧英主编：《社会性别与公共政策》，当代中国出版社 2002 年版，第 289 页。

〔3〕 王婷：《社会性别视角的嵌入：促进性别平等的完善进路》，《湖北大学学报（哲学社会科学版）》2016 年第 1 期，第 113 页。

弱""经济发展了，妇女自然而然就解放了"等错误认识仍然存在于我们内心深处，并影响我们思想和行为。因此，促进性别平等与妇女发展的一个长期的重要任务就是倡导平等和谐的先进性别文化，消除不平等的性别文化阻力，而这一过程需要全社会的参与，依赖于传统性别观念的转变。

虽然我国的妇女发展纲要并未就"妇女与媒体"设立专门的目标，但在"改善妇女发展的社会环境中"对传媒方面提出了要求，"禁止影视、书刊对妇女形象的贬低和侮辱性描绘"。因此，在国家层面，政府应制定和实施具有性别平等意识的法律和政策，规制大众传媒的内容和传播方式，制定具有社会性别意识的传播政策，加强媒体对先进性别文化的宣传倡导，防止产生不利于平等和谐的性别关系的社会影响。而大众传媒的管理者、制作者和传播者要有推动先进性别文化构建的社会责任感，充分发挥大众传媒的文化引领作用，充分利用报纸、杂志、广播、电视等传统媒体和互联网等新媒体的资源与平台，大力宣传男女平等基本国策、保障妇女权益的法律法规和先进的性别观念，使更多社会公众接收到对社会性别的正确认识，在潜移默化中认同、接受和内化性别平等理念，使社会主流文化成为促进性别平等的动力。

第三节　建立社会性别平等的国家机制

按照联合国经社理事会的定义，社会性别主流化是实现性别平等和妇女发展的一个战略框架，这个战略框架包括一系列的行动方案，或者说一系列的方法的操作工具，包括以下内容：①政府明确而坚定的政治承诺；②设置专门机构，配备必要人员；③在全社会开展社会性别培训和能力建设；④对立法、政策、项目进行社会性别分析；⑤确立各层面的社会性别计划；⑥执行体现社会性别平等的政策、法律、计划、项目；⑦对政策、法律、计划、项目进行性别统计；⑧社会性别预算；⑨社会性别评估；⑩社会性别审计。[1] 一个国家有无不断完善的提高妇女地位的国家机制是判断其是否真正重视推动性别平等和妇女发展的重要标志。性别平等机制至少应包含：一是提高妇女地位、推进性别平等的国家机构；二是保障妇女权益和法律政策体系；三是促进妇女发展的国家行动计划；四是社会性别主流化政策的执行和

---

〔1〕　陈方编著：《全球化、性别与发展》，天津大学出版社 2009 年版，第 58—61 页。

确保机制运行的支持保障措施。[1]

一、设立政府性别平等机构

（一）性别平等机构的国际经验

在国际上，联合国人权公约的实施都会涉及性别平等和非歧视问题，因此，它们的实施机制集中体现在负责监督相关公约实施的条约机构的实践中，如《消除对妇女一切形式歧视公约》设立了消除对妇女歧视委员会，作为监督系统发挥作用，监督那些批准或加入了公约的国家对公约条款的执行情况，委员会每年还会通过经济及社会理事会向大会报告其活动。欧洲议会在1980年设立了专门机构，即女性权利专门委员会，1999年该委员会更名为女性权利和性别平等委员会，其主要职责是解释、促进和保护欧盟女性权利，消除各种形式的性别歧视，遵循并实施与女性权利相关的国际协定和公约等。

性别平等问题是女性公民与男性公民之间在社会生活各领域内关于平等、公平问题的讨论和衡量，几乎涉及每个人的每个方面，政府、司法机关、社会组织或者个人，都是实现平等的重要力量。作为一个国家的性别平等机构，其首要的职责是制定和实施政府性别政策，开展性别平等意识和能力培训，推动政府部门的社会性别主流化；其次，还要进行性别统计、分析和评估，监测妇女政策计划的实施，对促进性别平等的法律提供支持；同时，性别平等机构要实施提高性别平等公众意识的项目，扶持妇女社会组织的发展，在消除性别歧视和针对妇女的暴力方面发挥作用。

政府在提高妇女地位上具有不可替代的责任，只有政府才能为促进性别平等提供充足的公共政策、公共服务和公共产品，也只有政府才能使公共政策对性别社会分工模式产生深刻影响，这种职能是任何一个非政府组织也替代不了的，因此，设立专门保护妇女权益的政府部门能够从体制上保证将妇女的发展与国家经济和社会发展紧密联系在一起。世界上很多国家和地区都将妇女组织放在重要的政治地位，如日本内阁设立男女共同参画局，专门负责料理妇女事务。香港妇女事务委员会也属于政府机构，在参与和监督公共政策的制定、推行和实施过程中发挥出促进社会性别平等和社会的可持续发展的积极的作用。

---

[1] 柯倩婷主编：《中国妇女发展20年：性别公正视角下的政策研究》，社会科学文献出版社2015年版，第165页。

在纪念联合国第四届世界妇女大会的"北京+10"活动中，联合国总结了取得进展的国家共同的经验，其中包括不断加强提高妇女地位，国家机制要职权明确，职能清晰，并具有一定的权威性、影响力和执行力，形成跨部门、跨领域、跨性别的全社会性别平等合作机制。按照联合国的要求，性别平等的机构应设在高层，除了国家层面，机构/组织层面，如部委、部门等也应设立相应的机制，以确保对性别平等的关注纳入所有政策、工作及项目中。有的国家的妇女机构在名称上也进行了调整，将原有的妇女工作部或妇女委员会改为性别平等委员会或性别平等司，以落实第四次世界妇女大会《行动纲领》提出的各项任务。由于各国国情不同，政治与法律框架也有所区别，具体对于机构的设立，机构的性质及其与立法、行政和司法机构的关系都有不同。以挪威为例，挪威妇女人权平等的保障机构有四个：儿童与家庭事务部，性别平等中心，男女平等事务监察机构，禁止种族歧视中心。[1] 而香港特别行政区则于2001年成立"妇女事务委员会"，作为一个高层次的中央机制，就促进妇女发展事宜向政府提供意见。政府落实《消除对妇女一切形式歧视公约》和《行动纲领》担当重要角色。其工作重点包括提供有利的环境、通过能力提升增强妇女能力和推动公众教育三个方面，并成立四个工作小组，制定和监察四个策略性范畴的工作，缔造有利环境工作小组、增强能力工作小组、公众教育工作小组、协作工作小组。[2]

（二）我国的实践

我国香港地区颁布的第一个反歧视条例就是《性别歧视条例》（1995年），其中以法律的形式授权设立反歧视的专门执行机关——香港平等机会委员会。台湾地区则出台了《性别工作平等法》和《性别平等教育法》，[3]作为保障就业领域和教育领域中性别平等的两部专门法，并依法设立台湾性别工作平等委员会（或就业歧视评议委员会）、性别平等教育委员会等机构来处理就业领域、教育领域中的性别平等问题，这些机构的设立虽然着重于某一个领域，但设立专门机构来推动基本一领域性别平等的意义值得借鉴，以保证社会性别主流化和政府行为的一致性。

---

〔1〕　陈明侠、黄列：《性别与法律研究概论》，中国社会科学出版社2009年版，第90页。

〔2〕　刘小楠：《港台地区性别平等立法及案例研究》，法律出版社2013年版，第195页。

〔3〕　台湾2002年1月16日制定公布的《两性工作平等法》，于2008年1月16日修正公布更名为《性别工作平等法》。

从目前来看，我国相应的政府性别平等机构是国务院妇女儿童工作委员会（以下简称"妇儿工委"），妇儿工委是国务院推动落实维护妇女儿童权益法律法规，组织实施妇女儿童发展纲要，推进妇女儿童事业发展的协调议事机构。各省、市、县（区）地方人民政府均成立了妇女儿童工作委员会，并单独设立办公室，配备专职人员，形成了纵向贯通各级政府组织、横向协调有关政府部门的妇女工作网络，标志着我国提高妇女地位国家机制的初步建立，说明妇女事务的协调管理已经进入中央政府的框架之中。

但是，国务院妇女儿童工作委员会只是一个协调机构，没有权力和资源去推行政策，也没有权力开展法律和政策的性别评估。[1] 而且，妇儿工委设在妇联，使得妇儿工委的政府职能与妇联的社会职能有所交叉。这种设置虽然加强了政府性别平等机构与党的群众团体、妇女社会组织的合作，但也在一定程度上弱化了政府妇女工作机构的权威性和影响力。其松散的组织形式和工作性质也暴露出其体制性局限，在实践中，人们往往将所有领域内的性别不平等现象剥离出来，简化成抽象的"妇女问题"，推给妇联解决，成为孤立于政治、经济、文化、社会的"边缘地带"。这种设置显然无法使"性别公正"进入到政府工作和社会发展宏观决策的主流之中，政府工作和政策制定中的性别问题边缘化仍难以避免。

笔者认为，我国也可以参照其他国家的做法，在更高级别政府成立性别平等机构，在立法、修法及监督执法的过程中促进性别平等，或者进一步增强国务院妇儿工委作为政府推动性别平等职能部门的作用，赋予其更多的权力和资源，使其在促进社会性别主流化中发挥更大的作用。2016 年 9 月，中共中央办公厅印发了《全国妇联改革方案》，从 7 个方面提出了改革措施，将开创妇女工作的新局面。笔者希望，政府加大对国务院妇儿工委的授权，加大对国务院妇儿工委的人力、财力资源的投入，使其不仅具有"协调和推动"性别平等工作的基本职能，而且还具有组织领导和监督检查的职能，在国家公共政策的制定和实施方面拥有更多的话语权，有足够的能力去支持政府各部门将性别平等的观点纳入所有政策领域的主流，更好地发挥党和政府联系妇女群众的桥梁和纽带、国家政权的重要社会支柱、妇女利益代表者维护者的作用。

---

[1] 刘明辉：《促进我国性别平等立法及实施机制的他山之石》，《中华女子学院学报》2015 年第 3 期，第 117 页。

二、加强性别预算

（一）性别预算的源起

性别预算最早出现于 20 世纪 80 年代中期。1984 年，澳大利亚的《妇女预算报告书》在世界上首次引入了女性预算（women's budget）。这份由澳大利亚政府提交的报告在政府机构中强化了关于预算对妇女影响的认识，搜集了大量的政府部门如何进行性别支出的资料。政府内部的妇女小组可以充分利用这些资料来提出自己的主张和进行政策干预。[1]

"性别预算"，即称"社会性别预算"或"社会性别敏感预算"，是近年来联合国为推动妇女发展提出的一个新概念，是指从性别角度出发，对政府的财政收入和公共支出进行分析，看它对妇女与男性之间有什么不同的影响：社会性别预算帮助政府决定哪些资源需要再分配以实现人的发展和男女平等受益。[2] 性别预算并非简单地将政府的资金在男女两性上进行分配和划拨，或者为妇女制定出的单独预算，也并非简单地增加针对妇女的项目预算，而是一项科学化的综合工程，需要在国家和地方预算中纳入性别视角，研究分析公共资源在男女两性间的如何分享以及分享的效果，评估政府总体预算如何满足男、女两种社会不同群体的需求，从而以更趋公平的方式分配资源，进一步促进性别平等。公共财政预算是政府最重要的经济政策工具，是政府为实现经济、社会目标而做出的支出选择。如果在预算中没有设立充足的性别平等资金，再好的社会性别主流化的政策、措施、计划也只能是一纸空文。[3]

国内外学者们对性别预算的理论框架与实践经验的探讨，虽然并未形成统一的界定，但有关性别预算的理论与策略框架皆已形成相应的体系。理论上，性别预算的内容包括性别预算所涉及的政府预算收支及其背后的公共政策。但目前国外的实践主要集中在预算支出方面，既包括特定部门的预算支出，也包括政府的整体预算支出。[4] 社会性别预算可以在国家和城市的层面

---

〔1〕 李慧英、刘澄主编：《社会性别与公共政策》（之二），中国社会科学出版社 2014 年版，第325 页。

〔2〕 闫东玲：《浅论社会性别主流化与社会性别预算》，载《妇女研究论丛》2007 年第 1 期，第11 页。

〔3〕 梁泫洁、张再生：《透视我国公共政策中的性别平等——"首届社会性别与公共管理论坛"综述》，*Journal of US-China Public Administration*，USA，2006，Volume 3，No. 5，第79 页。

〔4〕 郭夏娟、吕晓敏：《参与式性别预算：来自温岭的探索》，载《妇女研究论丛》2012 年第 1期，第39 页。

上开展，还可以涵盖全部或选定部分的预算。一般情况下，会选择社会性别不平等的领域，对妇女优先考虑的事项以及特定国家在社会性别不平等上的政府政策等方面进行社会性别预算分析。

（二）国外的社会性别预算

1995 年，南非的一个妇女正政府组织与议会联合委员会启动了第一个社会性别预算分析计划，成为社会性别预算的第二个实践国家，之后，菲律宾、乌干达、坦桑尼亚、瑞士和英国也开展了此项计划，至今实施社会性别预算的国家和地区已经达到 100 多个。

世界各国开展性别预算的途径各有不同，从国际经验来看，世界范围内实施社会性别预算的国家，可分为两类：一类是欧美发达国家，如英联邦中的发达国家，北欧各国等，这些国家的预算管理逐步走入精细化阶段，反映了妇女运动日益兴起的客观现实；另一类是非洲和南美洲的部分国家，更多是因为在接受发达国家援助过程中，带有被动实施的色彩[1] 以英国为例，英国的妇女预算团体对每项预算都会进行新闻发布，并致力于对政策议程中的社会性别和预算提出质疑。而瑞典的每个政府部门都需要在提出预算提案中设立有关社会性别平等目标，每年财政部会对政府预算提案中对妇女和男性的经济资源分配出专项报告。瑞典政府承诺以可以承受的价格向特定的儿童提供保育服务，这一承诺就会体现在预算中：瑞典每年拨出了相当于国内生产总值 2% 的预算，用在公立儿童保育上，这使瑞典拥有欧洲最高的妇女就业率[2] 2001 年 10 月，由比利时政府、联合国妇女发展基金会、经济合作与发展组织、北欧部长理事会、英联邦秘书处和国际发展研究中心在布鲁塞尔联合召开的"推进性别预算——加强经济和财政管理"国际会议，正式用"性别预算"取代"女性预算"，以避免可能产生的歧义，并呼吁至 2015 年全球所有国家实施社会性别预算实践[3] 2004 年，印度甚至宣布在 21 个部委设立社会性别预算组织，用于确定具体数据、能力和系统要求，以便能够实现社会性别预算。

联合国妇女发展基金会在世界范围内推进社会性别平等的计划和预算，

---

[1] 马蔡琛：《再论社会性别预算在中国的推广——基于焦作和张家口项目试点的考察》，《中央财经大学学报》2010 年第 8 期。

[2] 闫东玲：《浅论社会性别主流化与社会性别预算》，载《妇女研究论丛》2007 年第 1 期，第 14 页。

[3] 鲍静、魏芃：《全球视野下的社会性别预算：国外经验》，《中国行政管理》2015 年第 3 期，第 27 页。

在选定的地区和国际论坛上，为发展社会性别预算分析的政策进行广泛宣传，为政府人员和其他专业人士提供有关对政府预算进行社会性别分析的培训，或者开发相应的机制，让人能分享世界范围内成功的社会性别预算计划信息，主张各国将其纳入国家计划，以实现全球性别平等目标。

（三）我国的实践

我国在实践中已经开始尝试引入社会性别预算，如政府通过性别预算不断加强社会资源向妇女特别是基层妇女倾斜的力度，为农村妇女乳腺癌、宫颈癌免费检查拨付专款，为基层妇女就业创业发放小额担保财政贴息贷款，等等，从而解决妇女在健康或就业方面的现实问题。其次，我国部分城市在性别预算的立法保障方面也进行了大胆的探索，深圳为解决现行的性别不平等问题的资金保障，2012 年通过的《深圳经济特别性别平等促进条例》中用三个条文明确要建立和推行社会性别预算制度，力图从社会性别角度评估政府总体预算如何满足男性和女性的不同需求，致力于减少或消除制定公共政策中对妇女及其他弱势群体的歧视而编制的专门预算，提供了有益的地方立法经验。我国也开展了一些社会性别预算的培训和研讨，一些地方也开展了社会性别预算的尝试，形成了在全国有较高知名度的"焦作试点"经验和"温岭试点"经验。2016 年"浙江温岭创新参与式性别预算探索基层协商民主新路径"还被评为 2016 年度妇女工作十大创新案例。[1]

2009 年 2 月，河南省焦作市政府颁布了国内第一个有关社会性别预算的政府性文件，《焦作市本级财政社会性别反应预算管理试行办法》，并编制了《2009 年社会性别反应预算》。该办法中提到"社会性别反应预算"，是指在市本级政府预算中充分考虑男女两性和弱势群体的需求，全面反映预算收支及其相关的公共政策对男女两性的共同影响，致力于减少或消除制定公共政策中对妇女及其他弱势群体的歧视而编制的专门预算。这一概念与性别预算如出一辙，在该办法规定，要进一步完善政府预算体系，更好地分配公共预算资源，为性别平等措施提供资金保障，促进社会公平进步与和谐发展，提高公共政策的效率和一致性。为此，焦作市还先后在公共卫生间、法律援助、社会福利院、社区公共卫生服务、健身器材、农民工培训六类公共支出项目，进行社会性别预算的实验和研究，以促进男女公平享受公共财政支出服务。焦作性别预算改革的基本经验，也被归纳为：开拓性地连续编制社会性别预

〔1〕《2016 年度中国妇女工作十大创新案例》，http：//www. cnwomen. com. cn/2017-05/05/content_ 154111. htm，访问日期：2017 年 5 月 20 日。

算，初步完成了文本设计的总体框架；聚焦 6 类较具性别敏感性的公共支出项目，施行结果导向的深入调研，进一步揭示性别影响差异，以期推进预算支出的性别平等；积极推进预算政策调整，致力于促进性别平等长效机制的建设。[1]

2009 年 10 月，国内出版了第一本关于社会性别预算的著作《社会性别预算：理论与实践》（作者：南开大学马蔡琛博士），被称为我国社会性别预算研究的开启之作，[2] 2009 年也被称之为"中国社会性别预算元年"。[3]从实践来看，我国的社会性别预算实践的动因各有不同，张家口的性别预算实践是在国际行动援助中国办公室的支持下，与张家口市妇联合作开展的，属于外部力量推动和政府部门主导相结合的方式；焦作实践是在焦作市财政局局长申相臣和国内外预算专家指导下开展的；而浙江温岭则是地方政府和公共预算部门由上至下倡导推动实施的。[4]

笔者认为，性别预算的最终目的就是朝着男女平等的方向改变政府预算，对于推进性别平等、提高财政资金使用效益、促进公共服务均等化具有重要现实意义。首先，政府要实现社会性别平等方面所做的承诺，就要加强对社会性别预算的重视，并把它作为国家财政体系、财政预算的一部分，积极主动地推动社会性别预算工作的开展，根据国际社会发展潮流和趋势，探索社会性别预算实践与国家发展框架的结合方式，并加强立法，将社会性别预算提高到法律层面，也让公众进一步提升性别平等意识，更加公正地看待女性的贡献，给予她们更多的利益，使社会性别预算成为推进我国国家治理体系和治理现代化的重要组成部分。

其次，要进一步建立和完善中国部门预算体系。公共财政预算作为政府最重要的经济政策工具，是政府为实现经济、社会目标而作出的支出选择。2015 年 1 月 1 日，我国新《预算法》实施，标志着我国政府财政预算改革正朝着公开、透明、规范的方向不断前进。我们要将性别意识纳入各级政府预算程序，逐步建立性别平等预算体系，加强对女性所能获得的财政资源的投

---

〔1〕 谭琳主编：《2008—2012 年：中国性别平等与妇女发展报告》，社会科学文献出版社 2013 年版，第 202—203 页。

〔2〕 鲍静：《中国社会性别预算的开启之作》，《中国行政管理》2010 年第十期，第 127 页。

〔3〕 谭琳主编：《2008—2012 年：中国性别平等与妇女发展报告》，社会科学文献出版社 2013 年版，第 202 页。

〔4〕 刘筱红、田野：《社会性别反应预算：功能价值、实施困境、推广策略》，载《妇女研究论丛》2013 年第 2 期，第 49 页。

入，比如将出生性别比、生育社会统筹、女性生殖健康等重要目标的运行经费要首先纳入并且积极保障，通过增加预算来为女性发展提供必要的财政支持。

再次，要逐步提升社会性别预算的能力，社会性别预算具有丰富内容与体系，要有效推动其实施，政府部门必须要有一批具备相应知识储备的政府官员，因此，在实践中要强化政府官员的性别预算知识学习与积累，焦作经验就特别体现这一点。当然，妇联组织和妇女应该更多地参与到公共预算中，深圳的性别预算尝试，具有较多的妇联组织推动型的特点，女性应在实践中提升社会性别预算水平，争取自身的权益。

最后，要监督并检查各部门在工作运行中的实际投入，为妇女平等发展提供可靠资金支持和物质保障。

三、开展性别统计与分析

（一）性别统计工作的产生与发展

性别统计是以实现性别平等为目的，运用统计特有的方法和手段，描述、分析和测评男性与女性的社会参与、贡献以及社会性别差异，从而为政府决策和科学研究提供数据支持的一种基本方法。[1] 性别统计作为社会统计的重要组成部分，在原有的统计指标中加入分性别的统计项目，是制定、监测、评估政策性别影响和性别平等与妇女发展目标实施状况的重要工具，这是实施社会性别主流化战略的一个重要方面。

20世纪70年代以前，统计学领域并不存在"性别统计"，1975年在墨西哥举行的第一次世界妇女大会，与会者对改进妇女统计的重要性进行讨论并达成共识，"妇女需要用数字更清楚地了解她们的生活如何发生变化或者没有变化"，会议要求联合国统计事务组汇编有关监测家庭生活、领导和决策等几个主要类别的妇女数据，并号召全国政府重视统计妇女资料的工作。自此，国际社会对性别意识及性别敏感问题的重视程度不断提高。联合国相关机构开始就性别统计培训方案与统计部门进行合作，至1985年内罗毕妇女大会时，联合国汇集了172个国家39项指标的统计数据提供给会议，再一次推动了性别统计工作。各国政府号召重视妇女统计资料的生产，并由妇女机构储存和提供妇女统计，标志着妇女统计得到国际社会的共同重视。

---

〔1〕　陈方编著：《全球化、性别与发展》，天津大学出版社2009年版，第133页。

联合国对各国政府提出明确要求，要建立和完善性别统计。从 20 世纪 90 年代开始，联合国的性别发展指标（GDI）和性别赋权指标（GEM），就是通过性别统计和数据的收集、分析，使各国政府和社会认识男女两性的生存状况和社会地位差距，为决策提供依据。第四次世界妇女大会《行动纲领》明确提出了关于性别统计的特别战略目标，要求所有关于个人的统计数据都应按性别和年龄进行收集、汇总、分析和发布。在这样的背景之下，许多国家不断完善性别统计，改变统计标准、概念和方法，许多国家还建立了数据改善、发展和发布的战略。以加拿大为例，加拿大 1954 年就成立了妇女地位局，其主要工作就是对妇女在就业中的情况进行统计。

性别统计数据是性别敏感分析的重要前提，有助于量化相关论据。虽然性别统计只是一个研究工具，但是，性别统计却可以矫正政策制定中的性别盲点和对妇女地位、两性关系的偏见、错误认识，是支持社会性别主流化的重要基础，因为各项政策的分析、制定、监督、评估以及执行中的预算编列等工作都是以性别统计的结果为依据的。[1] 量化的、客观性的性别统计数据的呈现，不仅可以带动社会各界对男女两性现状的认识，更能帮助政府相关部门持续掌握与分析性别统计内容，增强政策的决策者与执行者的性别敏感，强化政府的性别平等职能，在制定政策或进行资源分配时，加入性别视角，有意识地将性别因素纳入到整个社会经济系统，防止中立的政策对妇女带来消极和不利的影响，以更好地促进两性平等而全面的发展。

（二）我国的性别统计工作

性别统计在一些发达国家发展较快，而较多发展中国家对这项工作的重视程度远远不够。中国是较早开展性别统计工作与研究的国家之一，1992 年国家统计局开始引入性别统计的概念和方法，性别统计就被纳入国家常规统计调查制度，《统计年鉴》中已有一些分性别统计的项目，如按年龄和性别分的人口数、婚姻状况、受教育程度、文盲人口、育龄妇女统计等。几乎所有的国家对人口和家庭的统计指标都有较全面的国家级分性别资料，我国也一样，政府把人口与家庭统计放在国家级人口普查中进行，而其他指标则需要有关部门进行专项调查与收集。但是，在近几年的政府统计改革调整中，一些统计年鉴不再统计原有的分性别的数据，或者只提供有关公有制经济单位的数据，形成了新的性别统计缺口，可能导致社会各界对上述领域女性发

---

〔1〕 刘伯红主编：《社会性别主流化读本》，中国妇女出版社 2009 年版，第 71 页。

展出现的问题认识不足。

我国政府制定的《中国妇女发展纲要（2001—2010 年）》明确提出，要将分性别统计指标纳入国家统计制度有关的常规统计及统计调查之中，建立对女性状况进行动态研究、数据采集和资料传播的机制。2004 年国务院办公厅颁布《关于印发〈中国妇女发展纲要和中国儿童发展纲要性别统计重点指标目录〉的通知》，要求各地区、各有关部门高度重视，加强领导，建立和完善性别统计工作报告制度。国务院妇儿工委系统围绕《中国妇女发展纲要》实施情况进行年度监测、中期评估和终期评估，并成立了监测评估机构，制定了监测指标体系和评估方案，这些监测评估工作对于督促政府了解和认识妇女发展纲要的目标实现和更好地承担政府责任起到了很好的推动作用。

1990 年、2000 年、2010 年，我国还开展了三期中国妇女社会地位调查，调查提供了反映两性经济活动、家庭生活、时间利用、性别观念等内容的大量数据，弥补了政府统计记录的不足，也为扩大性别统计数据收集和利用，完善性别统计制度积累了经验。一些地方立法中也要求建立性别平等和妇女发展综合评价指数，纳入各部门经济社会发展综合评价指标体系，完善分性别统计指标体系，以提供全面准备的性别统计数据。[1] 当然，立法的原则性要求还需要我们在实践操作中进一步细化。性别统计不仅要求收集按性别分类的官方和权威的数据，同时，也要考虑所有会产生性别偏见的因素，特别注意在数据收集过程中所使用的概念和方法要尽可能真实、深刻地反映社会性别问题，并且能够连续地、有代表性地对两性进行比较。

由于统计指标的范围有限，统计指标的性别敏感度不高，涉及妇女发展和性别平等的很多指标并未纳入《中国妇女发展纲要》的指标体系，远远不能满足促进性别平等与妇女发展的理论研究与工作实践的需要，一些统计数据的质量和代表性也有待提高。在写作过程中，笔者穿梭于珠海市各政府部门期望得到关于性别的统计和分析数据，却很难如愿。即便在正式的政府部门统计报表中，关于性别统计的数据也寥寥无几，因而不得不从各政府部门

---

[1]《珠海市妇女权益保障法条例》第 9 条规定："市、区人民政府、横琴新区和经济功能区管理委员会应当建立性别平等和妇女发展综合评价指数，纳入各部门经济社会发展综合评价指标体系。统计、教育、卫生、人口计划生育、人力资源社会保障等相关部门应当在统计制度中纳入性别统计的内容，完善分性别统计指标体系，定期监测，提供全面准确的性别统计数据，对妇女发展状况作出科学评估。"虽然只是在地方性立法中对此予以明确，但是显然能够从法律中保障性别平等的统计纳入法律规范的范围。

的数据库中艰难搜索并汇总相关的数据资料。

（三）性别统计的完善

为了进一步完善性别统计和监测制度，笔者认为，首先，我们要建立一套科学的性别平等监控指标系统，包括分性别的统计制度和数据库，设立必要的监测和评估组织机构，并形成自上而下的网络系统。指标体系要全面反映经济、政治、教育、健康、家庭等领域妇女地位的具体状况，并确立监测评估的核心指标和关键指标。统计部门应依据《统计法》所赋予的职能，把性别统计纳入部门工作目标，对统计系统和政府相关部门进行性别统计培训，明确相关部门牵头和协调性别统计的职责、处理分性别数据的收集汇总，形成能反映性别平等与妇女发展状况的评价指标，才可以从中找出不同性别在社会发展中所遭受的差异与不平等，并且将这种性别不平等现象更直观地展示给决策者以及社会公众。

其次，我们要加强性别统计资料发布和出版，提高性别统计数据的共享程度，确保性别统计不断得到增强和完善。只有这样才能够增强政策决策者和政策执行者的性别敏感，以数据为基础制定和调整政策就可以避免性别偏颇的出现，防止中立政策给妇女带来的消极和不利的影响，以遏制歧视和侮辱女性的行为或内容出现，并采取适当的手段予以处理。

总之，男女平等、女性发展是一个社会问题，不仅仅需要女性个人主体意识的觉醒和不懈的坚持与努力奋斗，更需要国家力量的强力保障，创造一种良好的支持性的社会环境，在制定政策、建立机制、编制规划、部署工作等各个环节充分考虑男女两性的现实差异和妇女的特殊利益，积极作为，为开发妇女这份丰厚的人力资源提供制度保障。当然，中国对促进社会性别平等的探讨要更加努力地与国际社会接轨，学习并分享其他国家优秀的社会性别主流化的理论与经验，推动世界范围内的社会性别主流化。

第三章　教育与妇女发展

教育是一项人权，是实现平等、发展与和平目标的一个重要工具。

——1995 年世界妇女大会《行动纲领》

第一节　妇女的教育权利与发展

一、妇女平等的教育权利及其保障

文化教育权，是公民依法享有的受教育的权利和从事各类文化活动的权利的统称。其包括教育平等权、教育机会保障权、特殊教育权、义务教育保障权、从事科技文化活动权等。妇女的受教育程度关系到她们的素质和前途，是妇女与男子平等竞争的一个前提条件，否则，妇女在与男子的竞争中就会处于劣势，也无法保证妇女其他权利的顺利实现。

女性获得平等的教育机会和公正的教育资源分配，是妇女参与市场竞争并获得良好收益的关键。联合国各组织机构均制定了相关公约以促进妇女在教育领域内平等权利的实现，并要求各国政府采取措施，在各级别的教育中消除因性别、种族、语言、宗教、国籍、年龄和残疾等产生的任何形式的歧视，以达到两性平等接受教育的目标。《消除对妇女一切形式歧视公约》明确要求缔约国保证妇女在教育方面享有与男子平等的权利。联合国千年发展目标提出："最好到 2005 年在小学教育和中学教育中消除两性差异，至迟于 2015 年在各级教育中消除此种差距。"这一目标充分表示了在各级教育中实现两性平等享有受教育的机会，是迈向性别平等的基础性步骤。这些国际文件体现的价值、原则是缔约国制定教育政策、开展教育平等活动的重要准则。

美国是世界各国中最先制定性别平等教育的国家，19 世纪美国制定了教育修正案第九条，明确学校不得基于学生的性别而在入学、课程教育、教材等方面进行限制；1974 年又通过以促进性别平等教育为目标的《妇女平等教育法》，鼓励教育机构开发与评估性别平等的教材，探讨教师、行政人员、辅导员等教育工作人员性别平等的培训方案，增加各级教育行政部门中女性的席位等；1976 年职业修正案中也增加了大量性别平等的条款。这些法案是美国保障和促进性别平等教育的基石，对美国性别平等教育发挥了重要作用，也对世界各国产生了较大影响。

我国是倡导妇女教育较早的国家之一，特别是新中国成立以来，政府全力改善并加强对妇女文化教育权利的保障。我国《宪法》明确规定："中华人民共和国公民有受教育的权利和义务。"（第 46 条第 1 款）在《妇女权益保障法》也规定："国家保障妇女享有与男子平等的文化教育权利。"（第 15 条）"学校和有关部门应当执行国家有关规定，保障妇女在入学、升学、毕业分配、授予学位、派出留学等方面享有与男子平等的权利。学校在录取学生时，除特殊专业外，不得以性别为由拒绝录取女性或者提高对女性的录取标准。"（第 16 条）"各级人民政府应当依照规定把扫除妇女中的文盲、半文盲工作，纳入扫盲和扫盲后继续教育规划，采取符合妇女特点的组织形式和工作方法，组织、监督有关部门具体实施。"（第 19 条）"各级人民政府和有关部门应当采取措施，根据城镇和农村妇女的需要，组织妇女接受职业教育和实用技术培训。"（第 20 条）这些立法充分说明我国保障妇女能够同男子一样接受平等的教育，获得平等的发展机会，使她们在社会生活和家庭生活中都能与男子一样平等，保障她们的权益，让她们平等地享有这个世界的文明。

除了法律的保障，在我国颁布的妇女发展纲要中，对妇女教育也作了宏观规划，《中国妇女发展纲要（1995—2000 年）》明确，我国"要大力发展妇女教育，提高妇女的科学文化水平"；《中国妇女发展纲要（2001—2010年）》则从女童接受九年义务教育、高中阶段教育、高等教育女性教育、成人妇女教育多个方面确立发展目标；《中国妇女发展纲要（2011—2020 年）》更是将目标具体量化，提出"提高妇女终身教育水平""促进妇女参与社区教育""实施教育内容和教育过程性别评估"等新型教育理念，将社会性别意识纳入我国的教育政策之中，使我国的妇女教育成为国家行动计划的组成部分，有效地推动了妇女受教育的全面发展。

二、教育对妇女发展的作用

"教育是一项基本人权"已得到现代社会的普遍认同。所有针对女性个体进行的知识传授、人格塑造和品德培养的社会化过程都可称为妇女教育，包括女性在家庭、学校、社会上所受到的各种影响，妇女教育是开发智能、提高素质的最佳手段，通过教育唤醒女性的觉醒，让她们获得积极的社会、经济和心理资源的能力，妇女的未来和发展在相当程度上取决于教育。

（一）教育是妇女发展的基础性条件

教育是公民获得文化知识的基本途径，妇女的教育水平与其未来的社会地位、生活质量、工作迁移等息息相关。

妇女教育促使妇女性别平等意识的觉醒。妇女接受教育后，植根于社会的男女观、女子价值观、婚姻家庭观等传统观念开始发生变化，她们展开工会运动、妇女选举运动，争取妇女与男性同等的政治、经济权利，妇女的潜能和个性得以充分发挥。此外，教育帮助妇女摆脱了柔弱依赖的人格定势，使她们具备向上的职业观念和职业道德水准，让她们具备现代化的从业意识和心理素质，在面对社会的激烈竞争时具有较强的心理承受能力、适应能力和面对挫折的抗衡能力，推动着她们从家庭走向社会，实现经济独立，进而在社会和家庭中获得平等地位，对于妇女自身的价值观和人生态度等意识形态的变化与确立更有意义。相关资料表明，妇女受教育程度与妇女就业和妇女经济地位之间存在一种互动关系，妇女受教育水平越高，妇女素质越高，妇女就具有较高的就业率和较高的经济地位；反之，妇女受教育水平越低，在工资和职业保障方面的能力就越低。

（二）妇女教育关系到每个家庭及全民素质的提高

提高妇女受教育程度还关系到每个家庭乃至全民族素质的提高。家庭是社会的细胞，妇女成为妻子或母亲，儿童的教育、营养与健康在更大程度上取决于母亲的受教育水平。掌握一定文化知识的女性具有较强的接受健康教育的需求与能力，会更合理的配置家庭资源，注重婴幼儿喂养、家庭的膳食制作和孩子的早期教育，促进家人和后代的健康。拿破仑曾指出：法国的未来在母亲们身上。印度妇女教育家卡鲁纳·卡兰指出：教育一个男人，受教育的只是一个人；教育一个女人，受教育的是几代人。[1] 正因为如此，国际社会多次强调"妇女应处于发展过程的中心"，在妇女保健、教育和生产方面进行投资是获得持续经济增长和可持续发展的最有效战略。[2]

---

〔1〕　转引自欧阳和霞：《论妇女受教育程度对全面建设小康社会的影响》，《中华女子学院学报》2005 年第 2 期，第 39 页。

〔2〕　肖扬：《论妇女人力资本积累与可持续发展》，《妇女研究论丛》2003 年第 4 期，第 37 页。

总之，妇女受教育水平的高低不但关系到个人的利益、发展和命运，而且更是妇女参与国家政治、经济和文化生活的重要途径。

三、妇女教育状况的整体分析

改革开放以来，珠海教育全面实施实施"科教兴市""人才强市"战略，不断加大教育投入，各级教育体系在不断适应社会发展和满足人们教育需求中得以完善。《珠海市妇女发展规划（2001—2010 年）》与《珠海市妇女发展规划（2011—2020 年）》都将妇女与教育确定为优先发展领域之一。为创建教育现代化先进区和义务教育均衡区，珠海市相继出台《学前教育三年行动计划（2011—2013 年)》《免费教育实施办法》《异地务工人员随迁子女积分入学办法》《进一步促进民办教育规范特色发展的实施办法》《珠海市人民政府关于深入推进职业教育校企合作的意见》《珠海市人民政府关于促进高等教育发展的若干意见》等，经过努力，珠海市现已构建从学前教育、义务教育到高等教育全面协调发展的教育体系，成功创建广东省"教育强市"模式，教育现代化已经达到同期中等发达国家平均水平，有效地保障了妇女的受教育权。

（一）政府对教育的投入

随着珠海经济的持续发展，政府逐年加大与妇女发展密切相关的社会事业投入，市教育经费投入从 2000 年的 3.28 亿元，增长到 2015 年的 52.88 亿元（见图 3-1）。在 2011—2013 年期间，市级财政每年投入学前教育 1000 万元，香洲、斗门、金湾 3 个行政区每年各投入 300 万元，其他功能区每年各投入 200 万元，2014 年市财政又追加 1000 万元，达到2000 万元/年。2014—2015 学年，珠海市共有幼儿园 259 所、小学 115 所、初中 47 所、高中 20 所、特殊教育学校 2 所、中等职业学校 9 所、高校 10 所，平安校园达标率达到 92.6%。

珠海市自 2007 年起已全面实行 12 年免费教育，2015 年免费义务教育公用经费补助标准提高到小学 1264 元/人/学年，初中 2144 元/人/学年，全年约有 23.5 万名学生享受 12 年免费教育，财政补贴 3.66 亿元。对入读民办学校的随迁子女，公用经费补助标准提高至小学1150 元/人/学年、初中 1950 元/人/学年。同时，珠海市还支持发展"献一份爱心，圆一个梦想"的"春蕾助学"救助失学女童的教育福利事业，以及"珠海春蕾侨心育才助学计划"资助品学兼优、家庭经济困难的高三或大中专在读生，或因经济原因辍学的学生，帮助她们解决教育经费的困难，保障她们受教育的机会。

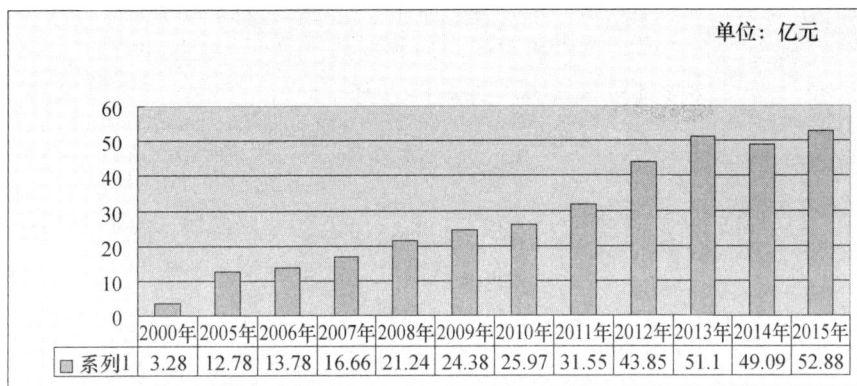

图 3-1　2000—2015 年珠海市教育经费投入[1]

（二）各级教育情况评估

1. 学前教育

学前教育是我国教育事业的组成部分，也是社会的公共福利事业。学前教育在解放妇女劳动力、促进男女平等和维护妇女权益方面发挥着独特的作用。学前教育的性别议题主要包括两个方面：一是贫困家庭女童和残疾女童如何接受普惠式学前教育；二是妇女如何通过学前教育解放自身的生产力。但是，现代社会，办园和育儿资金投入被湮没在商业化的竞争中，给父母尤其是贫困家庭的父母带来很大的压力。学前教育的城市化、精英化以及母亲时间和精力被裹挟的情况都不利于普惠式学前教育的发展，也不利于妇女的社会参与。[2]

在学前教育方面，珠海市自 2010 年开始实施学前教育三年行动计划，开展两期各 10 所标准化公办镇中心幼儿园建设。市区两级政府均加大了投资，学前教育发展趋势有了显著的变化。2013 年《珠海经济特区社会建设条例》第 10 条规定：加大学前教育投入，促进公益性和普惠性学前教育发展，探索学前教育入园补贴制度。截至 2015 年底，全市现有规范化幼儿园 259 所，等级幼儿园达到 90% 以上，规范化幼儿园比例为 86.5%，民办幼儿园约占全市幼儿园总数的 65%，在一定程度上弥补了公办幼儿园的数量不足，缓解了"入园难"的问题。自 2015 年起，市属公办幼儿园按照国家核定的最大班额数全部面向社会公开招生，参与电脑派位的比例由招生计划的 70% 扩大到

---

[1]　资料来源：珠海市统计局。

[2]　柯倩婷主编：《中国妇女发展 20 年：性别公正视角下的政策研究》，社会科学文献出版社 2015 年版，第 52 页。

100%，此做法在全省尚属首次，有力地保障了适龄女童平等接受学前教育的权利。截至 2015 年底，学前教育在园幼儿 6.67 万人，学前三年毛入园率达 106.6%，在园儿童中女童所占比例为 44.66%。

2. 义务教育和高中教育

国家在义务教育阶段将女童教育作为普及义务教育政策中的重要环节，入学率是衡量个体受教育权利的重要指标，净入学率是指某一阶段教育中的法定学龄学生人数与法定学龄学生总人口之比。毛入学率是指某一阶段教育中所有学生人数与法定学龄学生总人口之比，小学的净入学率和初中的毛入学率是衡量我国义务教育普及状况的重要指标，这两个指标的性别差异状况也是我国教育性别平等与否的根本体现。

珠海市义务教育实施学区动态调整机制，全部免试就近入学、阳光分班。对异地务工人员随迁子女实行积分入学，保障其平等受教育的权利，建立健全防止义务教育阶段女童辍学制度，实行"固定学号制"，全面采用电子学籍管理系统，严格学生转入、转出、休学、复学等程序，建立学生辍学报告制度，并对小学辍学率超过 0.2%、初中辍学率超过 2% 的学校建立"防辍重点单位"管理制度。大力保护女童的受教育权，有效地推进教育公平。2005—2010 年期间，珠海市小学学龄女童净入学率一直稳定地保持在 100%，但 2011 年之后，数据有所下降。截至 2015 年，小学学龄女童净入学率、初中女生毛入学率分别达 99.89%、112.62%；小学五年、九年义务教育女生巩固率分别达 99.67%、93.68%。

表 3-1　2010—2015 年珠海市妇女发展监测指标进展情况：妇女与教育[1]

主要监测统计指标	2010 年	2011 年	2012 年	2013 年	2014 年	2015 年	2020 年目标
小学学龄女童净入学率	100	99.88	97.42	99.78	99.98	99.89	100
小学女童五年巩固率	100	99.88	97.42	99.78	99.98	99.67	100
初中阶段女生毛入学率	131.79	126.37	118.69	119.06	117.66	112.62	100
女生九年义务教育巩固率	—	100.00	105.32	102.07	100.00	93.68	>98

---

[1]　数据来源：《珠海市妇女发展规划（2010—2015 年）》监测评估报告。

义务教育的平等发展为高中阶段教育的性别平等打下了良好的基础。2006 年，珠海市成功创建广东省教育强市，从 2007 秋季开学起，实行普通高中、职业高中均免收学费，就读公办高中的特困生还将免交住宿费和实习实验费等；同时，改革高中阶段学校招生考试及评价制度，将国家级示范性普通高中招生计划的一定比例均衡分配到全市各初级中学，"指标生"招收比例由 2007 年的 5% 提高到 2012 年的 70%，之后一直保持在 70%。指标生政策十多年来，通过资源调配和倾斜，促进了教育公平，增加了农村学生入读国家级示范高中的机会，也有效遏制了义务教育阶段的择校现象，推进了义务教育均衡发展，形成了高中学校良性竞争的局面。女生高中阶段教育基本普及，12 年免费教育降低了普通家庭的教育支出，让改革成果惠及老百姓，对珠海的社会经济发展具有重大而深远的影响。

3. 高等教育

我国高等教育的普及、各类大学大规模地扩大招生，使得更多的女性有机会接受高等教育。根据教育部的数据，2009 年，全国女大学生人数第一次超过男生，女生所占比例为 50.48%。20 世纪 90 年代末，珠海也创新自办大学的传统观念，提出了"注重引进，追求所在，所在即是拥有"的创办大学新理念，引进国内高等院校到珠海兴办校区（分校、学院）和产学研基地，创立了大学园区，走出了一条全国知名大学与地方政府合作共建的新路子，成为广东省重要的高等教育基地，保证和推动了本市女性高等教育的发展。截至 2015 年 6 月，珠海市共有高校 10 所，全日制在校本专科生 13.1 万人，研究生 800 多人（其中博士生近 200 人），留学生 2584 人，在校生规模仅次于广州市，位列全省第二，有效保障了女生接受高等教育。

2015 年，珠海市出台《珠海市人民政府关于促进高等教育发展的若干意见》，迎来新一轮高等教育发展契机，并且首轮评出 30 名特聘学者、20 个市优势学科、20 个市重点实验室/重点研究基地和 8 个协同创新中心。在珠海的高校将进一步开展市校间战略合作，全面融入珠海发展，根据珠海经济社会发展需要调整与设置相适应的专业，成为珠海市创新驱动发展的技术支撑和人才培养基地。

4. 中等职业教育

中等职业教育是现代国民教育体系的重要组成部分，为更好地适应新时期社会对高素质劳动者和技能型人才的需求，珠海市出台了《珠海市人民政府关于加快发展现代职业教育的实施意见》《珠海市人民政府关于深入推进职业教育校企合作的意见》，促进中职教育内涵发展。实施中高职衔接"三、二分段"的办学模式，推进"双百工程"，组织全市城乡适龄青年100%免费接受技工教育，100%实现技能就业，依托龙头企业和骨干专业结对实现校企深度合作，进行定向委培、订单式培养，指导企业建立健全职工培训制度、举办职业技能竞赛等措施，扩大职业教育规模，提高办学水平。职业教育的发展丰富了教育资源，为适应社会发展和满足个人教育需求提供了更多的选择。2015年，全市中等职业教育在校生人数为21756人，中等职业学校在校生中女生所占比例为49.93%。近年来，中职学生在国家和省中职学校技能大赛中取得优异成绩，共获1个国家级一等奖、10个国家级二等奖、32个省级一等奖、57个省级二等奖。职业教育的发展大大丰富了教育资源，为适应社会发展和满足个人教育需求提供了更多的选择。

5. 民办教育和特殊教育

民办教育是相对于公办教育、公立教育的一种教育形式，它顺应了经济发展、市场需求，是教育事业的重要组成部分。2008年珠海市政府出台的《关于促进民办教育发展的若干意见》《进一步促进民办教育规范特色发展的实施办法》将民办教育纳入地方经济社会发展和教育事业发展规划，加强政策引导，大力支持社会力量以多种形式开办民办幼儿园和有特色、高水平的民办普通中小学校，为社会提供优质的教育选择，促进民办教育优质、健康和特色发展。

在特殊教育方面，珠海市出台了《珠海市特殊教育提升计划（2015—2016年）》《珠海市医教结合特殊教育儿童健康评估实施方案》，改建扩建市特殊教育学校，建成启用斗门特殊教育学校，2015年特殊学校在校生400人。特殊教育学校大力开展融合教育培训，提高了全市教育部门领导干部、师生家长等对融合教育的认识，不断扩大残疾女童随班就读和普通学校特教班规模，2015年适龄残疾女童入学率为94.85%。

总之，从珠海市的统计数据发现，珠海教育领域的性别平等与妇女发展综合指数不断提高，各级正规教育中的性别平等与妇女发展状况已达到较高水平。教育领域的性别平等与妇女发展状况随着教育性别平等状况的改善而不断发展。

四、妇女教育发展的对策

教育公平问题一直是全球发展的核心问题之一，联合国千年发展目标特别重视男女两性的教育平等问题，而成为性别平等和妇女发展的一个重要议题。近几年来，对于学前教育与性别教育的探讨越来越多，对于学前教育的争议，特别是幼儿园的高收费让更多的家庭不堪重负，加之全面二孩政策的实施，越来越多的声音希望把学前教育纳入义务教育，更多的教育理论者以及家长看到目前正规学校教育中性别教育的缺失，因此也更希望在学校教育中增加必要的性别教育，培养学生的性别意识。对未来而言，珠海教育发展也需要在这两个方面予以努力，以进一步推动教育领域性别平等。

（一）发展普惠性的学前教育，减轻女性事业发展和子女抚养的双重压力

学前教育是终身教育的起始阶段，是培养幼儿良好品行的启蒙阶段，既有公共性又有竞争性，同时带有社会收益，不同于义务教育的强制性、公共性及免费性。学龄前儿童是否进入幼儿园学习是因人而异的，有条件的家庭会考虑给孩子更多一些父母的陪伴，而不是过早地将孩子送到幼儿园。一些发达国家，如英国，虽然将学前教育作为义务教育的一个阶段，但主要体现为免费教育；芬兰为6—7岁的学龄前儿童提供为期一年的免费学前教育，前提是家长自愿接受；2006年，美国加利福尼亚州曾就是否让所有4岁的孩子接受学前义务教育进行投票，结果被民众否决。可见，发达国家的经验也是逐步实行有针对性的减免学前教育费用政策，减轻家长的教育费用负担，使学前教育得到更好的普及，并不具有义务教育的全免费性和强制性。

《国家中长期教育改革和发展规划纲要（2010—2020年）》并没有将学前教育纳入义务教育，而是明确指出："到2020年，普及学前一年教育，基本普及学前两年教育，有条件的地区普及学前三年教育。""非义务教育实行以政府投入为主、受教育者合理分担、其他多种渠道筹措经费的投入机制。学前教育建立政府投入、社会举办者投入、家庭合理负担的投入机制。"显然，并不是将学前教育纳入义务教育体系就能一蹴而就地解决当前学前教育领域存在的现实困难，未来条件成熟，也不排除将学前教育纳入义务教育，但在现阶段，学前教育的发展仍然需要合理的成本分担机制来保障。

根据"谁受益谁承担"的公平原则，学前教育成本应当由收益三方按合理的职责共同分担，按照"政府投入、社会团体或举办者投入、家庭合理负担"的成本分担机制推进学前教育的经费筹集，而不是将其纳入义务教育，由政府单独支付。

目前对家庭困扰最大的幼儿园的收费，以珠海为例，2014年珠海市公办幼儿园的月保教费分别为省一级800元，市一级640元，区一级560元，未评级480元。但是，在珠海区一级以上166所等级幼儿园中，月保教费1000元以下的只有88所，占全市幼儿园比例的30.9%。各民办幼儿园则按照评级不同而有所不同，一所配套设施较完善的民办幼儿园平均月保教费2000元

至 3000 元不等，让普通市民较难承受。2016 年初，珠海市《政府工作报告》"十件民生实事"中提出，要实现全市月保教费不超过 1000 元的公办及民办普惠性等级幼儿园比例达到 50% 以上。目前，既要保证幼儿园的质量，又要降低其收费，政府如何作为确实非常关键。

因此，政府要继续设立并逐年增加学前教育专项经费，并拓宽学前教育经费的筹措渠道，通过吸引企事业单位捐资赞助、慈善捐赠和金融机构信贷扶持等，扩大学前教育办学经费来源，用于改善幼儿园办学条件、师资培训和农村幼儿园的扶持，支持未评级的规范化幼儿园创建等级幼儿园，引导等级幼儿园在保证办园质量的基础上降低保教费标准。

同时，政府也要加大对民办幼儿园的管理和扶持力度，给予民办幼儿园更多的政府补贴。如将民办幼儿园用地纳入教育用地的规划，降低民办幼儿园的办学成本，加大对民办普惠性幼儿园符合相关条件的保教人员的津贴，以保障稳定的高素质幼儿教师队伍等。

（二）开展性别平等教育

《中国妇女发展纲要（2011—2020 年）》把"构建文明先进的性别文化，营造良好的社会环境"作为平等发展原则的重要内容。在妇女与教育方面，明确将"教育工作全面贯彻性别平等原则""高等学校女性学课程普及程度提高""性别平等原则和理念在各级各类教育课程标准及教学过程中得到充分体现"等内容作为主要目标。但是，传统的教育对两性关系、性别平等的认识受固有观念的禁锢，会潜在影响人们的思维方式和性别观念，并进而影响人们的言行举止和社会整体认识的进步。

学校教育通过知识的方式将男强女弱、男贵女贱的性别标签传递下去。学校教育在传递刻板的性别印象，女性被教育成感性的、依赖的、柔弱的；男性则相反，被教育成理性的、勇猛的、独立的、客观的、擅长抽象思维的。[1] 目前，学校开展性别教育的现状确实不令人满意，在学校教育中，传统的性别文化主要通过教育内容（教材）和教育方式（教师对待男女学生的性别差异）两方面影响着男女生的性别观念和行为。我国和其他许多国家和地区的教材研究表明，在现行的各类教材中，不管是内容，还是作者的选择，都存在着明显的重男轻女现象。[2] 我国一些中小学虽然开始设置了性教育方

〔1〕 佟新：《社会性别研究导论》（第 2 版），北京大学出版社 2011 年版，第 50—51 页。
〔2〕 陈祖英：《构建先进性别文化 促进妇女教育多元化》，《宿州教育学院学报》2013 年第 6 期，第 100 页。

面的课程，但基本上是关于生理教育的，课程安排也具有随机性，甚至没有专门的老师和教学工具，教学效果可想而知。一些教师对男女学生的评价，就体现出性别的偏好，比如老师认为男生的逻辑思维能力强，而女生擅长记忆；男生应读理科，女性应选择文科等。显然，老师的教育观念和教育行为上也存在一些性别偏见。

高校的性别教育状况也不容乐观，如珠海高校为例，笔者做了一个简单的调查，珠海的10所高等院校的教学计划、课程设置、各科教学大纲及教学内容基本上都没有性别平等和专门的女性问题的内容。有的学校在新生入学教育时会对性别平等的内容稍有触及，但也只是如蜻蜓点水一般，高校师生自身的性别平等意识比较淡漠，年级越高，越表现出对社会性别刻板印象的认同。如在调查男女大学生择偶标准时，大多数男大学生找女朋友表示要找"遵从我"、"听话"、温柔、长得漂亮一些的女性；而大多数女大学生表示要找各方面都比自己强一些的男性做男朋友。这说明由于受到传统的男尊女卑等性别意识潜移默化的影响，大学校园里接受高等教育的男生和女生仍然表现出对传统性别意识观念的普遍认同。

笔者认为，学校是建构社会性别和促进性别平等的重要场所。我们应该在学校教育中统筹安排系统化的性别平等教育，在尊重教育规律的基础上，分阶段有序地推进性别平等教育。我国政府也明确指出：今后的行动目标是广泛宣传文明进步的妇女观，增强全体公民对妇女权利的认识。对大中小学生进行文明进步的妇女观教育，在学校基础教材中，教育内容要准确反映出女性的形象和历史，增加女性正面形象的比例，反映妇女在社会生活、家庭劳动和生育活动中的重要性和价值，逐步在大学开设"妇女学选修课"。鼓励男女学生去尝试传统上认为是异性占优势的专业和职业，学生的性别意识与其正在经历的教育活动是相互建构的，在学生人格形成的过程中，开展性别平等教育尤为重要。教育者通过教学活动，宣传强化性别意识，将社会文化中对性别的规范和行为准则施加影响给学生，帮助学生树立正确的性别差异观，让学生获得足够的能挑战性别角色刻板观念的信息和知识，引领大家探讨两性差异，反思自身的性别体验，消除刻板的性别认识，克服性别偏见，让他们在不断被"引用"和"重复"中完成社会性别的建构，这是造就社会平等性别意识的重要渠道。

中小学应该在生理教育的基础上增加与性别平等密切相关的社会性别意识和女性主体意识等方面的教学内容。高校则可以通过自主增设一些适应妇女发展特点需要的女性专业与课程，开设相关通识教育选修课程。我国一些高校成立了妇女研究所，设立相关专业，授予相关课程，如北京大学 1990 年创建了"中外妇女研究中心"，开设了"性别研究导论"课程，中华女子学院开设"女性学导论"课程，湖南女子大学开设"女性学"必修课。北京师范大学、中山大学、清华大学等高校都设立了妇女学相关课程。推进女性学科建设，提高妇女研究与社会性别研究水平，从学生时代开始摆脱传统性别角色的桎梏，有助于确立了正确的性别观，实现性别意识与教育实践的相互促进。

（三）营造性别平等的校园文化环境

先进性别文化承认并尊重所有人的基本权利和尊严，不分种族、性别和年龄、阶层，承认男女两性的生理差异，也承认女性的社会主体地位，鼓励女性回归社会，与男性一起共同创造社会财富。

教师对性别平等的意识，将直接影响到一代人，因此，首先，性别意识要纳入教师教育与教师专业发展中，特别是在师范教育中，要把社会性别公平作为现代教育的一个基本原则来宣传，使每一个未来的教师在从业之前，就具有社会性别平等的意识和观念，把性别平等观念作为教师必备的基本素质要求。

其次，学校教育需要为两性的平等作贡献，使性别影响降到最低程度。当今绝大部分的小学教师是女性，而绝大部分校长是男性，这对学生的正义道德教育极为不利。[1] 因此，在各级教育机构中，要合理匹配女性教师和男性教师比例，积极鼓励男性进入学前教育、小学教育领域，提高女性进入高等教育领域的比例。科学审视教学内容中的性别形象，防止出现弱化、丑化某一性别的内容，营造性别平等的校园环境。

（四）设立规范的分性别教育统计口径

尽管政府教育部门的分性别统计工作也在不断改善，但同时我们也要看到，在教育统计指标体系中还缺乏具有性别敏感性的，用于监测评估教学过程、教学质量、教学内容等的指标，无法对这些重要的教育环节进行监测评估。评价指标体系的不完善，使我们无法对妇女教育质量、教育过程和教育结果进行准确的价值判断，使妇女教育研究缺乏系统性，无法形成完整的研究框架。

国际上关于教育性别比的常用指标，如分性别的成人识字率、青年识字率、平均受教育年限、高等教育毛入学率等，我们也有所欠缺。因此，笔者建议，政府应该定期公布女性教育的统计数据，不仅包括各类各级学校中女

---

[1] 郭夏娟：《为正义而辩——女性主义与罗尔斯》，人民出版社 2004 年版，第 286 页。

学生人数，而且包括她们的入学率、在校率、毕业率等，女教师的人数也应该列入统计监测的范围。只有将分性别教育统计口径进一步规范、完善，并与国际接轨，才能符合性别统计发展的趋势。

第二节 女性职业教育现状与未来发展对策

专业教育与职业教育相结合是妇女教育发展的一个趋势。职业教育是和社会生活紧密联系在一起的，是以传授生产劳动经验和技术为主要内容的教育，也是一种使人由自然人转变为社会人的教育。职业教育包括正规职业教育和非正规职业教育，前者指中等职业教育和高等职业教育，后者指职业培训。

一、女性职业教育存在的问题

基于研究的需要，本书以珠海市为例，对女性职业教育的现状进行调查，本次调查所界定的职业教育主要是指劳动技能的教育。课题组采取多阶段抽样的方式，以匿名问卷和个案访谈相结合的方式，选取了珠海市广播电视大学、华发商都商业圈、格力公司进行调查。共发放了 300 份问卷，回收 252 份，回收问卷全部有效，问卷回收率为 84%。[1]

（一）女性对职业教育的认识

在本次接受调查的女性中，从年龄结构上看，以青壮年为主，21 岁到 30 岁的占被调查总数的 38%，31 岁到 45 岁的占 29%。在被调查中接受过职业教育的仅占 30%。在接受职业教育的人员中，其中 60% 是通过职业技术学校接受的职业技能教育。此外，大多数女性本身有意愿接受职业教育，在被调查接受职业教育的女性中，仅 23% 的人没有接受职业教育的意愿。

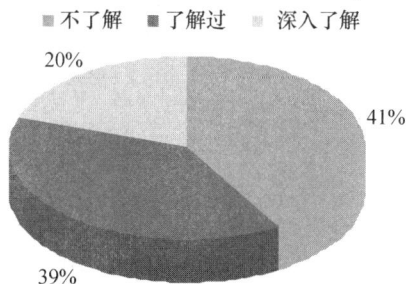

■不了解 ■了解过 ■深入了解

20%

41%

39%

图 3-2　受访者对职业教育了解状况

〔1〕 本部分的调研由珠海市广播电视大学刘曦璟老师组织完成，在此表示感谢！

从职业教育专业的选择上来看，被调查的女性有 65% 的人以选择第三产业类的专业为主。在问及选择该专业原因时，大部分人员回答为方便就业。随着珠海经济的发展，第三产业发展迅猛，女性就业较多集中在第三产业中的批发和零售贸易、餐饮、社会服务、教育、文化艺术及广播电影电视业等行业。她们希望通过接受职业教育提升自身的劳动技能，提高就业的竞争力。

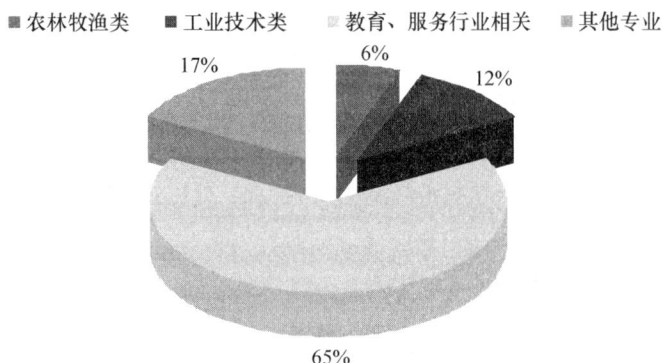

图 3-3　专业选择调查

（二）影响女性接受职业教育的原因

本次调查中有 15% 的女性人口的文化水平在小学及以下，基础教育的缺失使她们容易产生自卑情绪，形成了"没有文化"这一自我认知，也失去了通过教育来提高自己就业竞争力的信心。在愿意选择职业教育并对选择职业教育的原因进行分析时，有 48% 的人认为是自身能力需求，23% 的人认为是求职需要，17% 的人认为是社会需求，但也有 12% 的人认为是在父母或外界要求下选择职业教育。

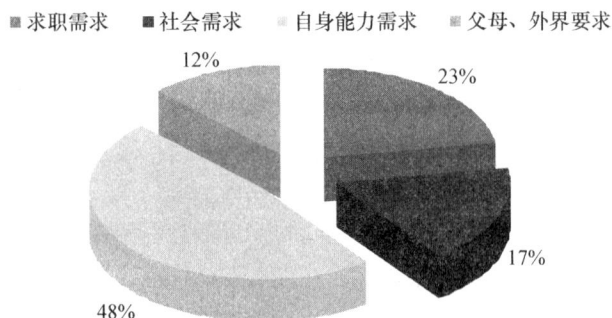

图 3-4　影响个人选择职教的因素

人类通过建构男性气质和女性气质的刻板印象有效地实现社会管理，

并将劳动性别分工合理化，实现一套社会性别关系秩序。在传统性别文化中，男性被认为更具有"理性"，适合从事公共领域技术性和技能性工作，生产技能是男性气质的重要组成要素。女性的生理特点和性别角色使女性承担着家庭照顾者的角色，典型的女性气质特点被认为是柔弱、分析能力较差，因而被认为更具有"感性"，适合从事与家庭服务相关的技能性工作，服务技能是女性气质的表达方式。生产技能与男女气质相匹配的性别偏见在社会中被不断复制与传播，以就业为导向的职业教育人才培养直接面向劳动力市场。

（三）职业教育中的专业性别倾向

学生在职业教育的自主专业的选择过程中，受到传统社会性别观念的影响，分性别地高度集中在某些专业上，从而体现出专业的性别倾向。这种专业性别倾向是在教育过程中逐步形成的。在中等教育中，从文理分科、高考报考的第一志愿专业选择可以看出，更多女生选择文科或文科专业，而男生倾向于选择理科或理科专业。在职业教育中，为了满足劳动力市场的需求，一些职业学校认同传统性别规范，在专业和课程设置时遵循市场的性别逻辑，迎合社会对女性劳动者的职业需求，将"女性特色"作为学校的办学特色，专业更适合女性生理和气质特点，诸如文秘、会计、学前教育、旅游管理等，并在提供咨询服务时，直接或间接地将"专业性别规范""就业性别偏见"等传播给学生，指引女性学生报读"女性专业"。

以珠海广播电视大学（珠海城市职业技术学院成教学院）为例，珠海广播电视大学为全市提供成人教育、社区教育，同时面向政府、企业、行业等开展各类职业培训，承担珠海市学习型城市建设的重任，是全市职业教育的重要基地。在学校 2014—2016 年开放教育专业招生统计数据中显示：行政管理、会计、旅游（专）、人力资源管理、学前教育、英语是典型的"女性专业"，这类专业的女生人数占有绝对优势，尤其是学前教育专业几乎达到百分百的女生比例，这说明女性的特质在职业教育中被过分关注。

从数据中可以看出：随着现代远程教育的不断发展，近三年开放教育的招生总数有下降趋势，但女性占总人数比例上仍具有绝对优势，且大多数集中在"女性专业"，强化了传统性别观念，限制了女性的专业选择和发展，形成技能的性别壁垒，固化了传统性别角色，在一定程度上加剧了女性就业结构的不合理性。

表 3-2 2014—2016 年招生专业（专科）男女比例一览（人）

		电商	法学	工管	行管	会计	计网	计信	金融	旅游	力资	社工	物流	物业	学前	英语	合计
2014 年	男	28	0	99	36	14	148	16	10	14	16	17	15	0	1	19	433
	女	50	0	99	162	233	20	6	3	45	87	13	13	0	65	130	926
2015 年	男	9	6	55	47	7	29	7	10	11	9	5	8	9	0	10	222
	女	23	36	77	132	162	7	2	19	24	58	5	5	10	58	73	691
2016 年	男	24	6	71	59	11	32	2	5	9	6	1	14	10	1	22	273
	女	29	13	69	136	143	2	13	4	30	53	5	9	11	80	79	676
共计	男																928
	女																2293

表 3-3 2014—2016 年招生专业（本科）男女比例一览（人）

		法学	工管	行管	会计	公管	小学教育	商英	物流	学前教育	金融	社工	合计
2014 年	男	15	58	24	13	7	64	6	10	0	5	4	206
	女	14	50	54	52	10	57	35	12	0	7	7	298
2015 年	男	9	25	10	7	0	0	6	4	0	8	3	72
	女	17	21	24	58	0	0	30	2	15	9	10	186
2016 年	男	8	19	18	5	0	0	12	0	1	4	12	79
	女	10	21	35	34	0	0	16	4	38	3	14	175
共计	男												357
	女												659

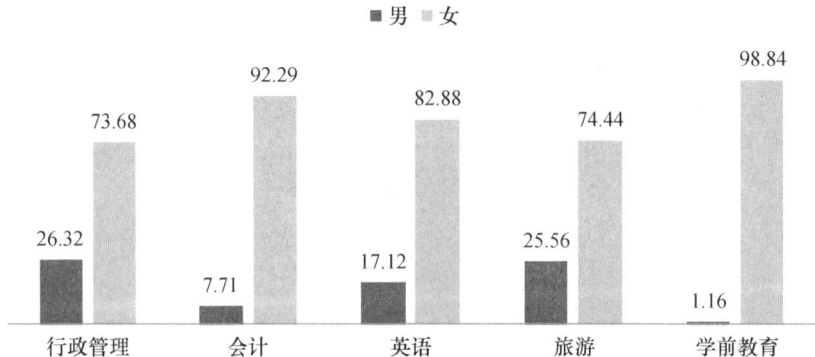

■ 男 ■ 女

图 3-5 各专业性别比例（%）

（四）职业教育中的性别失衡

根据珠海市 2015 年统计年鉴显示：截至 2014 年底，珠海市各地区高等职业学校 3 所；成人高等学校 1 所，在校生 8576 人；中等职业学校 6 所，在校生 21756 人；技工学校 3 所，在校生 7405 人。以珠海城市职业技术学院为例，全校开设文史、理工类开放教育专业 25 个，根据珠海市广播电视大学招生数据显示：近三年全校共计开放教育招生 4326 名学生，其中男生 1329 名，女生 2997 名，女生占总人数的 69.28%。女性职业教育成了职业教育的重要组成部分，从数量上凸显出优势。

■男　■女

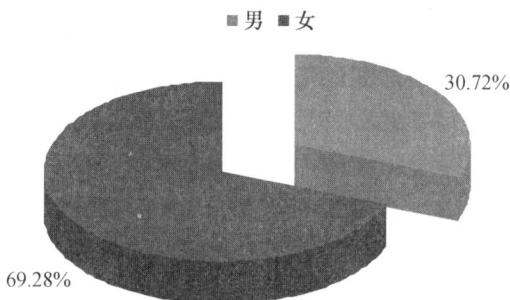

30.72%

69.28%

图 3-6　近三年招生性别比例

（五）女性就业障碍

职业学校同一专业的女生与男生相比，在就业上更显出劣势。当然，这种现象从性别的层面反映出就业歧视已成为我国劳动力市场的缺憾之一，除非用人单位对女性有特别要求，如辅助类或服务类工作（如美容行业）。性别歧视是女毕业生就业难的重要原因。此外，职业院校专业课程的设置与就业市场的不协调，以及女毕业生自身存在的一些弱点也不同程度地影响着她们的就业，从而也影响到女性职业教育的声誉。

二、国际妇女职业教育发展的战略及其借鉴

（一）制定实施妇女职业教育政策

职业教育是妇女人力资源开发的重要途径。联合国教科文组织 1974 年制定的《职业技术教育修正建议》和 1989 年制定的《职业技术教育协定》指出，职业技术教育领域持续存在的不平等要求我们要代表妇女采取特定的行动，并考虑到她们的特定需要及要克服的障碍。联合国把妇女职业教育与培训纳入《联合国千年发展目标》《联合国可持续发展教育十年（2005—2014）》等一系列重要国际议程中，并制定了一套系统的、性别敏感的、可以测量的教育数据

和指标，通过《千年发展目标实施情况》和《全民教育全球监测报告》对妇女参与教育与培训情况进行定期报告，从而加强对世界各国妇女教育与培训政策的评估和监督，促进其有效实施。

在国际社会的推动下，自20世纪90年代以来，许多国家纷纷采取措施加强妇女的职业教育与培训，出台专门的妇女职业教育与培训政策，如澳大利亚联邦政府《国家妇女职业教育与培训战略》（2004年），爱尔兰《人力资源白皮书》（2006年）、美国《卡尔·柏金斯生涯和技术教育法案》（2006年修订）和德国《职业教育改革法》（2005年）等，把职业教育与性别平等联系起来。还有一些国家和国际组织更是通过特定的计划和行动项目加强对特定妇女群体开展职业教育，如印度针对贫困妇女的"志愿者援助贫困妇女培训计划"、国际劳工组织在拉丁美洲实施的"促进拉丁美洲妇女参加技术和职业培训"地区计划等。

（二）职业教育领域社会性别主流化

社会性别平等主流化战略已经成为推动妇女职业教育发展的一种国际趋势。各国纷纷将妇女职业教育作为国家教育事业的重要组成部分，建立专门推动妇女职业教育发展的国家机构，制定、实施妇女职业教育国家政策等，保障妇女获得职业教育的平等机会。一些国家，还会通过政府社会性别预算的方式对妇女职业教育给予倾斜。如澳大利亚《国家妇女职业教育与培训战略》（2004年）提出，要使平等和全球性成为澳大利亚国家职业教育与培训系统的重要原则，在职业教育政策中明确妇女和女童的多样化需要。

（三）重视对贫困妇女的职业教育

对贫困妇女的职业教育是国际妇女职业教育战略的重要方面，贫困妇女群体包括生活在偏远地区的妇女、流浪妇女、单亲家庭妇女、失业妇女、文化技能水平较低妇女、残疾妇女群体等。女性的贫困对于整个家庭影响都很大，容易造成子女的贫困，进而形成贫困的代际循环。因此，世界很多国家和国际组织都从区域特点出发，把加强贫困妇女的职业教育与培训作为改善其生存状况的重要途径。如针对贫困妇女制定更加灵活的培训模式，并提出激励和支持机制，使她们获得更多的职业技能培训机会。同时，在培训内容上符合当前劳动力市场的行业需求，并侧重实践导向，在培训之后，通过更多的职业指导和就业信息，帮助其尽快就业，从而走出贫困。

（四）激励妇女创业

激励妇女创业也是国际妇女职业教育发展的战略之一，很多国家在职业教育与培训中都强调对妇女开展创业培训和创业指导，建立专门指导妇女创业的机构，为不同创业阶段的妇女提供丰富的创业信息资源，实施一些特定的创业培训项目，加强对受训妇女的创业孵化服务，包括提供贷款、市场前景等方面的信息，为妇女开办企业提供启动资金，扩大对成功创业的女企业家的宣传，激发更多妇女的创业热情。

三、终身教育理念下女性职业教育发展之对策

职业教育对于女性劳动者素质的提高和提升女性的职业层次非常关键，也将成为经济发展的重要支柱。因此，职业教育向社会延伸，将形成女性终身教育网络。"发展终身教育，迈向学习化社会"已是当前国际教育界发展的潮流，终身教育主张教育贯穿于人的一生，要求人们在需要的时候，以最恰当的方式提供最必要的学习，纵贯人的幼儿期、青少年期、成年期和老年期，强调未来教育体系连接家庭、学校和社会。在这样的挑战下，妇女终身教育的观念贯穿到妇女教育的各个方面，"授人以鱼，不如授之以渔"，参照国际妇女职业教育与培训发展的经验和趋势，我们可采取如下发展战略：

（一）在职业教育的政策与实践中强化性别议题

1996 年通过的《职业教育法》为帮助妇女接受职业教育的工作作出了规定。2007 年，全国妇联制定了《全国妇女教育培训体系建设纲要（2008—2010 年）》。我国也开始探索建立独立的妇女职业教育与培训体系，《国家中长期教育改革和发展规划纲要（2010—2020 年）》将妇女职业教育与培训纳入国家教育发展的宏观政策中，明确要大力发展职业教育。这些政策的实施纳入各级政府的重要行动议程中。以珠海为例，珠海市也相继颁布了《珠海市职业教育改革与发展中长期规划（2011—2020 年）》（珠府〔2011〕115号）、《珠海市人民政府关于加快发展现代职业教育的实施意见》（珠府〔2015〕46 号）为职业教育发展提供新思路。但遗憾的是，这些职业教育领域的政策与实践对性别议题仍然是忽略的，在这些相关的政府文件中我们仍然很难看到任何促进职业教育领域两性平等发展为目的的规定，直接导致了教育政策的制定和执行中缺失性别敏感意识而出现性别盲点，我们应重新审视、修订现行教育法规政策中的性别盲点，消除性别歧视。

发展职业教育与发展女性职业教育并不是同一个内容，女性职业教育落实不仅关系到职业教育的可持续发展，更是贯彻男女平等基本国策及促进女性发展的需要。笔者认为，对女性职业教育的发展不能简单笼统地归于职业教育发展之中，女性技能型人才的培养不仅仅是职业学校的主要任务，同时也是全社会的共同责任。我们要探讨在职业教育发展领域如何有效地引入更

多的性别视角，关注职业教育领域女性的多方面需求，设立促进职业教育性别平等的专门机构，以推进职业教育领域的两性平等。同时，为加强女性职业教育政策的实施力度，政府可以借鉴联合国所制定的妇女职业教育与培训评估指标，把女性参与职业教育与培训情况及其就业结果纳入各级政府和部门的经济、社会和区域发展考核指标中，从而保障妇女职业教育与培训政策的有效落实。

此外，做好女性职业教育的社会性别预算也是推动女性职业教育发展的策略之一。除了要依法落实教育经费增长机制，提高财政教育支出占公共财政支出的比重，提高预算内基础建设投资用于教育的比重之外，还要进一步保障妇女教育的专项预算，强调对妇女教育的倾斜性投资政策，通过各种渠道筹集社会资源为妇女提供教育补贴，降低贫困妇女的受教育成本，增加对女性人数偏多专业的教育成本投入，提供代为支付学费及相关成本的补贴等，让尽可能多的妇女接受不同层次与形式的教育，才能为妇女创造良好的接受教育的社会环境。

（二）扩大妇女职业教育培训的覆盖面和受益率

大力推进妇女教育培训体系建设必须充分发挥党政各部门的优势，整合社会各方面的资源，建立有效合作机制。

首先，要充分发挥政府妇女儿童工作委员会办公室和妇女儿童工作协调机构的作用，加强与党政部门的协调沟通，积极参与实施相关教育培训工程，努力为妇女参加教育培训争取政策、项目、资金、信息技术等方面的支持，并把妇女的参与率和受益率纳入教育培训工作监测评估体系，促进妇女教育培训数量与质量、规模与效益的协调发展。

其次，要加大统筹社会教育资源的力度。充分利用高校、电大等各类教育培训机构，完善妇女教育培训网络，使培训工作更加符合女性人才开发规律和妇女自身的发展需求，使受训妇女能够掌握一技之长，增强自我发展能力。

最后，要加大利用市场资源开展教育培训的力度。推动企事业单位、行业协会等在开展岗位技能培训中提高妇女参训比例，开设符合市场需求、具有女性特色的培训内容及课程，提高女职工的学习能力、职业技能和自主创新能力。

（三）优化女性职业教育的社会环境

促进女性职业教育是一项复杂的社会系统工程，提高女性在职业技术领域中的地位，不仅取决于女性个体的能力提升，而且还必须改善影响女性个体职业发展的社会因素和社会环境，将性别平等意识贯彻到职业教育工程中。一方面，要进一步形成尊重女性技术人才、尊重女性劳动、尊重女性创造的良好风尚，动员全社会力量关心、重视和支持女性职业教育，为女性职业教育提供及时的、必要的发展信息和发展资源。另一方面，社会必须提高女性技能型人才的社会地位和待遇，增强女性职业教育的吸引力，改变劳动力市场性别歧视现象，促进女性职业生涯的发展。各级各类职业学校应加强对女生的职业指导，整合政府、院校、私营企业和民间组织各自的力量和优势，拓宽女性的就业渠道，使得女性获得较好的就业前景。

（四）加强农村妇女的职业教育与培训

农村妇女在现在的农村中扮演着越来越重要的角色，她们的发展关系农村的现在与未来。随着越来越多的农村妇女通过接受职业教育和培训，以往的田耕劳作已转变为家庭经营与田耕劳作相结合的就业形式，甚至部分妇女自主创业办起了家庭企业，也有些妇女凭借所掌握的一技之长，作为富余劳动力进入城市，选择外出谋生。大力发展农村妇女职业教育，可以有效地引导农村妇女走出家庭，投入对自我价值的实现中，从而改善农村妇女物质和精神文化生活的落后局面。

笔者认为，农村妇女的职业教育与培训也要服务于这两个目标：

其一，以本土化、适应性强的技能培训为主。对农村妇女群体进行职业技术教育的主要目的是将其就地转化为促进农村和农业发展的农业技术型人才，促进当地经济社会发展，而不是以向城市输送劳动力为主。因此，对留守妇女培训要特别强调从农村妇女教育的需求出发，根据农业资源开发利用及农业现代化要求，以提高农村妇女技能为主线，加强对其进行现代农业生产技术、技能方面的培训，把她们从最原始的体力劳动方式中解脱出来，做有文化、懂技术、会经营的新型女农民。如珠海市在农村开办"绿色证书"培训班和其他实用技术培训班，就可以大大满足农村妇女劳动力在现代农业发展过程中对技术和技能的需要。在"农村党员科技示范户工程""百名专家进百村""帮扶妇女科技示范户"等活动中组织专家免费为女农民答疑解难，提高了农村妇女的就业和创业能力，使她们以更崭新的姿态和更积极的态度投身到新农村建设中。

其二，农村妇女职业教育不能仅仅止步于农业科技知识的培训，还应包括农业之外的其他专业技术，防止进城务工妇女走向边缘化的位置。比如，她们可以根据自己的兴趣爱好学习相关的技术，如美容美发、手工编织、家政等专业知识，使她们在进入城市后，能够成为城市的有效劳动力。

（五）对重返职场女性开展再就业意识培训，鼓励创业

重返职场的女性包括产后再就业以及下岗再就业的妇女，这部分女性重返职场不但有利于自身的经济独立，而且工作也是个人能力的体现，会让女性有更多的渠道排解压力，一些生活中的烦恼也会因为工作迎刃而解。

女性在离开职场后重新就业，她们迫切需要再就业的指导与培训。因此，应建立政府、企业、培训者和重返职场女性全方位的沟通系统，保证信息互通共享，确保每位再次进入职业系列的妇女均接受一次全方位的职业指导教育和就业意识培训。通过就业形势分析、就业政策宣讲、就业方针指导、再就业典型事例介绍，激发她们的再就业热情，帮助她们转变就业及创业观念，鼓励她们勇于自谋职业、灵活就业、自主创业。根据市场需求开发与提高重返职场妇女的技能素质和就业竞争力，按照实用性的特点实施培训，使她们获得各类工作所需的最低素质要求，帮助其提高再就业的能力，顺利转岗。

再者，大力发展社区服务业是解决重返职场女性再就业的重要方面，特别是对技术单一、年龄偏大、不宜远离家庭的再就业妇女，社区服务业可以为她们提供灵活非正规就业渠道，让她们顺利地实行就业衔接。当然，也要加强对重返职场的妇女从事非正规就业的社会保护，引导她们自谋职业，鼓励她们走创业式的就业道路，争取早日实现再就业。

总之，职业教育肩负着培养一线技能型人才的重要职能，推动女性职业教育发展不仅是职业教育的任务，而且是教育部门的责任，更是全社会共同的责任。就业或待就业的女性接受良好的职业教育才能提高专业技能，增强在职场中的竞争力，与男性拥有同样的参与、竞争和发展的机会。因此，必须有效地提高女性人口的素质，使她们熟悉城市化过程中现代化产业要求的各种技能，重视为女性建立结构合理、行业配套、形式多样、与时代发展相匹配的女性职业教育体系，发展正规职业教育和非正规职业教育，使女性日益融入城市生活，实现女性自我价值，促进社会和谐发展。

第四章　经济领域性别平等与妇女发展

妇女解放的第一个先决条件就是女性重新回到公共的劳动中去。

——恩格斯

第一节　经济领域妇女发展状况

一、经济领域的性别平等指标

妇女广泛地参与社会公共劳动——不仅创造着社会财富、提高了经济地位，而且还改变了女性只能活动于家庭领域的传统观念。以参与社会劳动为起点，女性的性别角色开始发生革命性的变革。[1] 妇女的经济地位体现了妇女在社会经济关系中参与生产、分配、交换、消费中所处的位置。经济领域妇女发展和性别平等是影响和决定两性平等的基础，经济独立才可以让她们独立作出各种生活选择，如结婚、离婚、生育、家庭职责和家务劳动分配，甚至更广泛地参与国家和社会事务的管理，这对于妇女实现自身发展和家庭的福祉至关重要。妇女就业是妇女参与经济和社会发展的基本形式之一，具有妇女解放和男女平等的政治意义。

由于劳动的性别分工，社会实现了公共领域和私人领域的区分，也形成了男人和女人活动范围的划分，两个劳动领域被赋予不同的价值。这一社会建构将妇女限制在家庭里，从事无偿的私人领域劳动，即便在公共领域里，妇女的劳动也同样被贬低为次要和辅助性劳动。但是，我国政府一直重视妇女就业和社会保障的经济权利，重视妇女的经济参与，发挥妇女在国家经济建设中的作用。通过法律赋予劳动者享有的与劳动和社会保障相关联的一系列权利，如平等就业权、获得公平报酬权、参加工会的权利、休息和休假权以及获得社会保险、救助、补偿等，并以此提高基本生活条件，改善社会处境与地位的权利。

《中国妇女发展纲要（2001—2010年）》，将妇女与经济作为六个优先发展的领域之一，并将经济领域的目标确定为保障妇女获得经济资源的平等权利和机会，确保收入和社会保障，消除就业性别歧视。在这个阶段，经济领域性别

---

[1]　孙文恺：《法律的性别分析》，法律出版社 2009 年版，第 101 页。

平等重点指标包含经济资源的获得机会、收入和社会保障、就业结构和职业地位以及贫困四个方面。《中国妇女发展纲要（2011—2020 年）》提出妇女与经济的主要目标包括："保障妇女享有劳动权利，消除就业性别歧视；妇女占从业人员比例保持在 40% 以上，城镇单位女性从业人数逐步增长；男女非农就业率和男女收入差距缩小；技能劳动者中的女性比例提高；高级专业技术人员中的女性比例达到 35%；保障女职工劳动安全，降低女职工职业病发病率。"可见，该纲要进一步关注改善妇女就业结构和职业地位，引导和扶持农村妇女向非农产业有序转移，帮扶大龄、残疾妇女就业和支持生育妇女重返工作岗位等；同时，新增了"妇女与社会保障领域"，从完善覆盖城乡的生育、医疗、养老、失业、工伤等保障制度，提高妇女社会保障水平，加强妇女养老服务三个方面提出了 6 项主要目标和 10 条具体策略措施，体现了国家对保障妇女经济权利的实现所承担的责任，将妇女经济权利的实现纳入国家经济发展目标。

二、经济领域性别平等的现状与分析

本书以珠海为例，对妇女在经济领域的性别平等现状进行分析。《珠海市妇女发展规划（2011—2020 年）》中，除了继续将"妇女与经济"作为优先发展领域之外，也将"妇女社会保障"单独列出来作为新时期妇女发展的 7 个优先领域之一，要求各级政府在全面建成小康社会的关键时期，确保妇女平等地获得经济资源和参与经济发展。新规划中的可量化的监测指标有四项，除了原有的三项指标——城镇单位女性从业人员比例、中高级专业技术人员中女性比例和女职工接受技能培训的比例，又增加了"农村技能培训女性比例"，以加强对农村妇女职业培训情况的监测。虽然这四项指标不足以完全表现妇女的劳动就业的现状，但却能从整体上反映妇女就业的概况。为研究的整体性，本书将妇女社会保障的相关内容放在一起进行分析。

（一）珠海经济发展状况

珠海市一直将改革开放作为新常态下加快发展的最大动力，坚持"蓝色珠海、科学崛起"发展战略，通过简政放权和优化服务，打造市场化、国际化、法治化营商环境，有效激发了市场活力和发展潜力，经济增长多项指标增幅在珠三角领先。横琴新区实现五年成规模目标，步入自贸区时代。各功能区域也全面实现珠港澳服务贸易自由化，政府职能转变和简政放权以及农村综合配套改革有序推进，商事制度改革、信用体系建设、社会治理创新等走在全国前列。

2015 年珠海市实现地区生产总值（GDP）2024.98 亿元，同比增长 10.0%，按常住人口计算，珠海的人均地区生产总值为 12.47 万元，同比增长 8.5%，相当于世界中等发达国家水平。珠海市全体居民人均可支配收入 36157.9 元，

比上年增长 8.8%；其中，全年城镇常住居民人均可支配收入 38322.0 元，全
年农村常住居民人均可支配收入 20510.2 元，分别比上年增长 8.6% 和
11.5%。城镇常住居民现有住房建筑面积人均 30.11 平方米，农村常住居民
现有住房建筑面积人均 42.05 平方米，城乡居民的生活水平和生活质量均有
所提高，为珠海的社会进步奠定了厚实的经济基础。

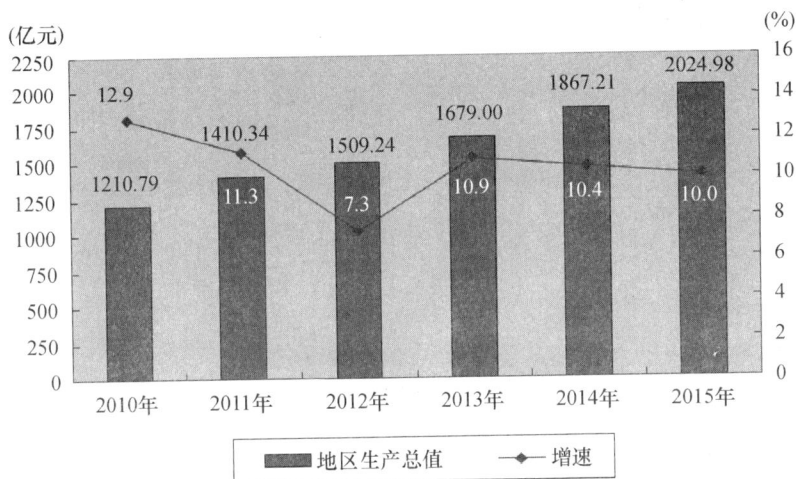

图 4-1　2010—2015 年地区生产总值及其增长速度

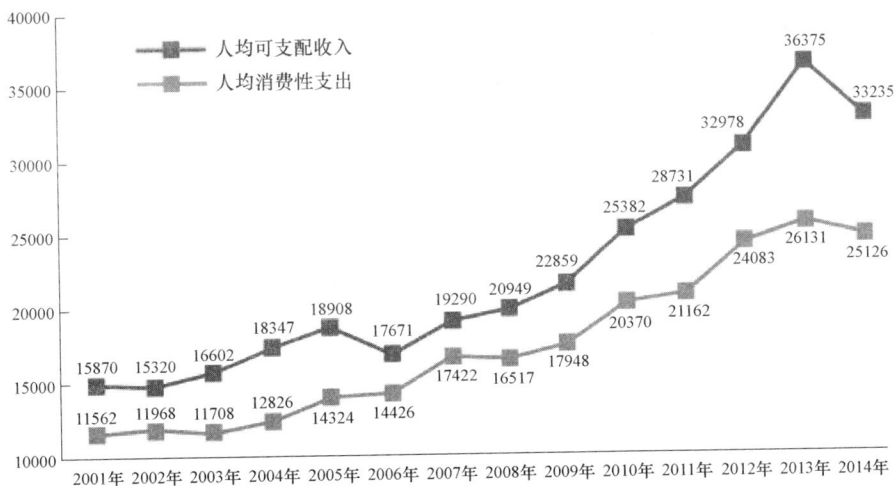

图 4-2　城镇居民人均收支（元）[1]

────────

〔1〕 从 2013 年起，珠海市在国家及广东省的统一部署下开展了城乡一体化住户收支与生活状
况调查，调查数据从 2014 年起正式公布使用。

（二）经济资源的获得与机会

1. 城镇单位就业中的女性

就业对女性而言意味着更大的自主权和平等的个人生活。由于城市集聚了政治、经济、科技和教育等多种资源和优势，也为女性就业和职业发展提供了多种可能性，因此，城镇单位提供给从业人员的工作条件比较容易满足就业人员对于稳定性、就业保障、劳动收入的公正性的要求。在妇女经济领域指标中，就业及就业程度是反映妇女参与经济活动深度与广度的最直观的指标。对于城镇妇女而言，她们通过就业拥有自己的经济收入，拥有自己可支配的财产，获得独立的经济地位，从而逐渐减少对男性的依赖，因此，城镇单位就业女性比例是一个具有代表性和敏感性的指标。而对于农村妇女而言，拥有土地就意味着获得稳定的生活保障和收入，她们对于经济自主和经济独立的基本条件体现在对土地的承包与经营权利的实现上。

随着社会的发展，高校女生比例的不断上升和"全面二孩"政策的放开，各单位招聘女性的显性成本和隐性成本进一步加大，妇女就业压力也越来越大。以珠海为例，从女性就业的比例来看，2006年和2007年，女性就业比例都达到50%，但自2008年以来，女性就业有下降的趋势。截至2015年，城镇单位就业人员为74.27万人，其中女性30.21万人，城镇单位就业人员女性比例为40.7%，较上年下降0.36%，较2007年已下降了将近10%，有背离珠海市妇女发展规划确立的45%的终期目标的趋势，可见，妇女的就业形势仍不容乐观。

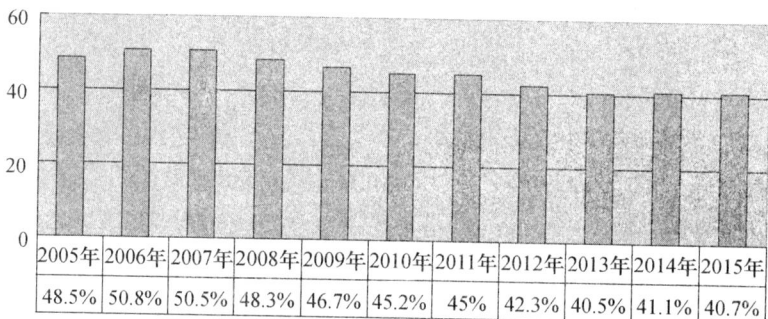

	2005年	2006年	2007年	2008年	2009年	2010年	2011年	2012年	2013年	2014年	2015年
	48.5%	50.8%	50.5%	48.3%	46.7%	45.2%	45%	42.3%	40.5%	41.1%	40.7%

图4-3　2005—2012年城镇单位就业人员女性比例

2. 女性失业率

失业率是对劳动力市场中劳动力未被使用程度的度量指标，一般而言，女性失业率的高低反映了女性被劳动力市场接纳的程度以及女性占有和获得就业这一基本经济资源的状况。2015年，我市实有城镇失业人员11095人，其中失业妇女 5412 人，占城镇失业总人数的 48.78%，较 2010 年降低了 4.02%，从近几年的数据来看，女性失业率基本保持在 47%—48%，如何消除妇女在职场中遭受的不公，实现就业性别平等，仍是妇女就业中面临的困难。

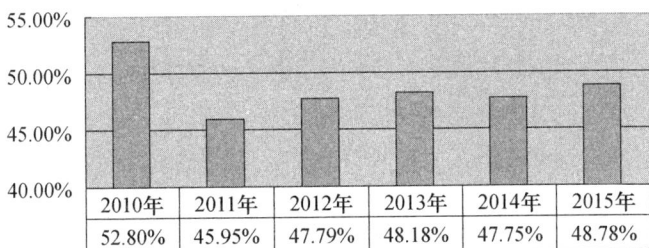

图 4-4　城镇登记失业人员中女性比例

	2010年	2011年	2012年	2013年	2014年	2015年
	52.80%	45.95%	47.79%	48.18%	47.75%	48.78%

3. 专业技术人员中的女性

专业技术人员在现代社会的职业等级秩序中处于较高的层次，他们的发展空间大，职业的稳定性强，回报率高。女性专业技术人员的比例反映了女性职业结构与层次，对于认识和分析经济领域妇女的职业地位非常重要。目前，经济结构转型带动了第三产业和各类服务业的发展，多数第三产业是劳动或人力资本密集型产业，吸纳劳动力的能力较强，也为女性拓宽了职场发展之路。通信、金融、法律、物流、教育、医疗等高端服务业成为吸纳妇女就业的主渠道，妇女在这些行业中发挥了中流砥柱的作用。在珠海，妇女从事专业技术人数有所增加，2014 年底，全市国有单位高级专业技术人员女性占 43.67%，同比增长 1.23%，已超过了 2020 年 35% 的市规划终期目标，越来越多的女性走向了管理者的岗位。可见，女性占有的专业技术资源无论从数量上还是层次上都有了较大的提高，但女性在单位所处的位置总体低于男性，成功女性的比例与庞大的女性失业人群相比其数量仍然微乎其微。

4. 农村妇女的就业与创业

为增强基层妇女就业创业能力，财政部、人社部、中国人民银行和全国妇联联合推出了面向基层妇女的小额担保贷款财政贴息政策。珠海市也着力营造最优创业环境，推动全民创业，将培育创业致富带头人作为项目实施的重要目标，发掘和培养农业女能手，加强对农村妇女技能培训与科技服务，积极创建各级巾帼创业示范基地和扶持女能手成立专业合作社，促进她们积极参与农业经营方式创新。截至 2015 年底，珠海市共创建市级巾帼创业示范基地 24 个，省级巾帼创业示范基地 5 个，扶持女农民专业合作社 40 个，这些巾帼创业示范基地和专业合作社充分发挥示范作用，带动了更多的妇女增收致富。

珠海市自 2009 年起正式启动"巾帼创业"农村妇女免息小额贷款项目，市妇联、市财政局、市农商行共同制定《珠海市妇联农村妇女"巾帼创业"免息贷款项目暂行办法》，成立了珠海市实施广东省扶持妇女创业小额担保财政贴息贷款项目领导小组，要求各区及有关部门必须不折不扣地执行项目方案，贯彻省妇联"扶小、扶弱、扶持初次创业""首先保障首次贷款的女农户，再依次向已贷过款的女农户开放"原则，帮助妇女解决创业资金不足的难题，持续深入推进妇女创业就业、增收致富。2011 年 11 月至 2013 年 12 月，珠海市共获得省财政贴息资金 240 万元，共为 560 人发放贷款 4002.5 万元。2014—2016 年，省妇联将珠海市列为第二批广东省扶持妇女创业小额担保财政贴息贷款项目市，市财政从 2015 年开始下达每年 200 万的专项工作资金预算，以推动小额贷款工作长效机制的建立。

（三）基本社会保险的覆盖与享有

社会保险是国家依法建立的一种社会保障制度，是为了使劳动者在年老、患病、生育、伤残等丧失劳动能力或者中断就业时从社会和国家获得物质帮助的制度。社会保障是再分配的重要手段，覆盖男女两性，按照《劳动法》的规定，女职工有权享受的社会保险有养老保险、基本医疗保险、工伤保险、生育保险和失业保险。纵观我市 2005—2010 年社会保险的发展进程，女性的受益面不断扩大，两性间的差距也在缩小。

养老保险制度是保障老年人基本生活的制度，实行社会统筹与个人账户相结合。珠海市以统筹城乡为原则，在确定参保对象时不再区分户籍性质（城镇、农村）和户籍所在地（市内、市外），将所有在珠海市就业的城乡从业人员都纳入统一的职工基本养老保险覆盖范围，对女职工实现应保尽保，养老保险待遇水平稳步提高。截至 2015 年 12 月，珠海市城镇职工参加养老保险 100.67 万人，其中女性 45.8 万人，占全市养老保险参保人数的 45.5%，城乡居民参加养老保险 5.51 万人，其中女性 2.2 万人。从 2011 年 12 月起，珠海市农村社会养老参保率 100%，较好地保障了全市农民和被征地农民参保人权益。

珠海市城镇有劳动关系的女性劳动者全部参加工伤、养老等五项保险，实现应保尽保。截至 2015 年 12 月，全市职工五项险种参保人数达 481.9 万人次，比上一年度增加 2.1 万人次。其中，女职工参保人数 217.5 万人次，占参保总数的 45.12%。珠海市的保障标准也逐年提升，城乡居民基本养老保险基础养老金提高至 350 元／人／月。在珠海，年满 60 周岁（含 60 周岁）老人可以享受免费乘坐公交的福利，具有珠海市户籍且年龄在 80 周岁以上的高龄老人可以享受政府发放的 200 元／人／月的津贴，90 周岁至 99 周岁老人可以享受 300 元／人／月，100 周岁及以上老人 500 元／人／月，让包括女性在内的所有老人共享改革发展成果。

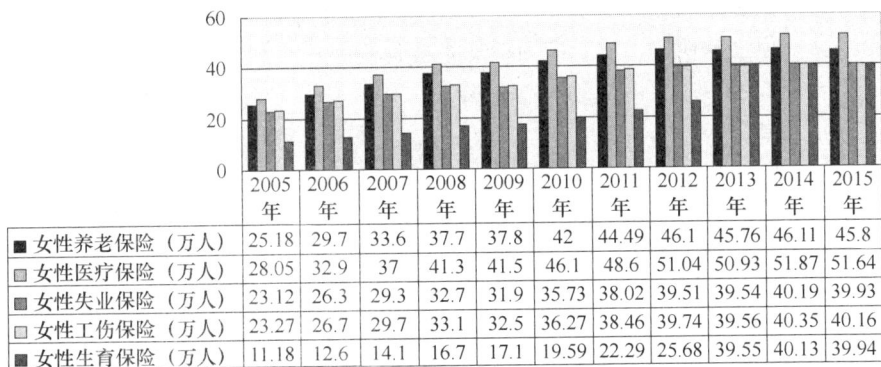

	2005 年	2006 年	2007 年	2008 年	2009 年	2010 年	2011 年	2012 年	2013 年	2014 年	2015 年
■ 女性养老保险（万人）	25.18	29.7	33.6	37.7	37.8	42	44.49	46.1	45.76	46.11	45.8
□ 女性医疗保险（万人）	28.05	32.9	37	41.3	41.5	46.1	48.6	51.04	50.93	51.87	51.64
■ 女性失业保险（万人）	23.12	26.3	29.3	32.7	31.9	35.73	38.02	39.51	39.54	40.19	39.93
□ 女性工伤保险（万人）	23.27	26.7	29.7	33.1	32.5	36.27	38.46	39.74	39.56	40.35	40.16
■ 女性生育保险（万人）	11.18	12.6	14.1	16.7	17.1	19.59	22.29	25.68	39.55	40.13	39.94

图 4-5 2005—2015 年珠海妇女参与社会保险情况[1]

（四）生育社会保险

1. 生育保险制度的目的

生育行为与女性权利息息相关，"生育保险"是在职妇女因生育子女而暂时中断劳动时，由国家和社会利用筹集的生育保险基金，给予生育责任承担者给予收入补偿、医疗服务和生育休假的一项社会保险制度，体现了国家对生育妇女的经济、物质等方面的帮助，是专门对女性设置的保障制度。我国生育保险给付项目具体内容主要包括三项：生育津贴、生育医疗费补贴和生育产假。

该制度旨在维护企业女职工的合法权益，保障她们在生育期间得到基本的医疗保健和生活保障，均衡企业间生育保险费用的负担，避免企业因承包女职工生育期间发生的全部费用，造成因女工数量的不同而使企业承担的生育费用不平衡的状况，最终导致企业不愿意招聘女工。而且，女性在生育结束之后可以获得足够的时间休息和康复，为再次投入工作做好准备，为企业和社会创造更多的价值，不用担心怀孕被歧视或者被单位辞退，总之，生育保险覆盖率的高低体现了国家对妇女特殊需求的支持和保护程度的高低。

---

[1] 资料来源：珠海市人力社与社会保障局。

2. 立法与实践

我国 1951 年颁布的《中华人民共和国劳动保险条例》确立了生育保险制度，1994 年我国将生育保险的管理模式由用人单位管理逐步转变为试行社会统筹，由企业按照其工资总额的一定比例向社会保险经办机构缴纳生育保险费，建立生育保险金。2010 年，《社会保险法》的出台标志着我国第一部综合性社会保险法律的形成，其中第六章专章规定了生育保险，虽然只有 4 个条文，但立法明确了职工应当参加生育保险，由用人单位按照国家规定缴纳生育保险费，职工不缴纳生育保险费。用人单位已经缴纳生育保险费的，其职工享受生育保险待遇；职工未就业配偶按照国家规定享受生育医疗费用待遇，所需资金从生育保险基金中支付。2012 年，国家颁布了《女职工劳动保护特别规定》；各地根据本地的实际情况也制定了相应的生育保险实施细则，由于经济发展不平衡，生育保险具有浓厚的地方色彩。我国生育基金目前最大的问题是其覆盖范围极其狭窄，主体仅限于女职工，而城镇个体户、家庭保姆、钟点工、临时工、非全日制工、农村妇女等均无法享受生育保险待遇，计划外生育的妇女也不能享受生育保险，这些规定在很大程度上导致广大女性的生育待遇权被剥夺。2017 年 2 月 24 日，人力资源和社会保障部举行生育保险和基本医疗保险合并实施试点工作会议，计划在 12 个试点地区启动"两险"合并工作。人力资源和社会保障部强调，"两险"合并并不是简单地将生育保险并入医保，而是要保留各自功能，实现一体化运行管理。珠海市为试点城市之一，根据试点方案，生育保险基金并入职工基本医疗保险基金，统一征缴，参加职工基本医疗保险的在职职工同步参加生育保险，但是保证职工生育期间生育保险待遇不变。

珠海市自生育保险制度建立以来，不断改革完善该制度。2013 年 10 月 1 日实施的《珠海市职工生育保险办法》（珠府〔2013〕100 号），将异地务工人员在内的全市所有用人单位的全部职工纳入生育保障范围。截至 2015 年 12 月底，珠海市生育保险参保人数达 90.28 万人，其中女性参保人数 39.94 万人，占比 44.24%。该办法倡导自然分娩，有效降低剖腹产率，社保经办机构与生育协议医疗机构定额结算时，顺产和剖腹产采取一个定额标准，有效引导医疗机构降低剖腹产率，有利于参保职工及下一代的身体健康，保障了女职工的生育权益。自 2016 年 7 月 1 日起，生育保障又覆盖到珠海市灵活就业参保人，进一步扩大了生育保险的覆盖面。

生育是延续后代的个人行为和家庭行为，也具有重要的社会意义，生育保险体现了国家和社会对生育妇女提供的最低程度的帮助，保障她们在遭遇风险的时候能够有尊严地生活。女性应该享有，国家应当充分尊重女性的生育保险待遇，采取各种措施保护和促进以及落实女性的生育保险待遇。

第二节　性别平等化进程中的女性就业

一、国际公约的基本立场

（一）就业无歧视

《消除对妇女一切形式的歧视公约》认为性别歧视是基于性别而作的任何区别、排除和限制，其作用或目的是要妨碍或破坏对在政治、经济、社会、文化或任何其他方面的人权和基本自由的承认以及妇女不论已婚未婚在男女平等的基础上享有或行使这些人权和基本自由。在就业和劳动权利方面，就业无歧视意味着每个人都有尊严地选择工作和维持生计。具有劳动能力，达到法定年龄的女性劳动者应当获得在劳动力市场上选择用人单位从而平等地获得参加社会劳动的机会和保障，用人单位不应因其性别不同而对其进行差别待遇和歧视。根据联合国《经济、社会及文化权利国际公约》的规定，就业无歧视，包括平等的就业权、平等的自由选择职业的权利、获得平等的就业和职业培训的权利、不得任意解聘的权利、同等的提升机会等，这些内容的实现并不依赖于国家的经济发展状况。也就是说，只要国家采取措施实施工作权，国家就必须遵循不歧视原则，承担积极义务，促进、保证和实现就业中的不歧视。

（二）同工同酬

收入是衡量个人经济地位的一项重要指标，也是衡量就业机会的一个核心指标。同工同酬是就业无歧视中的一个重要方面，报酬（remuneration）不同于薪金（pay），它包括工人在就业中获得的，由雇主直接或间接以现金或实物向工人支付的正常的、基本的和最低的工资或薪金和任何额外报酬。[1]在《经济、社会及文化权利国际公约》中规定，确定工资的主要基础不是从事某一工作的人的个人属性，如性别、年龄、种族、肤色、社会出身等情况，而是所从事的工作本身，否则就构成报酬歧视。国际劳工组织更是为在劳动经济领域推进性别平等制定了一系列的公约：《同酬公约》（国际劳工组织第

---

〔1〕 李薇薇、Lisa Stearns 主编：《禁止就业歧视：国际标准和国内实践》，法律出版社 2006 年版，第 132 页。

100 号公约）、《消除就业和职业歧视公约》（国际劳工组织第 111 号公约），
要求各成员国促进并保证实行男女同工同酬政策，报酬的确定不应以工人的
性别为标准，它不仅要求"相同"或"类似"的工作应该获得同等的报酬，
而且要求男女工人对于从事"同等价值的工作"享有同等报酬，国家必须保
证在其参与确定工资的领域实施同酬原则。这一原则被《消除对妇女一切形
式歧视公约》所采纳，欧盟为了缩小性别薪酬差距，不仅发布《男女同工同
酬指令》，而且还设立了"同工同酬日"，组织成员国之间开展"同工同酬"
经验交流活动。

（三）体面劳动

体面劳动是个人表现其尊严的重要渠道。1999 年，国际劳工局局长胡安
索马维亚首次提出"体面劳动"的概念，把"促进男女劳动者在自由、公
正、安全和具备人格尊严的条件下获得体面的、生产性的工作机会"作为国
际劳工组织的首要目标。国际劳工组织在性别平等框架下的努力主要集中在
使妇女享受体面劳动方面，包括消除职业性别隔离、使妇女同男性一样获得
接受培训和职业升迁的均等机会，缩减性别工资差异，实现男女同工同酬等
多个内容。2004 年，国际劳工大会再次重申：为实现公平的全球化，体面劳
动应成为每个国家和国际社会追求的全球目标。"体面劳动"也成为联合国
系统推动实现千年发展的目标之一。2007 年国际劳工组织发布的《体面劳动
议程》、2008 年国际劳工大会的《国际劳工组织关于争取公平全球化的社会
正义宣言》和 2011 年国际劳工大会的《家庭工人体面劳动公约》，把体面劳
动这一概念提升为所有成员国都必须实现的目标，甚至提出家庭工作人员也
应享有劳动者的权利并应该得到尊重。

（四）就业保障

女性怀孕、生育和哺乳不仅仅是个人和家庭的私事，它关乎人类可持续
发展，让本来可以就业的女性因生育而失去工作是不公平的。因此，女性因
为怀孕、生育和哺乳而遭遇的健康风险和经济风险要通过政府立法让全社会
来承担。国际劳工组织提倡女性就业保护，明确提出禁止对求职女性进行孕
检。1919 年《保护生育公约》规定：雇主不得解雇孕产假期间的女工，解雇
孕产妇属于非法。2000 年《保护生育公约》开始关注求职阶段的女性就业保
护，要求各成员国须采取适宜措施，以保证生育不成为就业歧视的原因。禁
止要求求职妇女进行妊娠检验或提供此类检验的证明。关于对求职女性的就
业保障，美国制定了《怀孕歧视法案》规定雇主不得仅仅因"怀孕"而拒绝
招收女性，而且对"基于性别"或"由于性别"等用词就进行了具体界定，

即"包括(但不限于)由于怀孕或基于怀孕、生育或与此相关的身体状况"。

二、我国的立法与实践

在国际社会性别平等主流化发展趋势的推动下,第四次世界妇女大会通过的《北京宣言》《行动纲领》将"妇女与经济"作为12个重点关注领域之一,并强调"保障妇女拥有平等的经济权利是妇女参与经济发展的核心"。我国也加大了经济领域对妇女权益保障的立法进程。

1982年,现行宪法明确将"国家保护妇女的权利和利益,实行男女同工同酬"作为国家责任写进宪法,宣言式地确认了妇女平等就业在宪法上的法律地位。2005年《妇女权益保障法》将"消除对妇女一切形式的歧视"作为国家职责,强调通过签订劳动合同的方式加强对女职工的劳动保护;对用人单位通过合同(聘用)或服务协议的方式限制女职工结婚、生育的现象作出禁止性规定,保护妇女的生育权。

《劳动法》则进一步细化了以妇女劳动就业权为核心的一系列相关权利所组成的权利体系。具体包括:(1)平等就业权,即妇女在就业权利、就业机会和就业条件方面享有与男子平等的权利,禁止性别歧视。该权利直接关系到妇女劳动权的实现程度,关系着其生存与发展状况,是妇女实现其他法定社会权利及社会价值的前提和基础。(2)获取报酬权,这是指妇女在付出劳动后而由用人单位支付的合法收入。获得报酬权体现在工资分配应当遵循按劳分配原则,实行同工同酬。(3)休息、休假权,是指妇女在规定时间的劳动之后所获得的休息和休假的权利。(4)获得安全卫生保障权,即妇女的工作环境条件必须符合国家的安全卫生标准,对于违章指挥,强令冒险作业,有权抵制并予以控告、批评和检举的权利。(5)职业培训请求权,妇女为更好地完成工作服务,有请求参加专业知识技能培训的权利,各级人民政府和有关部门应当采取措施,根据城镇和农村妇女的需要,组织妇女接受职业教育和技术培训。(6)获得社会保障权,指妇女在年老、失业、工伤、生育和生活有特殊困难时,有从国家获得社会保险、社会救助、社会优抚和社会福利的权利。(7)劳动争议请求处理权,是指劳动者与用人单位在劳动领域发生纠纷时,依法提请有关单位通过调解、仲裁、诉讼等途径予以解决的权利。此外,妇女就业的其他权利还包括参加工会组织和参与职工管理的权利;企业承包经营的权利;解除劳动合同的经济补偿请求权;破产企业职工获得破产安置费等。

国家还制定了一系列保护妇女就业权利的法规,如国务院颁布的

《女职工劳动保护规定》（1988 年）、《女职工劳动保护特别规定》（2012年）、《劳动保障监察条例》，为维护妇女经济权利提供了法律保障。2013 年《中共中央关于全面深化改革若干重大问题的决定》提出"消除城乡、行业、身份、性别等一切影响平等就业的制度障碍和就业歧视"，再次表明我国高度重视男女两性平等就业权的实现。

当然，我国劳动立法也存在着一定的性别盲视，忽视两性之间的实际差别，导致将一类性别的利益排除在法律保护之外。如在确保男女劳动者的报酬和实质平等上还存在缺陷，对于公民就业准入年龄的规定没有基于性别的差别对待，但对于劳动者退出劳动力市场却有着性别的不同。在对于女职工特别保护方面，法律过于强调男女生理差异，突出女性在抚育婴儿方面的职责，与企业在雇用和解雇女性员工时的性别偏见如出一辙。《妇女权益保障法》虽然规定了禁止性骚扰，但规定得过于原则，并未对性骚扰行为作出明确界定，使得执法和司法机关缺乏可操作性，不利于对性骚扰受害人的保护等。

总之，就业使妇女从家庭中的男性依附者变成经济独立者，从而树立起妇女独立的人格，妇女在经济和人格上获得独立是实现妇女自身价值、自我完善和发展的重要方面。因此，妇女就业绝不是发展的包袱，多方面、多层次地鼓励和促进妇女的经济参与，不仅有利于她们个人发展，也有利于家庭的幸福，对于促进儿童发展、老年保障和社区公共福利都具有很强的影响，从而实现男女社会地位的真正平等。

三、妇女在平等就业中的问题

（一）女性在就业竞争中的地位

尽管政府采取各种各样的手段和措施保护妇女享有与男性平等的就业权利，但是女性劳动力在进入市场时就发生困难，雇主往往因对女性预期的而非现实的效率问题就拒绝女性，即便是拥有高学历的女性也摆脱不了就业市场上性别歧视的遭遇。

笔者曾组织对珠海某大学的女大学生就业情况进行调查，调查结果显示女大学生就业面临的主要困难包括性别歧视、就业岗位不足以及专业不对口，一些传统的"男性行业"不招女性是普遍现象，性别歧视尤为明显，约48% 的女大学生认为在求职过程中存在男女不平等。在一些招聘会上，单位虽然不再公然打出了"只限男生"或是"男生优先"的旗号，但潜在的"只招男生"或"男生优先"的规定仍然充斥着就业市场。

表 4-1 女大学生就业面临的困难

	女大学生就业面临的困难	人数（人）	比例
1	性别歧视	96	48.0%
2	就业岗位不足	88	44.0%
3	专业不对口	68	34.0%
4	就业市场的法律监管不够	47	23.5%
5	单位领导不重视妇女的作用	45	22.5%
6	其他	32	16.0%

此外，受传统社会家庭分工观念的影响，社会对妇女家庭角色的期待要远远高于对其社会角色的期待。除了上班工作之外，妇女还要负责家庭和家务，家庭和事业的双重责任往往因时间和精力的分散而使她们陷入两难。妇女在事业的关键时刻又常常会面临着妊娠—分娩—哺乳—育儿的经历，在这个周期中对她们从事社会生产劳动的连续性和自身发展会带来一定的劣势，直接影响到其所在企业的直接利益。用人单位要为女职工的生育费用和生育带薪产假付出大量成本，这与企业追求利润最大化与雇用女性员工所需的额外成本之间会产生矛盾。

（二）职业性别隔离

职业隔离是指女性和男性由于工作内容、工作性质等方面因素而产生职业差异，这种差异通常会表现为女性和男性所在行业的差别，使某些职业中会聚集大量的女性，该职业就称为女性职业；有些职业则分布了过多的男性，就称为男性职业。有的职业性别不分，就称之为中性职业。职业隔离主要表现为因个人特征而导致职业地位、职业收入、职业发展等方面的差异，职业隔离在性别方面的表现就形成了职业性别隔离，即男性和女性在劳动力市场上分别集中于不同的职业类别，并从事不同性质的工作，它反映了不同性别者进入某一职业或行业的概率。

职业性别隔离主要有两种表现：一是行业隔离，即男性和女性分别在不同的行业集中，形成所谓的男性行业和女性行业，这种隔离把男女劳动者分别限制在各自传统的职业中，使妇女不能自由、合理地流动，限制了妇女进入"男性的职业"，也排斥了男性从事"妇女的职业"；二是职位隔离，即男性和女性分别聚集在不同的职业和职别中，在男性为主的行业中，女性处于从属或次级岗位，即便在女性相对较多的行业中，女性也居于较低的职位。这种职业性别的隔离，使得妇女在某些行业或职业上的聚集，不仅妨碍了妇女才华的施展，不利于资源的优化配置，还会制约着生产要素的优化组合，影响经济的发展。更重要的是，它容易挫伤妇女的积极性甚至整个社会对妇女的人力资本的投资，加重对女性的歧视程度，导致大量女工下岗失业，而失业加剧贫困化，从而陷入一种恶性循环之中。

职业性别隔离的实质是性别不平等在职业领域的反映，在很大程度上是由于受到工业和传统观念的影响，用人单位基于性别对求职者进行挑选，明显地形成男性工作和女性工作分立的局面。一个社会的职业性别隔离越严重，其性别不平等也就越严重。为此，很多国家都试图在职业教育与培训中加强对女性的职业指导与就业服务，让更多的女性进入传统男性主导的行业或职业中工作，反之亦然，如让更多的男性成为幼儿教师、护理人员、保育或家庭服务人员等，以消除这种性别隔离。

职业性别隔离其实也意味着对男性的职业隔离，从被隔离职业的数量和程度上来说，女性被隔离的影响程度要远远超过男性。笔者曾对珠海市妇女就业的职业结构、行业结构做过一次统计分析，据统计，珠海市妇女在企业和事业单位中的就业人数都在 50% 左右，但机关的女性就业人数还未达到 30%。随着妇女就业领域不断拓宽，女性劳动者加快向第三产业转移，就业结构得到优化，特别是卫生社会保障和福利业独占鳌头，教育业紧随其后。在住宿餐饮、教育、金融、卫生社会保障和福利业等部门就业的女性比例都超过 50%，成为妇女就业的优势领域。这些数据充分说明妇女以自己独特的生理、心理特点选择就业方向，在各行各业发挥自己的长处，贡献着自己的力量。同时，研究也发现，虽然管理一直是男性化的职业，但近年来，我国女性管理人员的比例明显上升，在白领职业的性别隔离现象逐步减弱的同时，蓝领和半蓝领职业中的性别隔离仍然存在。

（三）就业中的性别歧视

学术界根据歧视的隐蔽程度，将针对女性就业的性别歧视分为两大类：一类是直接歧视，即显性歧视，是指雇佣者直接而故意的歧视，最典型的是基于求职者的性别等因素而给予差别对待。另一类是间接歧视，即指某一表面看起来是中立，而实质上对某一高比例性别成员造成不利影响的条款、标准及其他雇佣行为[1] 如以身高来要求求职者，从形式上看，对两性是平等的，并不构成歧视，但实质上，该标准必然导致更多女性被排除在某项职业

---

[1] 潘宇昊：《女性就业歧视的法律分析》，《南通大学学报（社会科学版）》2010 年第 4 期，第 53 页。

之外，这一看似对两性并无歧视的中立政策，在对两性同样适用的过程中，却有可能造成对女性不利的影响。直接歧视是最早的反歧视涉及的一种歧视形式，其立法基础是形式平等，即相同情况应该相同对待，直接歧视的概念忽视了人们之间的不同。而从司法实践来看，性别歧视早已从公开走向隐蔽，从直接走向间接，对妇女的劳动就业歧视很多属于间接歧视，如同工不同酬，对孕妇的歧视等。目前女性就业歧视主要表现在三方面：

一是招聘单位不招收女性求职者。部分招聘单位在招聘时直接表明只招男性的态度；部分用人单位即便没有提及对性别的要求，也会在即将录用阶段以牵强的理由拒绝女性求职者。

二是部分用人单位虽然招收女性，但对女性求职者提出了苛刻的条件，对女性的工作能力、综合素质或者女性求职者的年龄、婚姻、生育、外貌等提出很高的要求。有的企业在招聘时为妇女有意设定收入低、技术不高、工作条件较差的职位，从而限制女性的就业机会，增加了女性的就业难度。

三是女性求职者很难找到相对满意的工作。遇到过多的加班以及繁重的工作压力，女性求职者只好转向其他专业岗位。或者妇女因结婚、怀孕、生育或哺乳而成为经济性裁员和解雇的主要原因等。实践中就有求职女性在求职过程中被要求告知是否结婚怀孕，甚至有女性求职者笔试面试都通过，但却因怀孕而暂不录用的案例。

女性在进入劳动力市场时，由于性别的原因遭受有损其平等就业的机会，受到与其个人的能力和素质无关的排除和对待，使得女性比起男性拥有较少的机会、占有更少的资源、获取更少的利益，这就是就业中基于性别的歧视；而且，就业中性别歧视往往和年龄歧视明显地结合在一起，最终导致"就业性别分离"现象。就业歧视是对男女平等就业权的蔑视和颠覆，不仅使劳动者利益受损，更为重要的是，它影响了劳动力市场的供求关系和资源的有效配置。

四、妇女劳动权益与保障[1]

为了调查女职工劳动保护状况，我们选择珠海市一些非公有制企业进行了调查，调查地点主要是非公有制企业比较集中的唐家镇和南屏镇，涉及餐饮企业、超市、私营制小型工厂、小酒店从业人员。本次调查共发放问卷

---

[1]　在数据分析中，全部采用四舍五入的方法；在收集的问卷中，有人对部分问题未作回答，还有人作出多种选择。因而，部分数据叠加可能存在高于或低于100％的情况。

300 份，收回 278 份，有效问卷 270 份，有效率为 90% 。在我们的调查中也发现，女职工的劳动权利、特殊劳动保护内容在合同中被忽视。

（一）不签订劳动合同或不签订完整的劳动合同

劳动合同是劳动者与用人单位之间确立劳动关系，明确双方权利和义务的协议。劳动合同作为规范用人单位和劳动者劳动关系的文件，是劳动者实现劳动权的重要保障，也是用人单位合理使用劳动力、巩固劳动纪律、提高劳动生产率的重要手段，合法有效的劳动合同会有效地减少和防止劳动争议的发生。劳动合同中的劳动权利与特殊劳动保护的内容是对女职工劳动权利保护的一种体现。

调查中，我们发现绝大部分的女职工虽然同用人单位签订了劳动合同，但绝大部分格式合同统一适用于全部企业员工，强调劳动者的义务，并没有将女职工的劳动权利、特殊劳动保护等内容纳入特定条款中。即便有，也对女职工的劳动权利、特殊劳动保护内容表达不完整。而一些女职工倾向于满足企业对她们的录用，忽略自己所拥有的劳动权利益。一旦发生劳动争议，女职工就缺少争取和维护自己合法权益的必要证据。

表 4-2　非公有制企业劳动合同的签订和内容

	有	没有	不清楚
你与所在单位是否签订劳动合同	61%	32%	7%
劳动合同中是否会有劳动权利的内容	49%	35%	16%
在劳动合同中是否有女性特殊劳动保护的内容	38%	49%	13%

（二）延长劳动时间

劳动时间又称工作时间，包括每日工作的小时数，每周工作的天数和小时数。工作时间是用人单位计发劳动者报酬的依据。工作时间的长度由法律直接规定，或者在集体或劳动合同中直接规定。在调查中，我们发现非公有制企业在用工方面仍不规范，主要体现在加班时间，能否享受到节假日，以及如果不能享受到法定节假日，企业是否给予补休或补贴三方面。

非公有制企业中任意延长劳动时间的现象非常严重，一些非公企业实行计件工资，员工的工作定额非常高，变相地延长了员工的工作时间。一些企业在生产旺季，为了营利最大化或"赶合同"，擅自延长工作时间，要求员工加班加点。在我们发放的问卷中，有部分针对餐饮企业的，在问卷中发现她们的工作时间经常达到 10 小时以上，而且他们休息日的规定一般是每周休息一天，或每月有 3—4 天的休息。在国家的法定节日，会按《劳动合同法》规定的标准支付加班工资或者给予补休。

（三）劳动保护权未得到应有的尊重和保障

劳动保护权是劳动者在安全卫生的条件下进行工作的权利。用人单位对劳动者应承担劳动安全和卫生保护的法定责任，因此，用人单位必须建立健全劳动安全卫生制度，防止劳动过程中的事故，减少职业危害。然而，部分用人单位和企业负责人缺乏安全生产意识，特别是单纯追求经济利益而不顾女职工身体健康的情况较为严重。从近年来女工的劳动环境和条件来看，女工的劳动环境与卫生差、从事有毒有害作业缺少防护的问题也一定程度地存在。由于文化水平和专业技术所限，制造业或服务业，特别是在制鞋、箱包、皮革加工领域集中了大量女工，而这些行业的劳动安全与卫生存在一定的问题，缺乏必要的安全和卫生防范，劳动者的健康极易受损。

对女职工劳动安全保护意识的调查也发现，非公企业中有 27% 的女职工不知道国家有专项的女职工劳动保护法律法规，有 32% 的女职工听说过国家有政策，但不完全知道具体内容。可见，相关的法律法规如果不普及，女职工依法自我保护的意识根本就无从谈起，而那些知法懂法的女职工也会迫于就业的压力，为保住饭碗而无力依法进行自我保护。

表 4-3　非公企业女职工对劳动保护法律法规的了解

是否知道国家专项女职工 劳动保护的法律法规	知道	不知道	知道一点
	41%	27%	32%

表 4-4　非公企业的安全教育培训

你所在的单位有没有安全教育的培训	有	没有	有但很少
	41%	30%	29%

（四）单位不重视女职工的日常保健工作

女职工的特殊权益保护包括"四期"（经期、孕期、产期和哺乳期）保护和日常保健两个方面。在非公有制企业女工的权益保护方面，出现了一些新情况和新问题，一些企业女职工在维护自身合法权益时有章难循。部分非公有制企业经营者片面追求生产效益、经济效益，不重视保护女职工的合法权益和特殊利益，使一些女职工所处的生产、工作环境恶劣，"四期"保护等特殊利益无法保障，应该由企业负担的费用不能报销或只能部分报销，严重侵害了女职工的合法权益。如有相当的女职工所在单位没有定期或根本没有组织进行妇科检查，检查费用由单位全部承担的只有35%，还有47%的女职工都是由自己承担，有妇科检查项目的单位开展的免费妇检项目非常有限，这严重违反了女职工保健工作的规定。对女职工生育期的保护状况也不令人乐观，调查中还发现，部分私营企业的女职工很难享受到国家产假的最低标准天数，女职工在生育期100%的产假工资是妇女受特殊保护的一项重要权益，而数据显示可以享受到本人50%以上产假工资的只有21%，只有7%的人可以享受到全部工资。

有的企业在女职工怀孕期间或哺乳期也允许加班加点，比例竟然高达35%，还有的将在孕期、产期、哺乳期影响企业生产的妇女予以辞退，经常发生的占37%，偶尔发生的占31%。这显然与我国法律中"妇女在经期、孕期、产期、哺乳期受特殊保护""任何单位不得以结婚、怀孕、产假、哺乳等为由，辞退女职工或者单方解除劳动合同"的条款相违背。但是，调查中，也有一些女员工表示，在孕期或者产期，大多数女员工会主动选择离职。因为单位并没有对孕期女工的工作内容给予特别的关照，女工们也认为怀孕后难以适应之前的工作强度等。

表4-5　关于非公企业女职工的特殊保护（一）

	有	没有
你所在的单位是否有定期身体体检	27%	68%
你所在的单位是否有妇科检查	19%	71%

表4-6　关于非公企业女职工的特殊保护（二）

妇科检查的费用如何支付	单位承担	员工自己承担	单位和员工按比例承担
	35%	47%	18%

表4-7　非公企业女职工的特殊保护（三）

享受的产假天数	30天以下	30—60天	60—90天	90—180天
	26%	44%	21%	9%

表4-8　关于非公企业女职工的特殊保护（四）

女职工产假工资	没有产假工资	享受50%以下工资	享受50%以上工资	享受全部工资
	21%	41%	21%	7%

表4-9　非公企业妇女受特殊权益保护情况

项目	具体情况	百分比
女职工怀孕或哺乳期是否允许加班加点	允许	35%
	不允许	33%
	偶尔允许	31%
辞退在孕期、产期、哺乳期影响企业生产的妇女	经常发生	37%
	偶尔发生	31%
	没有发生	26%

（五）非公企业女工的自我保护意识淡薄

非公企业女职工就业压力大，有着较强的就业意愿，在就业岗位有限的情况下，不得不屈从于企业提供的苛刻的工作环境、工作条件以及工作待遇等，因此，他们对劳动强度、保障措施、工资收入没有太多的要求。当自身权益受到侵害时，选择尽量忍受的占到34%，而选择据理力争的只有16%。选择忍受或辞职的比例远高于选择求助的比例。这说明大部分女工自我保护意识不强，不懂得用法律武器争取和维护自己的合法权益。

表4-10　关于非公企业女职工的保护意识（一）

单位对女职工权益的保护	应该有	没有	由企业的效益来定	不知道
	53%	19%	21%	7%

表4-11　关于非公企业女职工的保护意识（二）

权益受侵害时，会选择	尽量忍受	据理力争	能忍则忍或者辞职	求助于相关部门	不知道
	34%	16%	29%	17%	4%

表4-12　关于非公企业女职工的保护意识（三）

你所在的企业有工会吗	有	没有	不知道
	53%	20%	27%

五、应对就业中基于性别的歧视

解决妇女就业是摆在政府和学者面前的一项重大课题，针对这一问题，学者们从不同角度进行了探讨。如"阶段就业"和"妇女回家"策略[1]，也有的女性研究者并不主张以减少女性劳动力供给的方法来解决就业压力，认为这带有明显的性别歧视倾向[2]。有的学者坚持认为，要解决女性就业问题，必须实现社会性别的主流化，政府在制定就业政策时，将社会性别意识纳入决策主流。[3] 笔者同意该观点，就业应该通过公平的市场竞争进行分配，而不能以性别来分配。性别分配必然导致两性就业机会分配不公。采取有效措施，促进女性就业，保护劳动就业中的妇女权益势在必行。国外反就业歧视的经验说明，反就业歧视立法、专门机构和司法救济是反歧视的三大法宝。[4]

（一）制定反就业歧视法

实施反对歧视的法律、机会平等计划及相关政策行动，对于纠正企业不能平等对待妇女就业的做法具有关键作用。国家履行禁止就业歧视的责任首先就包括制定相应的法律。

一些国际人权条约也明确要求缔约国以制定国内立法的方式来保证消除就业歧视。如《消除对妇女一切形式歧视公约》第 2 条规定，缔约国采取适当立法和其他措施，禁止对妇女的一切歧视，包括对妇女的劳动就业歧视。第 11 条要求缔约国保证在男女平等的基础上享有相同权利。基于对国际条约的回应，几乎所有的国家都在《宪法》中规定了一般平等原则，甚至有的国家宪法就明确禁止工作中的歧视，并规定同工同酬原则。但是，在就业领域实施不歧视原则最有效的国内立法是专门的反歧视法，美国、英国、加拿大、澳大利亚等国都通过反歧视法解决就业歧视，实现社会的机会平等。其中，美国的立法尤为完善，包括 1963 年的《同酬法》、1964 年与 1991 年的《民权法案》、1967 年的《（反）就业年龄歧视法》及修正案、1978 年的《（反）怀孕歧视法》、1990 年《身心障碍美国人法》、1991 年《玻璃天花板法》等，全面禁止性别歧视，确立同工同酬，消除男女职业隔离并落实母亲保护措

〔1〕 张昆仑、廖美玲等：《"妇女回家"问题笔谈——关于"关于妇女回家"问题的冷思考》，《福建省社会主义学院学报》2001 年第 3 期，第 56 页。

〔2〕 蒋永萍：《世纪之交关于"阶段就业"、"妇女回家"的大讨论》，《妇女研究论丛》2001 年第 2 期，第 24 页。

〔3〕 张艳霞：《推进社会性别主流化——亚太经合组织妇女领导人有关讨论综述》，《妇女研究论丛》2001 年第 6 期，第 55 页。

〔4〕 柯倩婷主编：《中国妇女发展 20 年：性别公正视角下的政策研究》，社会科学文献出版社 2015 年版，第 132 页。

施，体现了美国在推动两性工作平等制度方面的努力。

我国目前的法律也有一些涉及反就业歧视的法律法规，但大多数是宣示性的条文，并无专门的反就业性别歧视的立法，我国于 2007 年颁布、2015 年修正的《就业促进法》在条款中明确宣示，劳动者依法享有平等就业和自主择业的权利。劳动者就业，不因民族、种族、性别、宗教信仰等不同而受歧视。各级人民政府创造公平就业的环境，消除就业歧视，制定政策并采取措施对就业困难人员给予扶持和援助。国家保障妇女享有与男子平等的劳动权利。用人单位招用人员，除国家规定的不适合妇女的工种或者岗位外，不得以性别为由拒绝录用妇女或者提高对妇女的录用标准。用人单位录用女职工，不得在劳动合同中规定限制女职工结婚、生育的内容。

但该法对就业性别歧视的定义、规则、例外情形并未详细规定，对于如何判断性别歧视及法律责任条款也未涉及，而且没有配套的具体制度，实际上女性的平等就业权没有得到保障。同样，我国的《妇女权益保障法》《劳动法》《教育法》等都有禁止性别歧视的相关规定，但也未能形成一个有机体系，这些法律中原则性的规定比较多，缺乏具体的认定标准和程序规范，大大削弱了对性别平等的保护作用。

我国一些城市的地方立法对此也做了有益的尝试，2013 年 1 月 1 日起施行的《深圳经济特区性别平等促进条例》第 4 条规定："国家机关、企业事业单位、社会团体以及其他组织应当采取必要措施消除性别歧视，给予男女两性同等重视，保障男女两性享有同等机会，获得同等资源，得到同等发展。"

对于禁止就业歧视的立法思路，制定一部禁止就业歧视的单行法，或者在《劳动法》中增加有关禁止就业歧视的条款，完善《劳动法》中有关就业歧视的规定，都具是可行性的。2015 年的十二届全国人大第三次会议上，全国人大代表孙晓梅成功取得 34 名人大代表同意，联名提交《关于制定〈反就业歧视法〉的议案》，该议案由全国人大内务司法委员会接受。

笔者认为，法律规定得过于原则和笼统，使得就业歧视方面的责任追究存在很大的不足，建立专门的反就业歧视单行法是消除女性就业歧视的有效手段，进一步厘清相关概念的内涵，使法律规定更具有操作性。将包括性别歧视在内的所有形态的就业歧视现象都纳入其调整范围，对性别歧视作一个准确的界定，明确规范直接歧视与间接歧视，对构成歧视行为的要件加以明确规定。只有这样才能从制度层面进行创新，寻求到一条保障女性公平就业的制度出路。因此，当前迫切需要尽快出台"反就业歧视法"，消除劳动力市场中存在的各种基于性别的就业歧视，消除同工不同酬以及职业性别隔离等现象。

（二）成立专门的反就业歧视机构

许多人权公约不仅要求缔约国保证公共当局和公共机构承担禁止就业歧视义务，还要求个体、企业等非政府机构承担这一法律义务。因此，立法完善的国家大多会依法设置专门机构反对就业歧视，如美国联邦平等就业机会委员会（EEOC），英国平等机会委员会，瑞典机会均等督察官和机会均等委员会，欧盟的就业、社会事务和平等机会总司等，这些专门机构拥有相当的职权接受个人申诉，进行调查、调解、协商、教育与技术协助，必要时可代表劳动者提起诉讼。

以美国为例，美国联邦平等就业机会委员会负责反就业性别歧视的执法。根据 1964 年《民权法案》第七章创设，专门规范就业歧视等相关事项的联邦机构。该机构既向社会宣扬公平就业政策，劝诫雇主摒弃歧视性雇佣措施，同时，还可以代表劳动者争取权益，接受个人有关就业歧视的申诉，并通过调查、调解、诉讼、协商、教育与技术协助来执行联邦法律以禁止就业歧视，确保就业的平等。此外，美国的联邦劳工部还设立妇女局，作为联邦政府层面上维护妇女利益的组织，系统地制定标准和政策，改善妇女工作条件，增加妇女工资福利，提高妇女的就业机会。

香港关于反就业歧视的经验也值得借鉴，香港在 1995 年通过了专门的《性别歧视条例》，设立平等机会委员会。该委员会致力于消除歧视及性骚扰，促进男性和女性之间的平等机会，为就业中的性别平等架起了一个法律的支点。在解决歧视纠纷的途径上，香港以平等机会委员会调停为主，司法诉讼为重要补充。因为作为反歧视的专门机构，平等机会委员会对歧视问题的处理比法院更具备专业性。香港是普通法地区，司法程序复杂，费用较高，而平等机会委员会的调解程序相对灵活快捷且免费，可以快速解决双方的纠纷，达成调解协议，使双方更易于接受且避免关系的恶化。内地有些城市，如上海，针对就业性别歧视，建立了性别平等就业监督咨询机构，直属于上海市妇联领导，其职能包括平等就业状况调研、决策咨询、政策咨询、计划推进与实施评估和数据分析等。

我国虽然明确了由劳动社会保障部门具体负责在促进就业中协调工作，并由工会、共青团、妇女联合会、残疾人联合会以及其他社会组织协助人民政府开展促进就业工作，依法维护劳动者的劳动权利。但以上部门并非专管就业歧视的部门，国务院妇女儿童工作委员会也只是一个协调机构，没有权力和资源去推行政策。因此，笔者认为，我们有必要明确在政府机构中设立一个独立的反就业歧视的专门机构，比如，在人力资源和社会保障部内部设立，作为劳动监察部门内的一个独立机构，赋予其劳动执法权，职能集中，具有较强的权威性和专业性，其成员组成可以由政府出面邀请相关单位或工会、用人单位成员以及专家学者组成，在实践中加强对就业性别歧视的监督，或者代表劳动者行使权利保护，这些大胆创新的规定将有助于我们在实践中真正达到反就业歧视的目的。

（三）加强对就业歧视的诉讼救济

司法救济是保护妇女平等就业权最基本、最有效的途径之一。我国目前的法律法规中并没有详细规定对于就业歧视的司法救济措施和途径，在实际运用中对于受歧视劳动者寻求司法救济非常不利。但也有诉讼成功的案例，如 2001 年成都蒋韬在身高歧视案中，运用《宪法》关于平等权的规定作为反就业歧视的法律依据，并获得胜诉，此案被誉为"中国法院受理平等权利的第一案"。之后，实践中也出现了一些反就业歧视的案例，如"反抑郁症歧视第一案""艾滋病就业歧视第一案""北京残障就业歧视第一案""白细胞就业歧视第一案"等。相对而言，司法救济较之劳动争议仲裁，补偿范围宽、当事人的耗费少，裁决结果更易于执行，但诉讼程序的专业化和妇女自身条件的限制会给受害者依法维权带来一定的实际困难，司法救济制度的不完善也导致平等就业权保障举步维艰。

就业歧视的认定是就业歧视受害者获得司法救济的重要一步，直接关系到案件的结果，因此明确就业歧视司法救济中的举证责任至关重要。由于立法不明确，法院在就业歧视案件受理的问题上表现出迟疑态度，一些受理的就业歧视案件也往往因缺乏举证责任倒置规则，作为求职者的原告负担的举证责任过重，造成原被告双方之间实质上的不平等，而造成受害人胜诉的比例不高。或者因为缺乏严格明确的处罚条款，受害人往往得不到应有的赔偿和救济，法院在促进就业平等权实现方面应有的职能和作用得不到完全发挥。

我国台湾地区的经验值得借鉴，台湾法官在司法判决中对于什么是平等、什么是就业歧视等基本问题深入研讨，在审判中运用举证责任倒置原则，在就业歧视案件中作出了很多具有积极意义的判决。这些判决不仅是台湾地区反就业歧视立法在司法实践中的具体运用，而且在一定程度上填补了台湾地区立法的空白。[1] 笔者认为，最高人民法院完全可以选择一些典型的就业歧视案件作为推进司法改革的范本，并提高公众对性别平等的认知能力。当然，妇女维权意识和维权能力的教育和培养也是必不可少的，女性就业中的权利受到侵害时，要积极主动地寻求法律救济。而社会也应当给予她们必要而有效的法律援助。

第三节 全面二孩政策下的女性职业发展

一、从"单独二孩"到"全面二孩"政策的提出

19 世纪后期，女性主义学者提出了女性"生育权"的概念，其含义就是女性有权利决定自己是否生育、何时生育以及自愿成为母亲的权利。1968 年联合国德黑兰国际人权大会上通过的《德黑兰宣言》提出："每对夫妻都应享有自由地负责任地决定其子女人数和生育间隔的基本人权。"该宣言承认了生育权也是一项人权。1974 年的《世界人口行动计划》中阐述了"所有夫妇和个人都享有自由负责地决定其子女人数和生育间隔以及为达此目的而获得信息、教育与手段的基本权利……"这个关于"生育权"的阐释，受到世界各国的一致认同，并逐渐成为世界各国立法的基本生育观念。

但是，我国自 1982 年正式实施严格的"计划生育"政策并取得了显著成绩，随着时间的推移，计划生育政策的弊端逐渐显现出来，人口问题已经成为困扰我国未来经济社会发展的潜在制约因素，三十余年的"人口红利"使得我国人口环境与以往相比迥然不同，由"高出生率、低死亡率、高增长率"迈入"低出生率、低死亡率、低增长率"。中国社会科学院发布的《经济蓝皮书：2015 年中国经济形势分析与预测》认为，中国目前的总和生育率只有 1.4，远低于更替水平 2.1，已经接近国际上公认的 1.3 的"低生育陷阱"。加之老年人口比例不断上升的"银发危机"，以及劳动力过剩向劳动力短缺的转折，还有"失独"、男女比例的失衡等一系列社会问题严峻而又现实。

中共十八届三中全会提出逐步放开严控生育政策向"单独二孩"过渡，中共十八届五中全会会议决定：坚持计划生育的基本国策，完善人口发展战

---

〔1〕 刘明辉：《促进我国性别平等立法及实施机制的他山之石——〈港台地区性别平等立法及案例研究〉评介》，《中华女子学院学报》2015 年第 3 期，第 117 页。

略，全面实施一对夫妇可生育两个孩子政策，积极开展应对人口老龄化行动。这意味着我国人口政策调整已从"单独二孩"转向"全面二孩"，我国人口发展的目标，已经从控制人口过快增长转向了促进人口均衡发展。人口调整政策在一定程度上能带来生育水平回升和出生人口增加，有利于改善人口结构，但也可能给家庭和子女带来巨大的风险，冲击就业市场和社保体系。

二、生育行为对女性职场的影响

生育政策直接影响的是妇女生育率和出生人口的数量，对未来教育、医疗、就业造成很大的冲击。随着经济社会发展和生活水平的提高，优生优育理念已深入人心，现代家庭更关注生育质量和生活质量，而不是子女数量。"全面二孩"政策启动会带来一定的社会性别效应，并对女性的职业发展造成影响。

（一）职场与家庭的两难选择

根据 2010 年第 3 期中国妇女社会地位调查数据，城镇有 0—6 岁孩子的 18—29 岁女性的在业率（64.2%）比未婚或已婚未育女性低 8.4%。83.3% 的从未就业女性不是不想工作，而是由于照料 3 岁以下子女而影响了工作选择。[1] 全面二孩政策之后，由于多年积压的生育意愿会在几年内集中释放，对于职业女性而言，其会再一次面临生育与职场的种种困难，在照顾家庭与打拼事业的选择博弈中，想要兼顾却分身乏术。如果选择做全职妈妈，又意味着家庭收入的锐减，放大了不少人"生得起、养不起"的现实焦虑。生育第二个孩子，女性则需要同时兼顾工作、生活，在经济、时间上面临更大的压力，生育行为对女性的劳动参与、职业发展和家庭生活难免产生负面影响。随着市场经济的深化和人们对子女教育的日益重视，城镇职业女性原本在"单位制"下被消减的家庭责任的重担，因为没有相应的公共服务的支持而重新回到女性身上，使得无报酬的家务劳动、生育行为和子女教育对妇女职业发展的影响日益加剧，原本快速发展的性别平等意识停滞不前甚至倒退，"男主外、女主内"的落后理念卷土重来。[2] 已婚女性在无法平衡工作与家庭冲突时而选择无奈地退出劳动力市场，全面二孩政策可能使女性在追求更高学历方面的进程会越来越缓慢，在工作中追求更高职位的女性也会越

---

〔1〕 杨慧、黄桂霞：《妇女与经济》，《中国妇运》2015 年第 5 期，第 21 页。

〔2〕 赵梦晗：《全面二孩政策下重新审视公共政策中缺失的性别平等理念》，《人口研究》2016 年第 6 期，第 42—43 页。

来越少，甚至可能会出现女生从职场回归家庭的小高潮。

（二）职场隐性歧视

实施全面二孩政策之后，职场隐性性别歧视将会大量存在，更超从前。妇女在招录、聘用、晋升、工作稳定性、薪酬等方面的不平等对待会凸显，有的妇女在求职中屡屡被问及是否考虑生育二孩的问题，有的单位甚至排出"员工生育时间表"，以避免员工集中在同一年扎堆怀孕。可见，"隐性歧视"已成为女性就业歧视的新趋势，使她们再一次面临"职业瓶颈"。对用人单位而言，生育二孩涉及女性的产检假、产假和哺乳假等问题，用人单位顾虑重重，基于单位自身利益考虑，很可能将符合生育二孩资格的职场女性统统排除在外。一些企业在社会招聘时，对女性的要求甚至从"已婚已育"变成了"已婚已二孩"，女性职场晋升遭遇"玻璃天花板"的现象依然较为普遍。

（三）家庭照顾带来的压力

二孩政策带来的家庭照顾压力难以估算。公共托幼服务短缺或者高收费，使一些家庭难以承受。在我国，3 岁以下幼儿的托幼服务萎缩最为严重，曾经由政府、单位和街道等举办的托儿所已基本销声匿迹，一些幼儿园的托小班规模也很小，不少招收托小班的幼儿园对婴幼儿的年龄也有较严格的限制，只招收 2 岁半及以上的幼儿入园。有的收费很高，雇人照料孩子的费用甚至可能超过夫妻一方劳动收入，导致一些没有老人等亲属或保姆可以依靠的双职工年轻父母陷入托幼困境，有的母亲被迫延长产后休假，中断职业生涯。

三、国外针对产后女性就业政策的借鉴

女性怀孕、生产、哺乳等特殊生理阶段需要休假，从微观看，在一定程度上确实增加了用人单位的劳动成本，这是导致用人单位歧视女性就业的主要原因之一。但是，女性生育是为社会延续发展作贡献，面临产后女性再就业的严峻现实，在促进产后女性就业政策上需要不断改进和完善用人单位的社会责任，各用人单位应该在观念上和实践中努力克服歧视女性、排斥女性员工的思想和行为。1981 年《有家庭责任的男女工人机会和待遇平等公约》（第 156 号）及某些国家的新型立法中对比已经有所反映，一些国家在法律中明文规定男性分担生育事务的权利和义务，男性护理假或父母假，就是其中有代表性的规定之一，也就是说让男性"休产假"。表面上看，是给男性提供休假福利，或者方便男性照顾妻子和小孩，实际上体现了要求男女共担

家庭生育责任。

日本女性的家庭观念很强，女性结婚后先选择当全职太太，把主要精力放在家庭和孩子身上。日本职业女性享有职业保障和"留职有薪"的待遇，在家照顾幼儿还可领取工作时 40% 的薪水；婴儿以及未满 2 周岁的幼童直到其满 12 岁为止，其父母每月可以享受育儿金，还规定托儿机构延长托儿时间。为了减轻育儿压力，日本于 1997 年修改了《儿童福祉法》，实行弹性化的儿童抚育政策，满足婴儿抚育、低龄儿童抚育、延长抚育时间、临时抚育、夜间抚育等多样化的需求。为了促进产后女性重返职场，日本政府不仅通过制定一系列制度措施，从法律层面切实保证女性平等就业的权利，消除企业对女性的性别歧视，还为产后女性提供无偿的资金支持，激励其学习专业技能，提升自身的职业技能，提高自我就业能力，在教育、文化、家庭护理、设计等第三产业自主创业，或者鼓励她们以弹性工作方式重返职场，让产后女性能够兼顾工作与家庭的需求，提高她们的劳动参与率。

在国外生育保险方面，法国为安全保证产后女性的工作，政府强制规定带薪产假不得少于 16 周。在小孩 3 岁以前，每个月可再领津贴，专职妈妈每个月补助的金额可以再提高。产后女性享有职业保障，可留职休假 3 年专职带小孩，并可领取日托幼儿津贴及居家保姆津贴，孩子越多，享受的津贴额越高。而瑞典的家庭政策更是以推动性别平等和促进女性工作与家庭的平衡为重点，瑞典的假期政策主要包括孕期假期、带薪育儿假、临时育儿假等，假期津贴除定额外，均为原收入的 77.6%，产假最高可以请到 672 天，育婴假有 450 天，小孩满 8 岁前都可以利用。其中，450 天的假期中至少有 30 天必须是父亲请领，强制"准爸爸"休假。假期政策之外还辅之以灵活工作安排政策、完善的儿童保育体系和税收政策。在孩子 8 岁之前或者进入小学二年级就读之前，瑞典父母有权把日常工作时间削减为原来的 25%，削减的工作时间没有薪酬。瑞典为所有 1—6 岁的儿童提供高品质的学前教育，唯一条件是父母双方（或单亲）至少有一方工作，或者失业父母在参与再就业培训。

可见，要促进产后女性再就业，有必要在就业及相关政策上不断改进和完善。这些促进产后女性就业新举措以及国外的生育保险政策都值得我们借鉴。

四、平衡二孩生育与女性职业发展的对策

女性要较好地平衡工作与生育，必须让她们获得足够的养育照料便利条

件，得到支持工作与家庭平衡的政策关怀，为此，国家、用人单位和家庭应各负其责，前瞻性、有针对性地给出解决方案，通过及时的制度衔接、措施配套和职能转变，释放出更多政策红利和服务便利，加强对女性生理、心理方面的关爱与保健，解除女性和家庭的后顾之忧。特别是作为一项国家政策，国家应该通过财政补贴、加大对妇女就业的权益保障、提高妇女地位等方式鼓励生育。

（一）两性平等参与生育事务，共担家庭责任

生育是一个人口的再生产的过程，其本身包含"生"和"育"两个方面，怀孕和生产的行为由女性完成，"育"的责任则需男女双方共同承担。[1] 但是，由于生育以家庭为单位进行，传统观念的生育、养育子女一直被看成是个人行为，是女性个人应尽的义务和家庭的私事，其社会价值没有得到应有的尊重和承认。联合国在《消除对妇女一切形式歧视公约》中指出："养育子女是整个社会的共同责任。"在生育方面，不平等地分担责任是女性充分进入劳动力市场的一个障碍。在社会性别主流化的国际潮流中，法律和政策不仅需要保障女性参与社会劳动和公共领域，也应当要求和支持男性在传统女性分工领域的参与，分担一直由女性承担的生育事务和家务劳动的责任。

国际劳工组织 1981 年通过的《有家庭责任的男女工人机会和待遇平等公约》（第 156 号）及其建议书（第 165 号），其目的在于让有家庭责任的男女工人之间建立就业和职业的机会和待遇平等，以及在有家庭责任的男女工人和没有此种责任的工人之间建立就业和职业的机会和待遇平等。显然，156 号公约和 165 号建议书并非只是对有家庭责任的女工进行保护，而是强调男女应共同分担家庭责任，从而消除女性因承担不合理的高比例的家务负担而导致就业中的歧视。第四次世界妇女大会《北京宣言》认为：男女平等分担家庭责任和他们和谐的伙伴关系，对他们及其家庭的福祉以及对巩固民生至关重要，而《行动纲领》提出的战略目标之一，就是促进男女在工作与家庭责任上的调和，男性和女性的伙伴关系建立需要男女双方兼顾工作和家庭责任。

我国的计划生育政策已经非常清楚地表明，最私人化的生育现在已经成为公众熟知的公共事务。家庭是生育控制和儿童照料的基本单位，无论从社

---

〔1〕 参见薛宁兰：《社会性别与妇女权利》，社会科学文献出版社 2008 年版，第 149 页。

会生产还是社会化的角度看，承担的都是公共的社会责任，那么，动员男性参与生育事务，共同分担以家庭为执行机构的公共事务，不仅是适时的，也是必要的。[1]传统"男主外、女主内"的分工模式，实际上剥夺了两性的自由选择权和发展空间，让女性承受了太多的家庭重担，而男性也背负了过多的社会责任和压力。让男女两性都能摆脱传统性别分工的文化强制，男性参与生育事务，照料孩子并承担相应责任，在西方国家的法律中越来越普遍，这不仅是实现男女充分平等的需要，同时也改变了男女双方在社会上和家庭中的传统任务，养育子女是男女和整个社会的共同责任，也成为了立法的基本原则。

我国《妇女权益保障法》第49条规定，父母双方对未成年子女享有平等的监护权。国家推行生育保险制度，建立健全与生育相关的其他保障制度，除了生育保险外，还包括生育休假、生育补助、独生子女生育假奖励、独生子女的父亲护理假、独生子女费等。随着计划生育政策的实施，2001年，我国颁布了《人口与计划生育法》规定，公民有依法实行计划生育的义务，夫妻双方在实行计划生育中负有共同的责任。虽然在这部法律中，男性护理假并不是明确的法律条款，但是，各地在出台地方政策时，大都对男性带薪护理假作出明确规定，并体现出对计划生育奖励的导向。以广东为例，男方的看护假为10天，享有照发工资、不影响福利及评奖评优的待遇，但是必须满足晚婚晚育条件，说明我国实际上并没有从儿童本位、父亲参与理念出发规定男性育儿假。

2015年，我国新修改的《人口与计划生育法》中，将可以获得延长生育假的奖励或者其他福利待遇的对象界定为"符合法律、法规规定生育子女的夫妻"，具备一定的两性视角。为此，各地的人口与计划生育条例纷纷作出调整，让配偶享受一定天数的"陪产假"或"护理假"，虽然假期的长短在各地仍有所不同，如天津市和山东省的为7天，大多数省份为15天，云南省、河南省可达到30天。北京市除了享受国家规定的产假外，还可以享受生育奖励假30天，其配偶享受陪产假15天，如果女职工所在机关、企业事业单位、社会团体或社会组织同意，还可以再增加假期1至3个月；宁夏回族自治区也是在国家规定的产假基础上，增加了产假60天，以及配偶的护理假25天。诸如此类规定都表明我国部分省区市已有时间较短的"父育假"（或

---

〔1〕 参见李慧英、刘澄主编：《社会性别与公共政策》（之二），中国社会科学出版社2014年版，第413页。

陪产假、护理假），但没有统一的标准。这一举措的积极意义在于，全国各地正逐步推动调整完善生育产假和配偶陪产假制度，在一定程度上把照顾子女的部分家庭责任从女性身上转移给了男性，鼓励男女共同分担育儿责任以及享有休假的法定权利，体现了国家赋予男性的家庭责任，这些措施都会对男女两性在家庭中的伙伴关系建立产生积极的影响。

家庭，是每一个家庭成员共同组成、共同参与和享有的命运共同体。作为家庭中平等的双方都扮演着家庭角色与社会角色，都要参与家庭与社会建设，也都是家庭权利与社会权利的享有者、家庭责任与社会责任的承担者，我们所强调的促进家庭成员实现工作—家庭平衡，并非仅仅是女性的工作—家庭平衡，同时也要强调男性在家庭生活中的责任以及工作—家庭之间的平衡。因此，我们的法律或政策必须挑战原有的社会性别分工和权力关系，引导男女共担家庭责任，让更多的男性参与到家庭劳动和对子女的教育中，为充分释放女性才智和潜能创造条件。这不但有利于加强家庭成员间的互动关系，而且有利于子女健全的人格培养及平等的社会性别观念的形成。

（二）完善平衡工作和家庭责任的公共服务系统

研究表明，缩减社会公共福利开支对女性造成了三方面的影响：越来越多的女性被迫从事无偿社会劳动，她们因此而失去就业机会，其社会服务提供者的身份被忽略不计[1]市场化改革削弱了政府提供给家庭的公共服务功能，而市场提供的公共服务又面临良莠不齐的现状，难以满足家庭照顾的需要。有学者曾经对单独二孩政策的评估研究表明，大量家庭符合政策条件却选择不生育二孩，究其主要原因在于三大压力：经济压力、照料子女的压力、女性自身事业上发展的压力，这一结论对于全面二孩政策仍然是适用的[2]政府作为最重要的公共服务提供者和资源配置者，有责任也有能力通过对公共资源的优化配置和增加投入，拓宽儿童福利政策，将保育、家庭服务纳入政府公共服务范围，发展多种形式的家庭照顾服务，从宏观上缓解影响生育意愿的各种压力。

1. 建设和完善公共场所的母婴辅助设施

世界卫生大会曾向全球倡议：最初 6 个月纯母乳喂养，是哺育婴儿的

---

[1] ［德］克里斯蒂娜·冯·布劳恩、英格·斯蒂芬等：《科学中的性别》，史竞舟译，人民出版社 2014 年版，第 158—159 页。

[2] 彭希哲：《实现全面二孩政策目标需要整体性的配套》，《探索》2016 年第 1 期，第 72 页。

最理想方式。国际母乳喂养行动联盟确定每年 8 月 1 日至 7 日为"世界母乳喂养周"，我国确定每年的 5 月 20 日是"全国母乳喂养宣传日"。但是，哺乳期妇女往往深受没有合适哺乳场所的困扰，"背奶妈妈"就是这一困扰的体现。机场、车站等公共场所和办公场所母婴室的缺乏或者形同虚设，使得哺乳母亲经常遭遇尴尬。2013 年，联合国儿童基金会和中国疾病预防控制中心共同发起了"母爱 10 平方"活动，倡导全社会支持母乳喂养，在机场、车站等公共场所和办公场所建立母乳喂养室。至 2015 年底，全国已有超过 1500 家这样的母乳喂养室。这说明，公共场所设置母婴室已经逐渐成为一种共识，并由此创造一种对育龄妇女和婴幼儿关爱的社会氛围，显示对二孩政策的积极响应。

对于母婴室的设置，在《女职工保健工作规定》《女职工劳动保护特别规定》中都有所提及。城市的基本生活设施，应该让所有市民活得更体面、更有尊严。对于城市而言，政府要积极推进母婴室的建设，可以在城市建设规划中明确规定并严格执行公共场所必须设置母婴室，并出台公共场所建设母婴室的最低标准；在建设方面，可以建立政府主导，社会、企业和个人共同参与的母婴室建设机制。在写字楼、大型商场、公园、机场、车站和医疗机构等公共场所建设一批标准化、规范化的母婴室，同时向各类企业发出加强母婴室建设的倡议书，改善育龄妇女工作条件。对于女职工较为集中的企业，督促并激励其建设母婴室，引导企业自觉加强母婴室建设，体现对妇女、儿童的尊重和关爱，也彰显公共服务理念的人性化。

2. 发展公共托幼设施与服务，缓解家庭照顾压力

根据经济合作与发展组织的研究，提供适当时期的给薪育婴假能促进妇女劳动参与率，但过长的育婴假则会减弱妇女劳动市场技能并危害未来职业发展，让育儿妇女难以或无兴趣回到就业职场。因此，在妇女完成育婴之后，要创造条件让她们能够尽快地回归职场。这对公共托幼服务提出了新的要求，因此，政府必须大力发展公共托幼设施和服务，特别是 0—3 岁孩子托幼设施及服务，政府应设立专项资金支持并鼓励社会资本投入到 3 岁以下婴幼儿托幼机构的开办，为家庭提供更多的优质、便利、能负担得起的公共托幼服务，解决年轻家庭的实际需要。如鼓励以社区为依托，兴办托儿所，鼓励女职工集中的单位恢复托儿所，或者通过幼儿园来直办托儿所等。社区、医院及其他相关社会公益性组织应针对 3 岁以下婴幼儿的抚养教育问题进行不定期的社会培训，提高年轻父母及相关从业人员的知识和技能，支持女职工休完产假一段时间以后能够回到工作岗位上去。

（三）发展家政服务业，使家庭功能社会化

家政是从家庭日常生活中分离出来作为一种谋生手段的服务性职业；家政服务是指将部分家庭事务社会化、职业化、市场化，以家庭及其成员为主要服务对象，为家庭生活提供事务性、管理性的社会服务。

马克思女权主义正是看到了男女生理上的客观不同，以及由此带来的男女在生育后代、抚育后代方面女性客观的更多的付出，提出发展"现代大工业"，让女性就业，参加社会劳动，回到"公共事业"中去，同时实行家务劳动的社会化，这是男女共同承担家务的另一种方式，这种解决女性社会劳动和家务劳动之间冲突的方法被今天的人们所认同和倡导。[1] 目前，家庭服务业已从简单的家庭劳务服务，转向为家庭提供指导性服务和家庭投资理财等更高级的精神需求，家政服务业逐渐表现出物质和精神两方面的生活需要。

在国外，家政学是一门西方发达国家的热门学科，日本家政教育是基础教育阶段的必修学科，大学也普遍开设了家政课程，教学内容几乎涉及社会、经济、文化等各个领域，家政人才在市场上一直供不应求。国外家政服务业的发展离不开政府的强力支持，以菲律宾为例，"菲佣"已是一个走向世界的家政品牌，被称为世界上"最专业的保姆"，因为菲律宾早已将家政服务纳入菲律宾劳动法范畴，政府从总统到各部长，也都把巩固和拓展海外劳务家政服务市场放在首要位置。在国家层面，奠定了家政行业得以发展的基础条件，确定了家政教育的社会地位，形成系统化、规范化的家政教育，而且服务方式多样化。随着从业人员素质的不断提高，家政服务的专业化程度越来越强，并形成了统一的行业标准和服务质量体系。

我国的家政服务业基本上还处于起步阶段，2000年劳动和社会保障部颁布了《家政服务员国家职业标准》，但家政服务的体系性建构远远不够，缺乏政府的扶持和法规的约束，造成市场发展低端无序，企业运行不规范，从业人员自身素质的问题和家政服务业发展的滞后，也造成市场供需不平衡、职业化不够，不能适应社会发展的需要。而现实中，独生子女家庭承担赡养四位老人的责任，"空巢老人""留守子女"不断增多，加之"全面二孩"时代的来临，家庭劳动负荷沉重的现象已经开始显现，家政服务的需求还将进

---

〔1〕 参见魏敏：《社会性别视角下的劳动法律制度》，江苏大学出版社2010年版，第11页。

一步扩大，家政服务业也正成为朝阳产业。通过将部分家务劳动从家庭转移至家政市场的方式，更好地满足家务劳动力不足家庭的生产生活需要，对女性而言，则可以卸下部分育儿负担，缓解女性因孕育子女而在职场中表现出的劣势。

2009 年，国务院同意国家八部委共同建立"发展家庭服务业促进就业部际联席会议"，并专门成立了国务院家庭服务业办公室。笔者认为，首先，政府应该加强宏观调控，积极进行产业引导，把发展家政服务业与严格落实各项就业政策、创业政策、扶贫政策紧密结合起来，鼓励失业妇女、再就业妇女等就业困难人员、高校毕业生等到家政服务领域就业、创业。因此，我国首先要加快家政服务业的立法研究，完善从业标准和职业规范，推进家政服务业的产业化，构建制度化、规范化的家政服务管理体系，为行业健康发展提供法制基础。其次，应鼓励和支持家政学校的发展，借鉴日本的家政研究，可以在更多的职业高校开设家政系或者设立家政学院，把家政服务人员的培养纳入学校教育的轨道，让培训机构直接向家政公司输送高素质的家政服务从业人员，减少目前家政业过于依赖中介机构的弊端。再次，可以引入社会力量，培育、扶持一批有潜力的家政服务企业，逐步形成品牌和行业规范，引导家政企业进行资源整合，向规模化、集约化发展。同时，要健全家政行业自治组织，发挥其行业自我管理与服务作用，通过行业自律不断提高服务质量，不仅为妇女提供广阔的就业渠道，也推动家政服务业从低端保姆市场向现代服务业转变。最后，家政从业人员也要更新观念，树立良好的职业道德观和责任意识，正确看待自己的职业，正确处理与服务家庭或对象的关系，不断学习提高自身的家政服务业务水平。

（四）企业承担社会责任，增加企业雇用女性的正效应

企业是社会经济发展的重要主体，它的参与对性别平等工作和妇女发展具有重要意义。随着性别平等日益成为全球可持续发展领域的重点议题，性别平等问题也开始成为考量企业社会责任、企业可持续发展能力的一个重要视角。企业的性别平等视角要求企业从录用、培训、晋升、劳动保护等各个方面给予女性公平公正的发展机会，消除性别歧视。因为人力资源是企业获得竞争优势的战略性资源，事关企业的成败，而企业中的女性要经历特殊的生理时期，体力与智力的发挥也随之受到影响，怀孕后期可能需要休息或做一些轻便的工作，哺乳期要投入时间和精力照看婴儿，康复身体。为了保证女职工的安全与健康，这些特殊时期是需要加以特别保护的。虽然国家不断地强化政策法规和对市场的约束，促使企业支持女性就

业，与国家目标保持一致，但企业基于本身利益的考虑，仍然会可能冒违反政策的风险。目前中国企业还很少把性别平等和维护妇女权益纳入企业的社会责任中，只有让企业认识到女性生育的社会价值以及对企业发展的意义，加深对性别平等的认识，才能让企业自觉将企业与企业的社会责任战略和项目进行整合。

其一，企业领导者和管理层应树立科学合理的人才观念，摒弃传统刻板的性别偏见，科学审视职位的性别需求，提升企业的形象和竞争力。在企业内部人力资源的配置、晋升、解雇以及企业分配等方面都必须始终注重公平与公正，让企业的男女职工在职业提升中得到同样的机会和平等的待遇。其二，企业制定有利于职工履行其家庭责任的工作制度，增加雇用女性员工的正效应。如企业在进行员工的录用及晋升时，制定有利于职工履行其家庭责任的工作制度，实行弹性工作制，制定灵活的休假、请假制度，提供儿童看护、老年护理等服务；如对育龄期女工实行特别管理，适当延长母亲产假时间，延长哺乳假时间，3 岁以前婴幼儿的母亲每天可以提前 1—2 小时下班，为有孩子的家庭增加 3—5 天的年假等措施，营造家庭友好型工作环境。其三，要增加职工福利，为承担繁重养老和育幼责任的职工提供经济帮助，如育儿补贴、家政补贴等，从而激发员工的主动性、积极性和创造性。其四，在企业中大力倡导性别平等的企业文化，使性别平等的观念深入人心。公正的制度设计能够更加充分地激发妇女潜力，推动广大妇女参与经济社会发展。

当然，国家政策应该对企业"性别亏损"观念予以纠正，对企业承担的性别平等社会责任予以支持和奖励，以建立保护妇女利益的长效机制。[1] 在《妇女权益保障法》的基础上，政府要通过各种预防措施防止妇女因生育而造成职业晋升受阻或在工作的其他方面受到损害。企业因女性员工的生育可能会影响营业和利润，政府应介入并建立相关机制分担部分成本，如对雇用女性超过一定比例的企业给予税收上的优惠或适当的贴息补助，减轻其贷款压力，奖励其雇用女性员工的行为。反之，则可以通过适当增加企业的税收来惩罚它们，并把收缴的税收用于支持与补贴雇用女性员工多的企业，激励企业勇于承担女性生育的社会责任。

总之，家庭的发展状态直接影响着社会中的每一个个体，进而影响

---

〔1〕 王晶、张洪伟：《性别视角下的企业社会责任及对策思考》，《社会科学战线》2016 年第 1 期，第 274 页。

着整个社会的状态和前景。生育行为不仅仅是家庭问题，更是政策问题、经济问题和社会问题。"全面二孩"不过是提供了可能的空间，人们的生育意愿和生育行动之间的现实割裂度仍然很大。而要真正让政策落实，要让人们真正愿意生而且生得起，就必须尽力解除实际面对的诸多后顾之忧，让人们从生育行为中获得成就感和幸福感，考验着政府的治理能力和施政智慧。

第四节　延迟退休政策与女性发展

一、退休年龄的性别差异

退休制度是现代工业社会的产物，整个退休年龄制度既包括男女同龄退休制度，也涵盖提前退休制度、延迟退休制度，还涉及国家公务员退休制度和人口老龄化引起的推迟退休年龄问题。[1]

退休政策的核心是劳动者在具备一定工作年限前提下可享受的社会福利，是劳动者在职期间劳动贡献与退休后所享受的福利之间的均衡。我国的退休制度是随着城镇职工的养老保险制度一起建立和发展起来的，随着中国经济社会发展的显著变化，也经历了几次重大变动。与退休政策紧密相关的人口平均寿命、老龄化程度、劳动人口平均受教育年限及经济发展总量和劳动力供给等状况均发生了深刻变化。

表4-13　我国关于退休年龄的立法规定

时间	相关文件	退休年龄规定
1953 年	《中华人民共和国劳动保险条例》	男工人与男职员年满 60 岁，女工人与女职员年满 50 岁可退职养老。
1955 年	《中华人民共和国劳动保险条例》	女干部的退休年龄为 55 周岁。（退休年龄便有了"女职工"和"女干部"之分）
1978 年	《国务院关于安置老弱病残干部的暂行办法》	男年满 60 周岁，女年满 55 周岁，参加革命工作年限满 10 年的干部均可退休。
1993 年	《国家公务员暂行条例》	男 60 周岁退休，女 55 周岁退休。

---

〔1〕 目前在中国受退休年龄政策影响的对象主要有三类：政府公务人员、事业单位员工和国有企业职工。本书选择了中国女性公务人员为主要研究对象。

续表

时间	相关文件	退休年龄规定
1999 年	《关于制止和纠正违反国家规定办理企业职工提前退休有关问题的通知》（劳社部发〔1999〕8 号）	企业职工退休年龄是：男年满 60 周岁，女年满 50 周岁，女干部年满 55 周岁。对于特殊工种，如井下、高空、高温、特别繁重的体力劳动或其他有害身体健康的工作，男年满 55 周岁，女年满 45 周岁退休。机关、事业单位职员的退休年龄是：干部，男 60 周岁，女 55 周岁；工人，男 60 周岁，女 50 周岁。
2005 年	《〈中华人民共和国妇女权益保障法〉修正案》	各单位在执行国家退休制度的时候，不得以性别为由，歧视妇女。
2006 年	《中华人民共和国公务员法》	公务员达到国家规定的退休年龄或者完全丧失工作能力的，应当退休。满 30 年工作年限，可自愿申请退休。

从上表可知，我国关于退休年龄的规定是按照身份和性别不同设置的，男性为 60 岁，女干部为 55 岁，女工人为 50 岁。在一定历史时期，国家考虑到两性不同的生理特点，在政策上对女性进行倾斜，立法时往往考虑女性抚育子女的需要，不宜长期从事繁重工作，同时考虑女职工就业机会相对少而工龄较短的现实，给予女性尽早退休的特权。与绝大多数同样面临老龄化的国家相比，我国退休年龄的规定体现出退休年龄过早，以及男女不同龄退休的特点。相对于男性，女性退休年龄提前了 5—10 年，是世界上最大的退休年龄性别差。[1] 这种差异平等的规定是基于国家对女性的关爱与照顾，充分考虑了女性的生理特点以及家庭角色的基础上制定的，确实可以让女性从繁重的劳动中解脱出来，起到照顾和保护女性的作用。

但是，看似性别保护的制度结果反而可能导致女性处于不利处境或受到歧视。特别是随着女性受教育水平的提高，以及女性平均预期寿命的延长，女性在政治、经济、文化和家庭领域内被边缘化或处于从属地位，女性在培训、升职等方面相对于同龄男性机会明显减少，损害了女性的政治和发展权利，加之新的养老缴费制度使得女性在退休后的待遇与退休年龄、退休前工

---

〔1〕 参见井文豪、谢春玲：《女性延迟退休：养老与平等的双重目标》，《现代经济探讨》2010 年第 7 期，第 52 页。

资、工作时间以及缴费年限都直接挂钩，女性因提前退休而导致女性的工资性收入减少，在退休待遇上也与男性相差较远，影响到她们退休后的生活质量。显然，这一政策在保护女性平等权利方面越来越失去其合理性，造成了对性别的歧视，也造成了女性个人以及整个社会对人力资本的损失，影响了经济增长。因此，越来越多的女性已经对这一"照顾"政策不再"领情"。尽管国家近年来多次强调要打破用工界限，但工人和干部的身份以及与此相应的管理制度并没有取消，按身份设定退休年龄的做法受到了普遍的质疑。

二、女性退休年龄的照顾与歧视之争

一些知识女性开始质疑男女不同龄的退休政策，要求享有与男性同样的工作年限，享有同等的工作权利。自 1990 年起，每年都有全国人大代表或政协委员提出有关男女同龄退休的建议，在全国的妇女大会上，这个问题也备受关注。[1]

关于男女职工退休的争议在我国形成了两次讨论热潮。第一次是 2001 年 12 月，男女同龄退休提案第一人高亚森向中国民主促进会江苏省委员会提出《关于男女同龄退休的建议》提案。2002 年 2 月，该提案由民进江苏省委员会提出，最后由江苏省政协定为向全国政协提交的正式提案。2003 年 3 月初，参加全国政协十届一次会议的妇联界 66 位委员，提交的第一份界别提案就是要求修改国家《公务员法》中关于男女不同年龄退休的条款。2003 年 8 月 22 日，中国妇女第九次全国代表大会在北京召开，男女同龄退休成为会议的第一大热点话题，从此在社会上掀起了关于男女同龄退休问题的争论高潮。

第二次始于 2005 年，河南省发生的一起周香华女士诉中国建设银行河南平顶山中心支行一案，平顶山市湛河区人民法院对周香华诉建行平顶山分行劳动争议案——"退休性别歧视案"作出一审判决，驳回原告周香华的诉讼请求，该案再次触发了女性 55 周岁退休是否合宪的讨论。[2] 2006 年 3 月 7

---

[1] 2005 年，河南省平顶山市湛河区人民法院对周香华诉建行平顶山分行劳动争议案——"退休性别歧视案"作出一审判决，驳回原告周香华的诉讼请求，该案触发了女性 55 岁退休是否合宪的讨论，见《女高级知识分子诉用人单位强行退休纠纷案》，http://www.woman.legalaid.org.cn/，访问日期：2006 年 3 月 7 日。北京大学妇女法律研究与服务中心就国发〔1978〕104 号文件关于女职工退休年龄的规定，向全国人大常委会提起违宪审查建议，认为应统一男女退休年龄。

[2] 参见 http://www.news.sina.com.cn/，访问日期：2017 年 12 月 15 日。

日，北京大学妇女法律研究与服务中心就国发〔1978〕104 号文件关于女职工退休年龄的规定，向全国人大常委会提起违宪审查建议，认为应统一男女退休年龄。2008 年，《北京市实施中华人民共和国妇女权益保障法办法（修订草案送审稿）》提出将推迟女干部退休年龄，达到男女同龄（60周岁）退休，以实现男女干部的平等。但最后北京市否定了这项动议，将原草案中"规定适当延长女性处级以上领导干部和女性高级知识分子的工作年限，实现男女平等"的内容删除。至此，全社会再次将男女同龄退休的争论推向高峰。

社会对男女同年龄退休的争议见仁见智。反对者一般认为：延长妇女的退休年龄不利于保护妇女的健康；不利于年轻职工与年老职工新旧更替；增加企业的工资成本和养老费用支出等；用人单位可能更倾向于雇用新人来降低用人成本，如此，妇女的就业形势更加严峻。赞成者则认为，延长（妇女）退休年龄有利于解决我国养老金缺口，也是落实男女平等宪法原则的体现。从女性自身角度看，不同的社会阶层表现出对政策的不同态度。公务员、事业单位职工和企业技术人员，特别是女性领导干部及高级知识分子，其教育水平和社会地位较高，她们赞成延迟退休，而女工人劳动强度大、工资收入低，更倾向于提早退休。

笔者认为，一方面，不同年龄退休必然带来男女资格的不平等、机会不平等及待遇不平等，成为单位忽略女性利益的借口。如在换届时，区党政领导成员和纪委、法院、检察院正职女同志 50 周岁以上，一般不再继续提名；新提拔担任上述职务的女同志一般不超过 45 周岁。区人大、政协班子的中共党员女干部年满 53 周岁一般不再继续提名，新提拔担任人大、政协领导职务的中共党员女干部一般不超过 50 周岁，这使得一些女干部提拔政策在执行中缺乏连续性，严重地影响女性公务员的职业发展和政治前途，也严重地挫伤了女性公务员参与国家和社会管理的积极性，使本已稀缺的女干部资源更显短缺。

另一方面，不同年龄的退休政策也忽略了劳动的权利属性，妇女在任何年龄段都有受到尊重和实现自身价值的需求，现代社会妇女受教育程度越来越高，妇女在很大程度上已从家庭事务中逐渐解放出来，妇女从事脑力劳动完全可以与男性一样独当一面。而且，随着物质生活条件的改善，妇女健康得到保障，女性到 50 周岁时，孩子也已经独立，家务事减少，妇女将进入人生的另一个"黄金期"，将这些有很强的创造力、有经验、有能力的妇女过早地排除在工作场所之外，无异于一种人力资源的浪费。对绝大多数妇女来说，退休年龄制度将女性锁定为弱势群体，进一步激化了性别不公[1]，也影响到妇女的发展和其他各项权益的实现，显然，性别不能成为决定妇女政治和职业生涯的因素。

三、延迟退休政策及其性别分析

（一）政策的提出

法定退休年龄在不同的国家或同一国家不同的历史时期也会有所不同，大多数国家将退休年龄规定在 60—65 岁，并根据性别、职业性质、工龄长短、职务需要等因素确定。大部分国家执行男女相同的退休年龄政策。全球 170 个国家和地区中，男女法定退休年龄相同的国家共有 111 个，占 65.3%；男女法定退休年龄不同的国家共有 59 个，占 34.7%。一般而言，经济比较不发达国家法定退休年龄的下限偏低，而经济发达国家法定退休年龄的下限偏高。从各国的发展趋势来看，妇女退休年龄在不断提高，以延长妇女的劳动工作时间，缩小男女之间的差别。

我国总体退休年龄偏低，尤其女性退休年龄严重低于预期寿命。加上我国正处于经济转型时期，提前退休和内退职工大有人在，我国社会实际退休年龄比法定退休年龄更低。

退休年龄政策的规定不是永远不变的，政府完全可以根据不同时期的实际情况，制定相对有弹性的和选择性的退休年龄政策，防止政策实施中的"一刀切"。当然，退休年龄的调整不能一蹴而就，无论从落实《宪法》和有关国际条约关于男女平等以及平等就业的理论层面，还是从人口发展客观规律的现实层面，女性与男性同龄退休都不再只是"梦想"，而是实实在在的"权利"。

2015 年 2 月 16 日，中组部与人力资源和社会保障部联合下发的《关于机关事业单位县处级女干部和具有高级职称的女性专业技术人员退休年龄问题的通知》，保障了党政机关、人民团体中的正、副县处级及相应职务层次的女干部，事业单位中担任党务、行政管理工作的相当于正、副处级的女干部和具有高级职称的女性专业技术人员男女同龄退休的权利。笔者认为，率先在公职人员中实行男女同龄退休制度是可行的，因为能够进入公职人员队伍的女性在工作能力、知识结构和身体素质等方面与男性基本无差异。随着

---

[1] 宋健编著：《社会性别视角下的中国社会政策》，社会科学文献出版社 2012 年版，第 143 页。

经济社会的快速发展，男女两性在心理、学历、能力等方面的差异越来越小。近年来新录用国家公职人员的学历甚至上升到硕士和博士研究生，在非同龄退休政策下，让她们为社会发展作贡献的年限不因接受教育年限的长短而受到限制，让女性人力资本的正常使用年限能与男性相当。

2015 年 11 月 3 日，《中共中央关于制定国民经济和社会发展第十三个五年规划的建议》提出"出台渐进式延迟退休年龄政策"，即通过每年延迟 6 个月退休的方式，将于 2045 年实现企业单位、事业单位男女性职工和公务员 65 周岁退休。该政策涉及养老金改革、老龄化加剧、人口平均寿命、劳动力供给以及人口红利衰减等诸多问题，从现实调查与研究来看，女性劳动者对延迟退休问题的反应要比男性劳动者强烈得多，因此，该政策从酝酿到提出，历经数年，因事关公众养老核心命题引发了各阶层持续热议。

（二）性别分析

我国学术界在性别平等视域下的退休问题研究主要集中于男女同龄退休、弹性退休制度、延迟退休等几个方面[1] 应该承认的是，退休年龄政策在制定之初确实考虑到了传统的社会性别文化制度，特别是在实施计划生育之前，为了减轻家庭负担，受传统家庭分工思想的影响，提早退休可以让更多的女性有更多的时间和精力来照顾家庭。但是，随着计划生育基本国策的实施和社会经济发展，女性在家庭中的负担逐渐减少，加之女性受教育水平也在不断提高，性别意识不断增强，女性有着更强烈的发展需求，是延迟退休，继续拼搏于职场，还是回归家庭尽享天伦之乐？不同职业、不同年龄的女性会作出不同的选择。该政策涉及女职工个人及其家庭，政策是否具备家庭劳动视角和性别视角，影响着该政策能否达到预期的目的。

对于延迟女性退休年龄的研究成果也主要体现在三个方面：一是延迟退休的必要性与可行性研究；二是关于延迟退休年龄思路与具体方案研究；三是延迟退休年龄政策面临的现实阻力，延迟退休年龄实施后的政策效应及策略研究。关于女性对于延迟退休政策的意愿，有学者进行了专门的分析，并得出以下研究结论：一是男性教师比女性教师更易赞同延迟退休；二是年龄越大的教师越容易赞同延迟退休；三是收入越高的高校教师越容易赞同延迟退休；四是身体状况越好的高校教师越容易赞同延迟退休。并进而通过对赞成延迟退休年龄教师的分析得出男性教师最佳退休年龄区间为 [64，65]，

---

[1] 参见岳立、刘苑秋：《性别平等视域下中国延迟退休对青年人就业影响分析》，《石家庄经济学院学报》2016 年第 2 期，第 60 页。

女性教师最佳退休年龄区间为［60，62］。[1] 可见，男女退休年龄有别的政策已经造成了与其初衷不同的结果，一些年龄达到 50 周岁或 55 周岁的女性仍有能力胜任工作，而且也希望继续工作，却因为退休年龄的限制而丧失工作的机会。这种政策看似对女性的关照，而实际上可能只是满足了部分希望提前退休的女性的利益；而对绝大多数妇女来说，退休年龄制度反而是对她们工作意愿和机会的剥夺。

笔者认为，劳动权利是妇女享有实现其他权利的必要条件和前提，直接影响到妇女在家庭和社会上的地位，因此，兼顾男女退休的实质平等权利、自主选择权和对妇女的特殊保护制度，如果女性的身体、心理和智力完全可以持续胜任工作，并不影响工作效益的情况下，却强制其退休往往是对其劳动权利的漠视，衍生出一系列的不平等。

此外，提前退休政策也体现了我国在老年妇女相关社会政策方面性别盲视问题。老年妇女作为"老年人"和"妇女"，在家庭生活和社会生活中极有可能遭受年龄和性别的双重歧视，她们的生存与发展需要往往被掩盖在家庭内部事务之中，未能进入公共政策制定者的视野，现有政策中对老年妇女的保障又呈现性别敏感度的缺失，因此，政策决策者要将性别和年龄意识纳入政策范畴。

四、弹性退休制度对女性自主选择权的赋予

日美两国在延迟退休年龄上，采取的都是渐进式的方式，逐步或是分阶段地提高退休年龄。这种政策渐进似的变迁不会引起大的社会动乱。[2] 对于有愿意延迟退休年龄的个人，国家要制定相应的奖励办法，推动人们对于延迟退休的积极性。如根据延长退休的时间而增加养老金幅度，对于女性职工普遍延迟退休年龄的企业，应适当给予一定的税收优惠等。

国际劳工组织 1980 年通过的第 162 号《老年工人建议书》倡议的"如有可能应该采取措施保证退休自愿"。笔者认为，制定弹性的女性退休制度，不仅仅有利于人力资源的优化配置，还能够有效避免社会矛盾。弹性退休制度是相对于强制退休而言，以法定退休年龄和指定退休年龄相结合的方式，

---

〔1〕 于翠婷、喻继银：《高校教师对延迟退休年龄意愿的实证研究——基于成都市高校教师的调查》，《人口与发展》2013 年第 4 期，第 88 页。
〔2〕 谭月：《日美延迟退休制度比较——兼论对我国延迟退休改革的启示》，《法制博览》2015 年第 6 期，第 123 页。

允许不同地区、不同行业、不同受教育程度，以及不同工作环境的劳动者在退休意愿、退休年龄、退休方式等方面具有较为灵活的选择空间。尽管有人担心弹性退休制度会增加就业压力，但是失业问题的症结更多在于劳动力供给结构和劳动力需求结构不相匹配，而非调整退休年龄便可以解决的。弹性退休恰恰可以充分考虑某一时期的劳动力市场供求状况，有利于缓解失业矛盾，妥善协调就业与照顾家庭的关系。因此，妇女有权弹性地选择自己的退休年龄是必要的。

其一，充分考虑妇女本人的工作能力与个人意愿。人体衰老是一个渐进的过程，体力、智力和经济环境等各个方面的原因都有可能让劳动者不能、不想或不愿继续工作，可以办理提前退休手续。但是，对那些有工作能力却不愿意继续工作的劳动者，在其未达到领取养老金的年龄时，不能领取退休金和任何补贴。给予女性一个选择年龄段退休，让女性在这个年龄区间，根据自己的身体和家庭情况进行自由选择，并对退休年龄进行封顶，这样不仅可以保证社会生产力的提高，还能保证老年女性安享晚年。当然，选择不同年龄退休而相应地享受不同替代率水平的养老金，以便更好地激励延迟退休。有学者还建议建立工作能力测评机构，根据达到法定最低退休年龄的劳动者的申请进行测评，达到一定指标的方可继续工作，并在劳动者重新工作后科学制定复测期。[1] 这不失为一种理性之举。

其二，平衡不同行业、不同工种劳动者的具体利益。不同的职业和工种对于劳动者的体力和脑力的要求差异较大，那么不同行业劳动者的特殊情况就需要区别对待，延迟退休率先从正、副处级的女干部以及具有高级职称的女性高级知识分子和高级技术人员开始，有利于这部分女性劳动者保留在经济社会领域继续作贡献，为培养更多优秀的女干部创造时机，进而逐步改善我国的人才结构。比如法官的退休年龄可以根据法官的健康状况，延长到70岁，其中优秀的高级法官、大法官还可以延长。

其三，考虑到不同学历。对于人才的使用要充分考虑到投入与产出的经济成本，一个简单的体力劳动者很可能在20岁就进入了劳动力市场，而一个博士毕业生却要到30岁左右，这10年的期限在一定程度上造成了人力资源的极大浪费，也造成了部分劳动者学历越高、工龄越短的后果。因此，在不同的学历上，可以考虑适当放宽提拔和退休的年龄，以弥补劳动者因攻读较

---

[1] 邓峰：《论我国男女应否同龄退休问题》，《怀化学院学报》2011年第12期，第29页。

高学位而缩短的工作时间。

　　总之，性别差异所带来的生理、体能不同以及由社会分工带来的工种、职业、受教育程度不同都能造成适宜退休年龄的差别。对于女性中上阶层，她们已具备和男性相同的竞争地位，希望得到更多的公平竞争的机会；而对于女性群体的下层，她们更希望得到的是差异性平等。因此，采取分阶层、分阶段实现男女同龄退休的策略是符合客观情况需要的。

第五章　妇女参与决策与管理

如果各级决策进程没有妇女的积极参与并且没有吸纳妇女的观点，就不可能实现平等、发展与和平的目标。

——1995 年世界妇女大会《行动纲领》

第一节　妇女参政的内涵及其意义

一、参政权与妇女参政

（一）参政权

参政，或称"参与政治""政治参与"，也称"参与政治和决策"。在《中国大百科全书（政治卷）》中，"政治参与"是指"公民自愿地通过各种合法方式参与政治生活的行为"。《国际社会科学百科全书》中将"政治参与"定义为"社会成员在选择统治者，直接或间接地在形成公共政策过程中所分享的那些自愿活动"。国际人权文件中，参政权的内容主要是"公共事务"，联合国人权事务委员会 1996 年第 25 号一般性意见认为"公共事务"是一个广泛的概念，涉及行使政治权力，特别是行使立法、行政和管理权力，它包括公共行政的各个方面和国际、国家、区域和地方各级政策的拟定和执行。可见，参政权内容丰富，其中，参与决策是其核心。

现代民主社会是一个"普遍参与"的社会，只有在"普遍参与"的过程中，现代化的行为方式、思维理念才容易慢慢培养，公民通过"普遍参与"能够有组织、有渠道地表达自己的意愿和诉求，能够对国家和社会事务施加影响。[1] 从世界范围来看，全球妇女运动将参与政治与管理看作是一项重要的基本人权，作为贯穿百年国际妇女运动的重要主题之一，也是考察男女两性权利、机会是否平等的一个重要方面。1979 年联合国《消除对妇女一切形

---

[1]　参见张勤：《中国公民社会组织发展研究》，人民出版社 2008 年版，第 111 页。

式的歧视公约》，首先强调的是消除在国家政治和公共事务管理中对妇女的歧视，明确指出妇女的政治权利是其基本人权，它不仅包括妇女获得平等的选举权和被选举权，有参与立法决策和担任政府一切公职的权利，参与公共事务和公民社会组织的权利，还有参与国际事务管理和出任国际组织公职的权利。之后，联合国又制定了《公民权利和政治权利国际公约》，通过了《维也纳宣言和行动纲领》，对妇女平等的政治权利和公民权利给予了更加全面的保障。联合国召开的 4 次世界妇女大会都将促进妇女参政列入历次妇女大会的决议中。特别是联合国第四次世界妇女大会通过的《行动纲领》，在"妇女参与权力和决策"的战略目标中，强调"赋予妇女权力和能力以及她们在平等基础上充分参加社会所有领域，包括参加决策进程和掌握权力的机会，是实现平等、发展与和平的基础"，再次重申了各级妇女参政，特别在立法机关中至少要达到 30% 的这一目标，并为此提出三项战略措施。现在，妇女已经登上了国际、地区、国家、基层各个领域的政治舞台。

我国《宪法》里并无"参政权"一词，在宪法教科书中，提到"政治权利和自由"，是指宪法和法律规定公民有参政议政和参加国家政治生活的民主权利或者指公民依据宪法和法律的规定，参与国家政治生活的可能性。[1] 因此，我们认为政治权利和参政权在一般的使用上是同义的，都是指公民参加国家政治生活的民主权利。也有学者明确提出，参政权是指公民依照法律、通过各种途径和形式管理国家事务、管理经济和文化事业、管理社会事务的权利。具体包括六项权利：知情权、创制权、选举权、监督权、请愿权、表决权。[2]

（二）妇女参政

妇女参政的内涵在理论界并没有形成一个统一的观点，学者们见仁见智。一种观点认为，妇女参政就是妇女在经济、政治、文化和社会生活的管理活动中的一种参与和发展的状态，是包括妇女参政意识、妇女参政制度、妇女参政组织和妇女参政行为的一种复合存在形式，是这四个部分组成的有机整体。[3] 也有观点认为，妇女参政是广义的，包括知政、议政、参政和执政。[4]

---

〔1〕 蒋碧昆：《宪法学》，中国政法大学出版社 1994 年版，第 209 页；教育部高等教育司组编：《宪法学》，法律出版社 1999 年版，第 158 页。
〔2〕 谢鹏程：《公民的基本权利》，中国社会科学出版社 1999 年版，第 25 页。
〔3〕 王瑞芹：《妇女参政行为与政治行为文明》，《妇女研究论丛》2005 年第 4 期，第 5 页。
〔4〕 郭砾：《建立中国妇女参政指标体系的构想》，《学术交流》2001 年第 6 期，第 122 页。

政治参与是法律赋予妇女的政治权利之一，宪法作为保障公民权利和自由的宣言书，明确规定妇女在政治、经济、文化、社会和家庭生活等各方面享有同男子平等的权利。因此，现代意义上的妇女参政是一个多因素、多层次的概念，包括平等权、参与国家事务管理权、选举权与被选举权等。妇女在政治上的发展则体现在妇女的政治参与在数量比例、层次范围的发展上，包括各级女干部队伍的扩大，在重要部门、关键岗位担任主要领导职务的女性人数的增加，以及妇联和工会等女性非政府组织参与决策和管理的影响力的增加等。

笔者认为，妇女参政的实质在于：

第一，妇女参政是指并非某一个妇女或某几个妇女，而是全社会妇女作为一个群体，包括妇女精英，也包括普通妇女，对国家和社会事务的参与，她们有着较强的社会责任感，内含着参政意识，外含着参政能力，抱着对社会政治生活的普遍兴趣和积极主动的参与态度，并为之努力，用实际行动否定男尊女卑的封建思想，与男性一样承担责任和义务，即为妇女参政。个别或极为少数的妇女参政并不是真正意义上的妇女参政。

第二，妇女参政意味着妇女行使自己的民主权利，实现自身利益。妇女为了满足自己对社会资源的追求，就必须与政治体系发生联系，如按照自己的意愿选举自己信任的人民代表，或者在所在的组织和其他各种社会团体中选举自己信任的领导人，代表人民的意愿管理组织的事务，使党和政府在决策时能充分考虑妇女的意见与要求，把性别意识贯穿其中，从而制定出符合广大人民群众包括妇女利益需求的方针与政策。不仅使自己的智力和体力得到全面而充分的发挥，而且通过行使自己的政治权利获取政治利益。

第三，妇女参政意味着民主政治环境的形成。民主的本质在于公民对国家权力的制约和对政治生活的参与，让全体人民享有当家作主的权利。如果妇女缺乏必要的参政意识和参政能力，也就意味着占全国人口半数的群众的民主积极性没有调动起来。妇女参政意味着妇女进入国家及社会事务的各个管理阶层，进行决策与公共管理，直接或间接地影响国家和社会公共事务。如妇女进入立法机关参与法律的审议和制定，在各级政府担任领导职务，反映妇女群体的意愿和利益，全面发挥妇女在社会和经济发展中的作用，制约政府的政治管理活动，使妇女的利益在政治领域中得到体现，也促进民主的制度化建设。这是妇女参政的最高层面，也是衡量一个国家妇女参政水平的重要标准之一。

二、参政权的法律化

在 19 世纪废奴运动的催生下，自由女性主义者很快意识到，政治权利是一切权利的基础，争取投票权很快成为女性主义的奋斗目标。[1] 从 1866 年英国妇女第一次提出"妇女选举权"，1869 年美国妇女提出"妇女参政"的口号到现在，妇女在政治领域已形成一支独立的、活跃的力量，其政治影响力日益增加，并为世界各国所普遍关注。国际社会也日趋形成一个共识：妇女参政的水平，不仅集中标志着一个国家妇女所处的地位，并且体现着该国乃至整个人类的文明程度。

新中国成立后，我国法律特别重视对妇女政治权利的保护，《宪法》中"公民的基本权利与义务"一章将公民的政治权利表述为三大类权利：一是选举权与被选举权（第 34 条）；二是政治表达的自由，包括言论、出版、集会、结社、游行和示威的自由（第 35 条）；三是各种政治参与的权利，如监督权和各种形式的管理权（第 41 条）。《宪法》还规定妇女在政治的、经济的、文化的和家庭的生活等方面享有同男子平等的权利，国家保护妇女的权利和利益，实行男女同工同酬，培养和选拔妇女干部（第 48 条）。

《妇女权益保障法》则对妇女政治权利的保障进行了专章的规定，将妇女的政治权利细化为妇女对国家事务、社会事务的管理权，选举权与被选举权，议政权等，国家负有保障妇女平等享有政治权利的责任，其主要内容包括：

一是宣言性地规定了国家保障妇女平等地享有政治权利，即"妇女有权通过各种途径和形式，管理国家事务，管理经济和文化事业，管理社会事务"。

二是对妇女参政权的实现作特别规定，明确"妇女享有与男子平等的选举权和被选举权。全国人民代表大会和地方各级人民代表大会的代表中，应当有适当数量的妇女代表。国家采取措施，逐步提高全国人民代表大会和地方各级人民代表大会的妇女代表的比例。居民委员会、村民委员会成员中，妇女应当有适当的名额"（第 11 条）。国家积极培养和选拔女干部，"国家机关、社会团体、企业事业单位培养、选拔和任用干部，必须坚持男女平等的原则，并有适当数量的妇女担任领导成员。

---

[1]　参见王新宇：《性别平等与社会公正——一种能力方法的诠释与解读》，中国政法大学出版社 2014 年版，第 14 页。

国家重视培养和选拔少数民族女干部等"（第 12 条）。

三是强调妇联组织在妇女参政中的作用。"中华全国妇女联合会和地方各级妇女联合会代表妇女积极参与国家和社会事务的民主决策、民主管理和民主监督。"（第 13 条）

四是规定侵犯妇女政治权利的法律责任。"对于有关保障妇女权益的批评或者合理建议，有关部门应当听取和采纳；对于有关侵害妇女权益的申诉、控告和检举，有关部门必须查清事实，负责处理，任何组织或者个人不得压制或者打击报复。"（第 14 条）

此外，在《全国人民代表大会和地方各级人民代表大会选举法》《民族区域自治法》《村民委员会组织法》中也有保障妇女政治权利的特别规定，从法律条文和制度规定上看，我国法律在推进女性享有与男性平等政治权利方面持有鲜明的肯定态度和重视，国内法对公民政治权利的范围界定与国际法的规定基本上是一致的，妇女在法律上真正获得了与男子平等的参政权利，体现了我国妇女政治地位的提高。但是，在立法中，我们也看到我国关于女性参政权的法律规定多采用"适当数量"、"适当名额"和"逐步提高"等非常笼统的法律用语，法律规定过于原则，缺乏具有操作性的具体规则，使得法律规定的强制力受到了削弱，这也是文本上的女性参政法律权利迟迟不能转化成事实上的权利的原因之一，大大地影响了我国妇女参政的实际效果。

三、妇女参政对于妇女发展的意义

西方有句名言："推动摇篮的手是推动世界的手。"妇女作为整个社会人力资源的重要组成部分，也是实现人类社会可持续发展、协调运转的主体力量。现代社会，妇女集经济社会的建设者和家庭的建设者于一身，不仅像男子一样参加劳动就业、创造经济价值，还承担着繁重的家务劳动以及人类自身再生产两大重任，创造了巨大社会价值。在政府的工作中，一直强调妇女的主体性，"妇女参与决策和管理"在妇女发展纲要中被列为女性优先发展的六个领域之一，妇女拥有了参与政治与管理国家事务的权利和机会，可以凭借自己的努力进行竞争，才能进一步实现法律、政策上的权利。

三十多年来，中国妇女参政是一个逐步向前推进的历史过程，呈现出阶段性特征，鲜明地印有时代的烙印。在传统社会，参政权的享有往往跟金钱、财富或者种族、性别有关，但在现代社会，随着政治现代化程度的提高，从争取平等的选举权到参与关乎发展的决策和管理，参政权已成为政治平等权的要求，任何决策都应当充分权衡各方面的意见，妇女作为"民众"的一半，只有和男性平等地参与到这个政治过程，政治平等权才能够真正的实现，从而实现决策的民主化和科学化，保证政策符合广大人民群众利益，妇女参政不再仅仅是妇女问题，而是关乎发展和人类进步的社会问题。

妇女参政也是妇女自由发展的体现。妇女参政会不由自主地将女性本身特有的优势带入政治活动中，女性随和、温柔、忍耐、富有同情心等社会性别特质使她们在工作中更善于交流沟通。可以说，妇女参政不仅可以改变男尊女卑的性别格局，更可以发挥妇女的管理才能，促使管理模式进行相应的调整和发展。西欧一位女性从政者指出，女人使政治世界人性化了。只有妇女在政治领域获得了应有的足够自由，才能够进一步推动人类现代文明和社会进步，妇女的发展才可以获得足够的自由。也正因为如此，妇女参政成为妇女发展的核心领域，也是联合国世界妇女大会《行动纲领》的重要战略目标，还是我国妇女发展纲要的重要目标之一。

第二节 政治参与领域性别平等状况

一、政治参与领域妇女发展指标框架

政治参与领域性别平等是两性平等参与社会管理、分享各种社会经济资源和机会的重要因素，也是衡量妇女社会地位的重要指标。我国的三个妇女发展纲要中都对妇女参政作出了相关规定：《中国妇女发展纲要（1995—2000年）》对妇女发展制定了各项目标，其中第一项具体目标是"提高妇女参与国家和社会事务决策及管理的程度"，并且从提高领导班子中的女性比例来达到女性全面参与国家社会事务的目的，这充分显现了党和政府对妇女参政在妇女发展中地位的认识。在其后制定的《中国妇女发展纲要（2001—2010年）》中，加大了对妇女参政的重视程度，将"妇女参与决策和管理"在六个优先发展的领域中排名第二，较前一纲要规定了更为具体、详细的措施。除有国家宏观政策外，新增"法律和部门政策"和"社会宣传和培训"两部分内容，把提高全社会的性别意识也纳入其中。《中国妇女发展纲要（2011—2020年）》对妇女参政规定了刚性指标，并具体明确了比例和名额，是一个历史性的突破。如在未来10年，县级以上地方政府领导班子中要有1名以上女干部，并逐步增加。村委会成员中女性比例达到30%以上；村委会主任中女性比例达

到 10% 以上；居委会成员中女性比例保持在 50% 左右，显示了我国在提升妇女参政方面的决心和力度。

政治参与领域性别平等与妇女发展状况的测量和评估包括两个方面，即权力参与和民主参与，权力参与是参与政治和决策的最高形式，民主参与是参与政治和决策的前提和基础。把"政治参与"从四个维度进行领域划分，包括"参与党和政府""参与立法机构""参与政治协商""参与基层管理"。这四个领域的指标按层级顺序构成，各项指标相结合所构成的指标体系，可以总体描述妇女参与政治和决策的状况。

二、政治参与领域妇女发展状况分析

以珠海市为例，《珠海市妇女发展规划（2001—2010 年）》确定了 21 世纪头十年妇女事业发展的六个优先发展领域，"妇女参与决策和管理"是其中之一。《珠海市妇女发展规划（2011—2020 年）》再次强调了这一优先发展领域，并明确规定了妇女参与决策和管理的主要目标是：提高妇女参与国家和社会事务的管理及决策水平；提高妇女参与行政管理的比例；女干部占干部队伍总数的比例逐步提高；女性较集中的部门、行业管理层中的女性比例与女职工比例相适应；村民委员会、居民委员会成员中女性要占一定比例；扩大妇女民主参与的渠道，提高妇女民主参与的水平。

（一）妇女参与党政部门管理

珠海市各级领导班子的女性配备率不断提高，妇女进入领导层、决策层人数比例增加，任职层次和范围有了新拓展。2011—2014 年市级党委、人大、政府、政协领导班子中配有女干部的班子比例均为 100%；3 个行政区 4 套班子女干部配备率每年也基本稳定在 100%[1]，市、区党委和乡镇党政领导班子配有女干部的班子比例为 100%，全面达到并超过规划提出的各项目标。

有学者认为，我国妇女参政存在着"三多三少"的问题，即副职多、正职少，虚职多、实职少，群团部门多、主战线少[2]。实践中确实如此，参政妇女与权力的结合也是边缘权力远远大于核心权力，妇女在各级领导岗位所

---

〔1〕 2014 年底进行专项统计时，正值珠海市金湾区人大班子中 1 名女干部退休而新接任的干部尚未选出，因此 2014 年区级人大班子女干部配备率为 66.67%。

〔2〕 刘伯红：《国际妇女参政的实践及其对中国妇女参政的影响》，《国家行政学院学报》2015 年第 2 期，第 52 页。

任职位中正职少，副职居多，随着职务的升高，妇女的比例递减。女性担任正职是改变妇女参政结构、提高妇女参政质量、表现妇女参与政治和决策的实质性及影响力的重要标志。但从表5-1可以看出，历届珠海市司法机关包括市中级人民法院和市人民检察院的院长或检察长都没有女性担任过。妇女在各级政治机构中所占的比例也是越往上越是逐级降低，截至2015年底，全市女性公务员3503人，占比24.6%，行政机关正科长女性261人，占比18.6%，副科长400人，占比19.5%，参公事业单位正科长女性44人，占比27.3%，副科长91人，占比32.9%，这种不合理的结构和分工显然不利于女性参与关键领域的重大决策，女性施展政治抱负的空间受到限制，也会大大降低女性参政的动力和热情。

表5-1 珠海市历届人民政府市长和副市长、中级人民法院院长、人民检察院检察长性别比

届别（年度）	市长		副市长		中级法院院长		检察院检察长	
	男	女	男	女	男	女	男	女
一届（1980—1984）	1	—	5	—	1	—	1	—
二届（1984—1989）	1	—	5	—	1	—	1	—
三届（1989—1994）	1	—	6	1	1	—	1	—
四届（1994—1999）	2	—	7	—	2	—	2	—
五届（1999—2004）	3	—	5	—	1	—	1	—
六届（2004—2006）	1	—	5	1	1	—	1	—
七届（2006—2011）	1	—	—	1	1	—	1	—
八届（2011—2016）	1	—	—	1	1	—	1	—

自2009年来，珠海市政府在依法行政过程中，建立各种决策咨询委员会，让一些有专业能力和较强综合素质的妇女成为咨询委员会的成员，如促进就业咨询委员会、医疗卫生咨询委员会、小区管理咨询委员会、行政问责咨询委员会等，其中委员的构成都包含了一些女性。女性委员借助这些平台，与其他专家和政府官员一起交流、参与决策建议，也能够有效确保妇女对决策制定的影响，大大促进了政府对妇女问题的响应，扩大妇女参与的主要渠道。妇女多元的参与渠道与方式将有效地影响社会管理政策的制定和执行，并确保社会管理决策民主化的真正实现。

（二）妇女参与人大机构与政治协商

一般而言，各国议会是立法、决策和分配资源的重要机构，女性在议会

中的代表性成为妇女参政的重要指标。联合国成立以来，特别是第四次世界妇女大会重申妇女参政的指标后，妇女在议会中的代表性稳步增加。在全球妇女地位最高的北欧国家，妇女在议会中所占比例的平均值始终名列前茅，2015 年达 41.5%。而 1995 年，只有 4 个北欧国家议会中妇女超过 30% 的比例，到 2015 年 3 月，已有 42 个家的议会妇女比例达到了 30% 以上。[1]

在我国，人民代表大会制度是保证人民当家作主的根本政治制度，人民代表大会中女性代表的数量和比例，对于表达女性诉求，维护妇女权益具有重要作用。党的十八大报告强调要把政治协商纳入决策程序，增强民主协商的实效性。妇女参与政治协商，是妇女行使民主权利，协商涉及妇女切身利益问题，促进妇女发展和性别平等的重要途径。

珠海经济和社会的持续发展为女性参政议政提供了良好的社会环境，其不断推出有利于妇女平等参与政府决策和事务管理的政策法规，妇女参与意识增强，参政比例保持稳定。2015 年，市人大女代表占代表总数的 28.13%，市人大女性常委委员占 32.43%；市政协女委员占比 22.9%，市政协女性常委委员比例为 20%。2015 年，区人大代表中女性比例为 27.52%，区人大常委委员中女性比例为 20%；区政协委员占比 21%，区政协常委委员女性占18%。笔者选取第五届到第八届市人大女性代表占比数据进行分析，市人大代表中女性比例从 2000 年的 25.1%，连续两届上升，到 2010 年达到 30.7%，但是，2015 年市人大女性代表的比例有所回落，占代表总数的 28.13%。虽然这个比例高于全国比例，但按照市妇女发展规划要求是"市、县（市、区）人大代表、政协委员以及人大、政协常委中的女性比例逐步提高"，可见，市人大女代表比例和市政协女委员的比例均保持稳定并逐步提高才能实现规划终期目标。

从图 5-1 可以看出，在市人大常委会的组成结构中，人大常委会主任历来只由男性担任，副主任在近几届中有 1—2 个由女性担任。秘书长一职历来也只由男性担任，委员一职则男女兼有。而且，从近几届的情况来看，委员所占的人数逐年提高，到第七届和第八届，女性委员占比 29%，第八届人大常委会委员共 26 名，其中女性有 11 名，说明女性比例稳中又有小步的提升。

---

〔1〕 刘伯红：《国际妇女参政的实践及其对中国妇女的影响》，《国家行政学院学报》2015 年第 2 期，第 49—50 页。

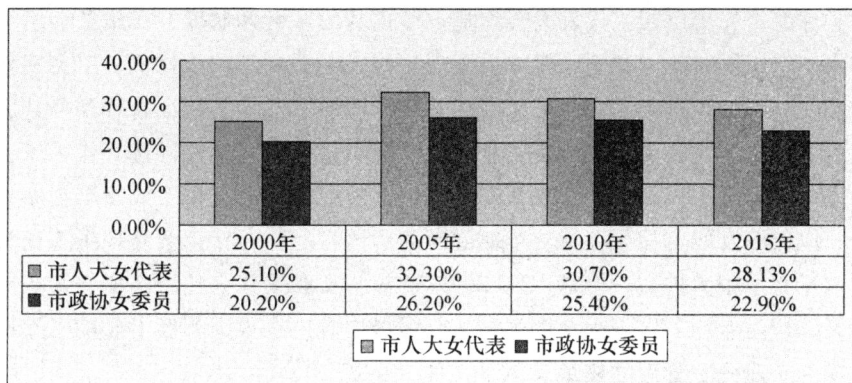

	2000年	2005年	2010年	2015年
市人大女代表	25.10%	32.30%	30.70%	28.13%
市政协女委员	20.20%	26.20%	25.40%	22.90%

图 5-1　珠海市妇女参政议政情况

此外，在人大的专业性机构中，男女比例则比较容易倾向于平衡，如第七届、第八届人大常委会的专业委员会中，法制委员会、财经委员会和内务司法委员会基本保持男女各半的比例。实践中，在党政主干线和重要的综合部门，大多数中高层女性领导者负责教育、卫生、环境、保护妇女/儿童/残疾人的权利等社会性工作，多数集中在教科文卫等政府部门和群众团体，这种参政结构难以发挥出举足轻重的作用。

表 5-2　珠海市历届人大常委会组成人员[1]

人大常委会组成人员	主任		副主任		秘书长		委员		女性所占的比例
	男	女	男	女	男	女	男	女	
一届	1	—	3	—	1	—	16	2	9%
二届	1	—	6	—	1	—	15	3	12%
三届	1	—	8	—	1	—	16	2	7%
四届	2	—	13	1	1	—	17	2	9%
五届	1	—	8	—	1	—	17	3	10%
六届	3	—	5	2	1	—	15	4	20%
七届	1	—	6	1	1	—	14	8	29%
八届	1	—	4	2	1	—	26	11	29%

（三）妇女参与基层管理

妇女参与民主基层管理体现了妇女对基层政治权力的分配和享有，是衡量基层政治文明的重要尺度，也极大地推进了我国民主政治建设的进程。

---

〔1〕　由于涉及任期换届，因而统计的数据中是指任期内担任过人大常委会该职位的人员数。

　　珠海市完善以职工代表大会为基本形式的民主管理制度，实施工会组织与女工组织同时建立原则，保障企业职工代表大会女性代表比例、工会女代表和女委员的比例均与女职工比例相适应，增加妇女参与社会管理和公共服务的机会。工会委员筹建或换届改选时，至少安排1名女性候选人作为工会女职工委员会主任人选。女职工委员会主任由同级工会女主席或女副主席担任，以保障女职工参与决策、管理方面的话语权。珠海市工会女职工工作整体水平有了很大提高，但是，2011—2014年，女职工代表比重不增长甚至负增长，近两年职工代表中女性比重又有缓慢提升，在很大程度上影响了女职工参与企业民主管理的质量。

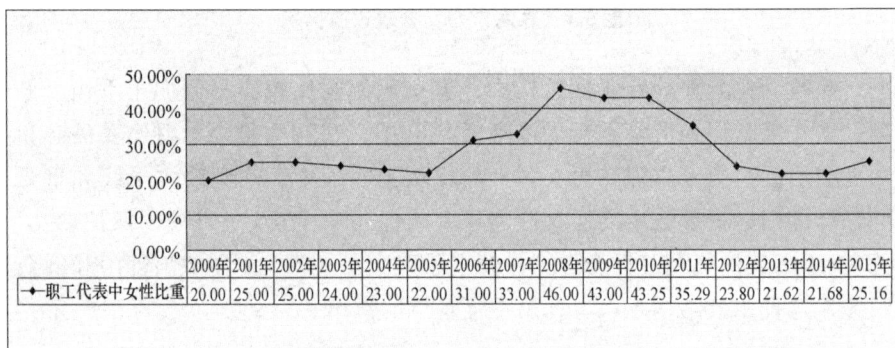

	2000年	2001年	2002年	2003年	2004年	2005年	2006年	2007年	2008年	2009年	2010年	2011年	2012年	2013年	2014年	2015年
职工代表中女性比重	20.00	25.00	25.00	24.00	23.00	22.00	31.00	33.00	46.00	43.00	43.25	35.29	23.80	21.62	21.68	25.16

图 5-2　职工代表中女性比重

（四）农村妇女参与民主自治

　　村居委会是城乡居民自我管理、自我服务的基层群众性自治组织，村居委会成员中的女性比例，是反映妇女参与基层民主管理的重要指标。2008年，全国妇联和民政部联合下发了《关于充分发挥妇联组织在基层群众自治制度建设中积极作用的若干意见》与《关于进一步加强新形势下妇女参加村民委员会工作的意见》，在扩大基层妇女民主参与、提高农村妇女进"两委"以及当选村民代表的比例等方面，作出了更加具体的规定。2009年，中共中央办公厅、国务院办公厅印发了《关于加强和改进村民委员会选举工作的通知》，要求"把更多女性村民特别是村妇代会主任提名为村民委员会成员候选人"。2010年10月28日，十一届全国人大常委会表决通过修订后的《村民委员会组织法》，其中规定"村民委员会成员中应当有妇女成员""妇女村民代表应当占村民代表会议组成人员的三分之一以上""村民委员会应当促进男女平等"，这三点从源头推动农村妇女进村"两委"，是促进农村妇女参政的一个进步。但是，从法律的规定来看，除了对村民代表会议中妇女村民代表规定了明确配额外，基本上没有其他具体的政策措施确保循序渐进地提高妇女代表比例。这也说明我国立法目前还只是体现了消极的不歧视义务，原则上的表述在执行上仍然存在困难，男女实质上的不平等仍然存在。

2014 年底，珠海市 122 个村、189 个社区完成了第五届社区居委会和第六届村委会换届选举工作，共选出新一届居民委员会成员 1238 人，其中女性 595 人，占 48.06%，比 2010 年增长 2.11%，从近几年逐步增长的趋势来看，预期可以达到 2020 年市妇女发展规划终期目标；村民委员会成员 504 人，其中女性 126 人，占 25%；村委会主任 122 人，其中女性 5 人，占 4.1%。而市妇女发展规划要求是"村委会成员中应当至少有一名妇女，村委会成员女性比例达到 30% 以上""村委会主任中女性比例达到 10% 以上"，距离规划目标实现还有一定难度，是未来几年需要重点推进的目标。特别是在 2014 年换届选举中，根据工作要求，为提高"一肩挑"比例，要求村党支部书记与村委会主任由同一人担任，农村女性党员数量相对少于男性党员数量，因此也加大了由女性担任村委会主任的难度。

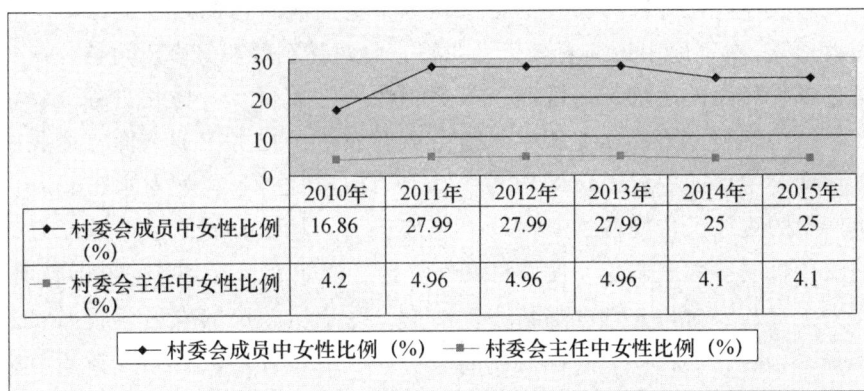

	2010年	2011年	2012年	2013年	2014年	2015年
村委会成员中女性比例（%）	16.86	27.99	27.99	27.99	25	25
村委会主任中女性比例（%）	4.2	4.96	4.96	4.96	4.1	4.1

图 5-3 村委会成员及村委会主任中女性比例

三、小结

通过对珠海市党政部门、立法机构、政治协商和基层管理四个领域性别平等与妇女发展状况的分析及综合评估，珠海女性参与政治和决策表现出如下几个特征：

第一，珠海妇女参政议政的趋势是向上且不断发展的，妇女参政权不论是在立法保护还是在权利实现层面都有很大的进步，从 2015 年《珠海市妇女发展规划》主要监测指标达标情况来看，关于妇女参与决策与管理项下有 20 个指标，其中 13 项达标，达标率 65%，妇女参政在数量、质量和水平方面得到了不断提高，女性的政治权利逐步得到实现。

第二，在政治和决策领域的不同层面，女性参与程度不一样。在较高的决策层，女性参与率较低；在较低决策层，女性参与率较高。分领域来看，在参与党和政府管理方面，公务员中的女性比例逐年提高，在参与立法机构方面，市人大代表中女性比例虽然较全国要高，但是，近几年数据回落说明妇女在参政领域的形势仍不容乐观。在参政质量方面，从领域来看，基层管理女性比例在 2011—2014 年，女职工代表比重不增长甚至负增长，党政管理女性比例较低，有待提高。

第三，妇女参政部分指标不稳，乡镇党政领导班子配有女干部的班子比例连续两年下降，地市、县级党委和政府领导班子正职干部中女性比例未达到规划要求，农村妇女在参与决策与管理中仍然背负着巨大的性别歧视与压力，农村女性参政比例有待提高。

第四，农村妇女参政形势仍不容乐观。"男主外，女主内"等传统性别观念已经内化为农村女性的自我认知，她们将自己的角色定位于"相夫教子"，在家庭中扮演着妻子、儿媳、妈妈甚至婆婆等多重角色，这些角色都将妇女的活动区域限制于家庭当中。随着城乡一体化进程，农村产业结构调整，男性和青壮年劳动力离开农村外出务工或经商，形成了以妇女为主体的农村人口结构和劳动力结构模式，农村妇女承担着农业生产中的重任。传统的性别观念、宗族势力、妇女自身素质、缺乏有效的支持机制等因素影响，使农村女性对自己的能力和智力产生自卑心理，丧失了参与农村村务管理的信心，加上一些素质较高的农村年轻妇女外出务工，限制了村委会女性成员的配备和发展，说明农村妇女在参与决策与管理中仍然背负着巨大的性别歧视与压力。如果离开了农村妇女的社会管理与政治参与，女性村民的利益更难以得到保障。因此，农村妇女进村委任主任，参与基层政治权力的分配和享有，才能极大地推进我国民主政治建设的进程。

第五，女性参与政治和决策不仅与女性的综合素质有关，也与社会环境相关，特别是与培养选拔干部的政策、制度以及由此形成的机制有关。随着经济和文化发展水平的提高，珠海市积极制定女干部发展政策和制度，在妇女教育培训、女干部选拔和培养方面也投入了大量的人力和物力，这些举措在某种程度上支持、促进了女性参与政治和决策。

第三节 提升女性政治参与：
以高校女性参与公共事务为例[1]

高校女性作为中国职业女性中脑力劳动的重要代表，是高校教师队伍中一只不可忽视的生力军，近年来其数量呈逐年递增趋势，几乎占据了学术职业的"半壁江山"，在教书育人、科学研究和服务社会方面发挥着越来越重要的作用。以珠海市为例，截至 2015 年 6 月，珠海市共有高校 10 所，全日制在校本专科生 13.1 万人，研究生 800 多人（其中博士生近 200 人），留学生 2584 人，在校生规模仅次于广州市，位列全省第二。专任教师 5924 人，女性占 41.2%，其中副教授以上高级职称 2034 人。从高校女性在市、区人大代表中人数来统计，截至 2015 年底，珠海市、区两级人大代表中高校女性有 3 人，其中 1 人为市人大代表，2 人为区人大代表，市、区两级政协委员中高校女性有 4 人，市、区各为 2 人。

基于研究的需要，本书所界定的女性参政或参与公共事务管理，主要指女性参与高校公共事务的管理，不仅包括女性直接担任学校、院系和行政各部门各级各类领导职务，直接管理学校各类公共事务，还包括女性行使民主权利，如选举权和被选举权，以及对学校各级领导进行民主监督等。参与公共事务管理是公民的政治权利之一，也是公民社会公民参与的重要内容之一，是否参与所在单位的民主管理，是考察公民参与公共事务管理状况的常用指标。

一、研究区域概况与调查样本基本特征

（一）研究区域概况

本书以暨南大学珠海校区、北京师范大学珠海校区、北京理工大学珠海学院、吉林大学珠海学院、珠海市城市职业学院五所大学高校教师作为调查对象，调查采用了匿名问卷和个案访谈相结合的方式，对高校女性参与学校事务管理的情况进行分析与研究，并就可能的新发现进行初步讨论，进一步强调高校女性参与公共事务管理的重要性和意义，并就如何提高女性参与能力及如何促进女性参与公共事务的管理进行了研究分析。

---

[1] 本节的调研获得"广东省高校女性发展研究专项课题"经费支持。

（二）问卷调查设计

1. 问卷调查目的

以珠海市高校的女性为调查对象，分析现阶段女性参与高校公共事务管理的现状特点，了解其参与意识、参与环境以及参与中的角色冲突和原因等，进而增强本书对策建议的针对性。

2. 调查范围与样本选择

本次调查的范围选择珠海市 5 所高校，选择两份样本：第一份以高校的人员，包括男性为抽取调查对象；第二份以高校女性为调查对象，包括教学科研岗位的教师、学院行政部门人员。

3. 问卷调查时间进程及回收情况

本次调查由暨南大学人文学院妇女发展研究中心组织，采取了问卷调查和个案访谈的方法，在珠海市妇女发展研究会及各高校工会的大力配合下，顺利完成。问卷调查于 2016 年 2 月到 3 月，课题组发放了调查问卷 150 份，回收126 份，回收率 84%，有效问卷 126 份，有效率 84%。调查问卷共设计了四个方面的问题，主要了解女性本人对参与的意愿，被调查者对高校女性参与现状的评价，妨碍女性参与的因素，以及促进妇女参与的措施问题的看法等。

（三）样本结构特征

有效问卷中，女性 93 人，约占 74%；男性 33 人，约占 26%；年龄在20—30 岁的占 14%，31—40 岁的占 52%，41—50 岁的占 27%，50 岁以上大约占 4%；党员 42%，民主党派 37%（其中一个为党派副主席），群众21%；从婚姻、生育情况看，已婚的占 64%，已生育的占 47%；从文化程度看，研究生学历以上的占 73%，本科为 24%；从职称来看，正高教师职称为 21%，副高教师职称为 43%，讲师职称及其他占 36%；从职务来看，调研的对象中，副处以上领导岗位的 8 人，其中正职院领导 1 人，科级岗位的 11 人，珠海市人大代表 1 人，市政协委员 2 人，区人大代表 1 人，区政协委员 1 人。

二、高校女性参与高校公共事务管理的现状与分析

（一）参政意识

参政意识是女性在政治生活与政治活动中的心理反映，参政意识的有无及强弱是制约妇女参政程度深化与否的重要因素，也是实现女性参政的前提和基础。

调查中，我们发现高校男女两性的参政意识存在一定的差别，在问及是否

愿意被选举为人大代表或政协委员以及是否愿意被选拔担任某部门的领导工作时，男性表示愿意的比例（分别为94%、73%）明显高于女性（分别为69%、25%）；是否愿意对学校提出有关行政管理的建议，表示不愿意的女性（占比54%）却明显高于男性（占比31%），说明男性的参政意识远高于女性。

在问及女性的理想职业是专业技术而非参政，男性和女性持赞成的人数均远远高于不赞成的人数，说明男女均认可女性更适合从事专业技术而非参政。在访谈中了解到，有的高校女性愿意被选为人大代表或政协委员，却不愿意被选拔担任部门领导，主要是考虑到人大代表或政协委会是兼职，占用时间相对不多，而且责任不大，而担任部门领导则可能需要科研与行政双肩挑，时间、精力上难以应付。

在问卷设计中，在女性愿意被选拔担任某部门的领导工作的理由中，主要包括实现自我价值、维护女性利益、对社会作贡献，也包括提高待遇。在女性愿意对学校提出行政管理建议的理由中，排在首位的是为了维护自己的利益，其次才是希望管理更加公平或人性化或者希望引起领导的重视，可见参与利益是参与者参与集体行动或公共事务的动力。

而对于女性不愿意被选拔担任某部门领导工作的理由中，主要是缺乏工作经验、怕承担工作压力或者影响家庭，也有的对提拔没有信心。在不愿意对学校提出有关行政管理建议的理由中，有16%的人认为提了也没有用，而有39%的人认为没有更好的提出建议的渠道。可见，没有通畅的参与渠道，以及参与期望与参与现实之间的矛盾性是阻碍参与的重要原因。

此外，工作压力以及工作与家庭平衡关系会阻碍女性参与到公共事务中来。对于工作中的压力来源，有43%的女性认为感受到工作中的主要压力来源于工作与家庭的平衡，而只有22%的男性有同感。在问及是否愿教学科研与行政管理双肩挑时，有47%的男性表示愿意，而只有23%的女性表示愿意，而更倾向教学科研的女性占到57%。

表 5-3　男性与女性的参政意识

	男　　性			女　　性			总数
	赞成	不赞成	一般	赞成	不赞成	一般	
女性应尽量避免在社会地位上超过她的丈夫	17	9	7	27	46	20	126
男人应以社会为主，女性应以家庭为主	15	12	6	41	30	20	124
女性理想的职业是专业技术而非参政	22	4	7	64	17	12	126
女性做领导男同事不服气，领导工作难做	21	4	8	49	28	7	117

表5-4 是否愿意被选举为人大代表或政协委员

是否愿意被选举为人大代表或政协委员	愿意	不愿意	无所谓
男性	94%	6%	—
女性	69%	21%	10%

表5-5 是否愿意被选拔担任某部门的领导工作

是否愿意被选拔担任某部门的领导工作	愿意	不愿意	无所谓
男性	73%	19%	8%
女性	25%	61%	14%

表5-6 是否愿意给学校提出有关行政管理的建议

是否愿意向学校提出行政管理的建议	愿意	不愿意	无所谓
男性	62%	31%	7%
女性	21%	54%	25%

表5-7 女性愿意被选拔担任某部门领导工作的理由

女性愿意被选拔担任某部门领导工作的理由	自我价值的实现	维护女性的利益	提高待遇	对社会作贡献	其他
	16%	18%	34%	22%	10%

表5-8 愿意对学校提出有关行政管理建议的理由

愿意对学校提出有关行政管理建议的理由	希望引起领导的重视	维护自己的权益	希望管理更公平或人性化	其他
	27%	35%	34%	4%

表5-9 女性不愿意被选拔担任某部门领导工作的理由

女性不愿意被选拔担任某部门领导工作的理由	缺乏工作经验	怕承担工作压力	影响家庭	不可能被选拔	其他
	25%	27%	34%	22%	12%

表5-10 不愿意对学校提出有关行政管理建议的理由

不愿意对学校提出行政管理建议的理由	提了也没有用	跟自己关系不大	没有很好的建议渠道	其他
	16%	26%	39%	19%

表5-11 对教学科研与行政管理是否愿意双肩挑

对教学科研与行政管理是否愿意双肩挑	愿意	更倾向于教学与科研工作	更倾向于行政管理
男性	47%	26%	27%
女性	23%	57%	20%

表5-12 工作中感到的主要压力来源

工作中感到的主要压力来源	家庭与工作平衡	学术与科研	教学	人际关系	其他
男性	22%	41%	16%	6%	15%
女性	43%	46%	5%	2%	4%

表5-13 在工作中是否遭受性别歧视

在工作中是否遭受性别歧视	经常有	没有	偶尔有
男性	12%	67%	21%
女性	29%	40%	31%

参政意识的有无和强弱会影响到女性参政的信心和质量，高校女性拥有一定的知识、技能，她们在家庭和社会中有机会体验自己的独立性，获得参与经济活动的自由，以自己的劳动获得报酬，实现自身价值。只有当女性从思想观念上真正认识到了女性参与的作用，并给女性切实带来益处，同时满足女性的性别需求，她们才会产生发自女性内心的参与动力。"要我从政"和"我要从政"是两种截然不同的参政意识，对于女性参政意识逊于男性的原因，主要在于：

其一，传统文化的性别歧视和偏见。调查中显示，女性在工作中感觉有遭受性别歧视的比例（29%）高于男性（12%）。可见，长期以来传统文化中"男强女弱""男主女从"的观念，潜移默化地植入人们的头脑，直接造成男性具有绝对的权威，掌握着国家和社会的管理权，政治是男人的事，这种依赖感使女性在不同程度上产生了心理弱势。而传统女性含蓄、隐忍，虽然女性已向现代职业女性转型，但女性对自己的能力估计不够，在竞争和机遇面前，低估自身的参政能力和竞争实力，不敢走上领导岗位，从而失去了良好的参与机会，被排斥在政治生活之外，极大地影响了女性参政及对政绩的强烈追求。

其二，学术与科研压力对女性参政的影响。高校女性在工作中的主要压力来源于学术与科研，以及担心参与行政管理之后家庭与工作的平衡，因而更多的女性选择从事单一的教学科研，导致女性在政治活动中底气不足。在访谈中，我们也了解到，中年女性受职称压力，既要专注于教学科研，又要关注孩子成长，不愿更深地涉足权力领域，选择教学或科研主要考虑到工作时间相对灵活，有充分的时间可以自由支配，特别是孩子成长期间，会有更多的时间陪伴孩子。也有年轻的受访者认为，女性在40岁之前，基本在努力完成学位、职称晋升、组建家庭、生育孩子的任务，确实没有太多精力考虑参与公共务事的管理，而到了45岁之后，随着更年期的逐步到来，女性情绪会受到影响，会更乐意过单纯平静的生活。

（二）参政环境

在高校女性干部的成长领域，虽然有男女平等的立宪原则和男女平等的基本国策，但"男强女弱"的观念经过漫长岁月的积淀已经形成了人们的习惯思维，加之男女平等的支持系统并不完善。高校的行政管理层级中女性往往是低职位，大多数高校未能公平地给予女性同等成才的机会。在职务晋升上，男女行政管理人员晋升机会远谈不上均等，女性担任副职居多，严重挫伤了女性参与的积极性，同时也是对女性的一种潜在歧视，使女性的参与权益受到侵害甚至被剥夺。

被调查者对高校女性现行参政现状的满意程度认识不一，认为很满意的只占19%，较满意的为37%，但认为不满意的也有31%。

绝大多数被调查者对于高校女性进入各级领导班子发挥的作用持肯定态度，其中有62%的人认为发挥了积极作用，但也有29%的人认为没有发挥太大的作用。

男女不同的退休年龄的规定，减少了女性进一步提升的机会。在回答现行退休政策对于女性参政的影响中，认为对女性参政有影响的达到42%，认为没有影响的为33%。因此，有37%的认为，应改为男女同龄退休，26%的人认为对男女退休不应一刀切，而应因人而异，有29%的认为，可以保持原来的不同龄退休政策。在访谈中，甚至有女性认为，评了正高级职称之后，科研压力小了，不从政的话，会有充分的时间去发展一些其他的兴趣爱好。

被问及影响高校女性参政的因素，位居前三的原因：一是妇女参政意识淡薄；二是女性职称压力大；三是单位领导不重视女性的作用。

对于应当采取哪些措施促使更多的女性参政议政，被调查者的回答，依次排序为：一是制定鼓励高校女性参政议政的政策、法规，为高校女性提供更多的参政机会；二是加强女性参政的宣传教育，提高女性参政意识；三是加大对女性干部的培训力度；四是建立女性后备干部储备、选任制度；五是各级领导干部要高度重视女性作用，为女性参政创造良好的社会环境。

表5-14　女性对参政现状的满意程度

女性对参政现状的满意程度	很满意	较满意	不满意	无所谓
	19%	37%	31%	13%

表5-15　女性在各级领导班子中是否发挥了作用

女性在各级领导班子中是否发挥了作用	发挥了积极作用	没有发挥太大作用	无所谓
	62%	29%	9%

表5-16　退休年龄对女性参政的影响

退休年龄对女性参政的影响	有影响	没有影响	无所谓
	42%	33%	25%

表5-17　男女是否应该同龄退休

男女是否应该同龄退休	男女退休年龄相同	因人而异	保持现在不同龄退休	无所谓
	37%	26%	29%	8%

表5-18　妨碍妇女参政议政的因素（多选）

	妨碍妇女参政议政的因素	人数	比例
1	妇女参政意识淡薄	84	67%
2	女性职称晋升压力大	77	61%
3	单位领导不重视女性的作用	64	51%
4	重男轻女的传统观念影响	62	49%
5	妇女参政渠道单一	59	47%
6	妇女政治素质较低	48	38%
7	其他	48	38%

（三）家庭性别角色困境

女性在参与公共事务管理中除了要克服性别歧视外，更需要解决职业与传统家庭性别角色的冲突问题。高校女性具有较强的专业知识和技能、视野开阔，她们希望积极参政以便能用更有效的方式工作，渴望通过参与的过程展现个人才智，实现自我价值。而现实生活又要求她们保持温柔、贤良的女性特质，受到家务琐事或孩子的影响，使得一部分知识女性因对工作投入过多精力，疏于对家庭的照顾而心生愧疚，进而产生角色冲突。

双重角色使得女性在参政时需要付出的精力要远远大于男性，调查数据显示，当工作与家庭发生矛盾不能兼顾时，女性有29%的人选择优先照顾家庭，而男性只有22%的人会选择先顾家庭；女性只有17%的人选择先顾工作，而男性则有37%的人考虑先顾工作，说明女性参政更多地要考虑到对家庭的兼顾。在对正处在领导岗位的女性的访谈中了解到，家庭关系是她们在行政管理岗位上需要克服的最大困难，其次才是自身的压力和社会关系。可见，社会对女性的角色评估往往处于男性价值体系之下，因此，即便是高知女性，也会在"出得厅堂"与"下得厨房"之间陷于两难，这也说明女性参政除了自身的意愿和努力之外，还需要家庭的大力支持。家庭的禁锢很容易降低女性的参政热情和竞争意识，不愿追求更高的政治职位，抑制了女性从政水平的发挥。

一些女性认为，女性的职业发展路径短且单一，上升的渠道和机会也被严格限制。对高校已婚知识女性而言，常因角色间或角色内的冲突，在做职业生涯规划时顾此失彼，丧失了许多职业发展的机会。也有女性表示，如果是教学科研型的教师，在职务晋升时，倾向于先解决职称问题，如在获得副教授或教授职称之后才会考虑是否进入相关的行政岗位。因为在高校绝大部分的行政岗位，如果从教学科研型教师中选拔，职称也是必须考虑的一个方面，而且职称越高者越容易获得某些职位。而参政意愿的考虑则在其次，常常将技术型的人员作为管理型人才选拔到领导岗位，居其位而不能胜其任，导致了"人才"错位现象。而在行政岗位的女性，由于工作时间固定，更愿意担任部门副职，以免工作占用太多私人时间，或者应对复杂的人际关系。

表5-19　工作与家庭发生矛盾不能兼顾时的处理

当工作与家庭发生矛盾不能兼顾时	先顾工作	先顾家庭	尽量平衡	不回答
男性	37%	22%	35%	6%
女性	17%	29%	41%	15%

（四）高校政策的性别盲点

狭义而言，高校政策主要是指决策部门，包括政府、高校主管部门、高校对公众利益和公众行为的规制和分配的措施，是为高校或者在高校施行的行动准则。公共政策对于协调社会群体之间的利益关系，实现社会良性运行和健康发展，具有不可替代的重要作用。从目标来看，公共政策并不是只针对社会的某个部分，如果绝大多数女性被排除在公共政策关注范围以外，不能从公共政策中受益，那么，这种公共政策显然是不公正的。

在对高校政策的审视中，我们发现高校政策包括人才引进、教学要求、科研任务、职称评聘、奖励等内容均没有性别差异的特殊规定，其规范的对象基本都是以中性的概念"老师"涵盖全部。除了法律规定对女性"四期"的特别保护之外，高校政策中几乎没有对男女利益予以区分的内容。尽管有些中性的政策规定并没有歧视女性的初衷，但是实施后却可能产生了某些歧视女性的后果。比如，某一项政策对男女同样适用，且大多数都是女性，该政策在制定与实施过程中，未能考察女性与男性面对的不同的社会现实、生活期望与经济环境，女性的权利就很可能并没有真正得到与男性平等的保护。在调查中，有91%的受访者表示从来没有关注过高校政策的性别问题。甚至有受访者表示，在怀孕后期，也没有得到过明确的可以坐着上课的特殊待遇。显然，高校政策中的性别利益被淹没在了公众利益之中，被排除在公共政策的视野之外。

表 5-20　有没有关注高校政策中的性别问题

有没有关注高校政策中的性别问题	没有	有	偶尔
	91%	8%	1%

三、促进高校女性参与公共事务管理

让高校女性充分参与高校公共事务管理，并不是要限制男性的发展或者将男性挤出政治舞台，而是让她们将女性所关注的问题带到政治领域，表达自己对公共政策的选择，以实现大众共同管理社会和政治力量的均衡。

（一）设定女性参政比例

20 世纪 70—80 年代，国际社会开始采取积极行动改善妇女参政状况，许多国家通过立法推行性别配额制，促进妇女政治参与的比例。所谓性别配额，又称最低比例制，是在立法和决策机构中确定两性的最低代表比例，以保证两性成员参与的平衡。"最低比例制"的核心思想是通过人为规定一个比例数，确保一定比例的妇女参加政治活动，防止妇女参政成为现代生活中特殊的装饰品。[1] 1985 年第三次世界妇女大会通过的《提高妇女地位内罗毕前瞻性战略》中提出了到 1995 年实现决策职位中妇女占 30% 的指标，1995

---

〔1〕　参见张迎红：《试析欧洲国家提高妇女参政的"最低比例制"》，《欧洲研究》2004 年第 3 期，第 118 页。

年第四次世界妇女大会通过的《行动纲领》再次重申了这一指标，因为在一个决策班子中，如果没有一定规模的利益群体的代表，是很难为其所代表的群体发声的，这个规模的底线就是30%。[1] 为实现这一目标，推动妇女参政的发展，许多国家采取了一系列的立法措施和保障法律实施的机制。此后北京世界妇女大会5年、10年、15年、20年的纪念和评估中，30%始终是衡量各国妇女参政水平的标志性指标。一些国际妇女组织甚至提出应在联合国《可持续发展目标》中核准，到2030年，实现妇女参政50%的目标。

政府推行的"最低比例制"，其根本目的也在于确保有一定比例的妇女参与政治活动，防止政治活动变成男性的专利。[2] 世界上许多国家，包括经济发展水平较高的欧洲国家和一些发展中国家，如印度、南非等，为了克服男女参政比例不平衡，促进妇女政治参与，开始修订法律，在宪法、选举法或其他法律中明确妇女参政的比例，全球领域已有120多个国家和地区实行了妇女参政配额制。[3] 各国的经验证明，通过"最低比例"的方式确保有一定数量的女性参与政治活动，可以极大地促进女性进入决策领域。随着政治中女性参与人数的增加，相关法律、政策的制定必定会融入性别意识，对女性其他人权的实现大有裨益。

对于"最低比例制"的提出，实践中也存在争议。同意论者认为：设定最低比例并不是歧视，而是对阻止妇女平等分享政治席位的障碍的一种补偿。[4] 该制度意味着决策机构中有占到一定比例的妇女，这样可以避免决策机构中只有个别妇女时的压力，以保证政治生活中有充分的妇女的经验可以提供。反对论者的意见主要集中在：第一，给妇女特殊优惠，会破坏所有人机会平等的原则，受比例制的影响会使得选民无法自主决定自己的选择，侵犯了选民的选举权。第二，比例会使许多妇女是因为性别而非能力当选，因而使更有能力的人无法当选，侵犯了他们的被选举权。第三，最低比例制体现了对妇女作为弱者的照顾，也映射了对妇女的歧视。

〔1〕 刘伯红：《国际妇女参政的实践及其对中国妇女参政的影响》，《国家行政学院学报》2015年第2期，第51页。

〔2〕 张迎红：《"最低比例制"对妇女参政的影响》，《中华女子学院学报》2003年第6期，第26页。

〔3〕 丁娟、石鑫：《妇女参政配额制的提出与发展状况研究》，《山东女子学院学报》2015年第6期、第26页。

〔4〕 张永英：《国内外有关妇女参政比例的规定及争论研究》，《妇女研究论丛》2005年第SI期，第33页。

虽然观点见仁见智，但笔者认为，国际社会提出最低比例制是基于对平等观念认识的转变，通过确定女性参政比例使妇女参政从形式平等实现结果平等是较为有效的方法。在我国，妇女参政起步较晚，妇女参政意识还比较淡薄，参政能力也极不成熟，缺乏竞争力，对于平等的认识仍旧停留在形式平等层面，各种显性歧视或隐性障碍仍然妨碍了妇女在政治参与中发挥作用，单纯依靠公平竞争来提高妇女参政是远远不够的。在民主选举和公开竞争中如果不规定性别比例，就会影响妇女参政的数量。

这一规定也被纳入我国党、政府和人大的法规中，我国从 2007 年全国人大换届选举开始，就规定妇女代表的比例不低于或应高于上一届的比例。2007 年第十一届全国人大女性代表比例为 22%，高于第十届的 20.24%，第十二届为 23.4%，同样高于第十一届女性代表比例。各省选举法实施细则和妇女权益保障法实施办法中也确定了女性候选人的量化比例。在培养女干部方面，新《中国妇女发展纲要》规定各级领导班子中要有 1 名以上女干部。但目前而言，女性参政比例只是在党政系统、人大和政协领导班子中有相关要求，企事业单位、科研院校则未有明确的比例规定等。

笔者认为，在女性知识分子发展相对薄弱的政治参与领域中，要通过具体明确的协调性政策，在职称评审、职务聘任方面，充分考虑女性的特长和优势，保障女性的比例，促使相关资源对她们作出一定程度的倾斜，使她们获得政治上参与竞争的公平起点，享有发展机会、社会管理和公共服务等方面的平等权利，维护自身的政治权益，从而提高女性干部在各级管理机构领导层所占的比例。

当然，女性参政的最低比例保障并不只是数量和比例的量化指标，还应对女性参政的结构方面作出明晰规定，防止女性在参政中的只具有象征性的代表席位，单纯的数量指标会导致女性"参政虚化"的结果。

（二）谨防女性参政的"职务性别化"和"权力边缘化"

女性政治参与模式有精英模式与普遍模式之分，不同的模式都具有存在的社会及历史背景。精英模式一般在集权制国家形成，以南亚为典型代表，是指少数妇女精英位于政治权力的最高层，形成对国家的权力控制。其参政妇女通常具有一定的政治背景，或出生于显赫的政治家族，或因丈夫的政治力量而由家庭主妇成为政界要人；而基层群众妇女对政治生活普遍冷淡，政治参与意识不强。这种模式没有广泛性，并不能体现妇女整体的参政水平。普遍参与模式以北欧国家为代表，是一种比较成熟的、先进的妇女参政模式。北欧国家妇女整体参政水平较高，妇女参政比例达 35%

以上，权力领域的各层次均有妇女参与，妇女高层官员能够更好地参与实质性的决策，并在决策中反映广大妇女群众的意愿和利益，两者有机结合形成了一种良性循环的"互动效应"，该种模式体现了参与的一致性，符合妇女参政的发展方向。

从高校女性参政的现状来看，女性参政还具有一定的被动性，女性参与的资源与动机仍然不足，大多数知识女性的参政难以超越客观条件制约，也没有太多自由发挥的机会，起不到有效的监督制约作用。

笔者认为，女性参政应该是一种"精英—大众互动的参政模式"。精英女性的参政并不是完成"妇女指标"的政策行为，而是她们与广大的妇女大众之间形成政治意识的联系，实现维护女性自身权益的目标。然而，在政治权力结构内，女性在职务上的安排往往容易体现职务性别化的倾向，即在权力结构中，职务的分配往往不根据能力和政绩来考量，而按照性别来安排，使得职务被打上了性别标志，一些位置被认为是属于男性的，而一些职务被认为是属于女性的，如妇女工作、后勤和卫生、工会等领域，放在配合男性的位置上。

女性参政权力边缘化是指女性参政成为权力体系中的"配角"。就权力的纵向分布而言，女性在各级权力机构中显现出"金字塔"型参政结构，女性居于高层、重要领导岗位的比例仍然偏低，绝大多数女性参政者居于基层或高层副职的岗位。一般而言，正职领导的决策影响力往往大于副职领导，会形成一个围绕中心的权力结构。决策者如果都是男性，男性的共同利益自然在决策中得以体现，而妇女如果依然处于权力的边缘，女性群体的要求和声音难以在决策层中表达出来，女性群体利益容易边缘化，往往被决策者的视野所忽视。

虽然政策规定各级领导班子中至少要有一名妇女，但是由于政策的含糊性，在政策的实际执行过程中，却异化为"只有一名妇女"，使得优秀女性的竞争变成了女性之间的竞争。最典型的莫过于当前社会上流行的女领导干部中所谓"无知少女"（无党派人士、知识分子、少数民族和女性）的现象，只有符合某些条件的妇女才可能进行权力参与，如必须是党外人士、高级知识分子、少数民族，以及港、澳、台胞等多重身份。而这些人也许本身并没有特别强烈的参政意识，她们参政权的获得很大程度上是由于国家的鼓励、支持，或者是政府通过自上而下的行政手段达成，这种提拔更多具有点缀的效果。在结果上更容易排斥了另外一些优秀的具有一定参政意识和参政能力的女性入选，从而导致女性参政的整体素质水平、综合竞争能力等明显低于男性。

（三）促进高校女性参与的制度安排

国内部分高校和科研院所，开始酝酿在人才引进和职称聘任方面，要在同等条件下给予女性更多的机会，以充分发掘她们的潜力。[1] 因此，构建一套适合学校长远发展的女性的激励机制，才能充分调动高校女性的积极性和创新激情。

1. 建立一套有利于女性脱颖而出的人才培养和选拔任用机制

培养选拔女干部是推进妇女参政的必然要求，委任制、聘任制和竞聘制是三种不同的选拔干部方式。委任制是由上级组织任命领导干部的一整套制度，委任制下，妇女干部的培养、选拔、定岗都由上级组织根据具体情况来决定和安排，侧重于推动决策部门加大选拔女干部的力度。竞聘制是通过自荐、考试、组织部门考查等程序公开招聘干部的方法，这是一种自下而上与自上而下相结合的方式聘任干部，旨在鼓励妇女积极参与。民主选举则是通过直接或间接选举的方式产生领导者，有利于妇女抓住机遇。这三种方式各有其优势和局限性。

实践中，三种方式往往相互交叉、综合运用。良好选拔机制的确立在于有效地在参政女性与大众之间达成一种互动。委任制提供的是一种自上而下的女性参政渠道，体现了政府的意志和愿望，但却忽略了女性自身的参政意识和能力。被委任的从政女性也许并不能代表普通女性的整体利益，并对政府的决策发生影响。在民主制选举中，权力的赋予者是选民，选民往往最能将代表多数人利益的人推向权力的最高层，而通过选举进入高层的女性也能够得到选民的广泛拥护和支持。在妇女参政比例高达35%以上的北欧和南亚，采用的都是民主选举制。通过选举进入高层的女性能够得到选民的拥护和支持，促成参政女性与一般女性之间达成一份双方都予以认可的政治契约。

基于此，笔者认为，高校要建立健全女性人才库的储备，精心挑选那些政治素质好、有发展潜力的女性，培养和选拔各类复合型女性参与较高层次公共事务管理的后备干部人才梯队，在参与学校事务方面，让这些有才华的人能够有机会、有渠道得以推荐或在选举中脱颖而出进入管理层，保证女干部选拔的连续性。

---

[1] 梁静：《新形势下高校女教师如何发挥自身优势》，《教育教学论坛》2014 年第 S1 期，第 51 页。

2. 建立促进女性发展的考评制度

对女性的考核要考虑到岗位性质、工作业绩及个人素质和创新能力，鼓励女性中的优秀人才及学术大师脱颖而出。在考评制度的设计上，要建立科学的考核评价标准，准确反映不同类型、不同层次的女干部的品行、才能和工作绩效，这是选拔任用女干部的重要考察指标。同时，要鼓励女性的自我规划，将学校目标和女性的个人需求结合起来，帮助女性确立其职业生涯的目标，使她们都能找到适合自己的发展途径，实现自我价值。有学者甚至主张高校要建立"女性发展部"，作为一个推动女性发展的部门机构，区别于学校工会女工部，以推动高校女性高层人才发展，使发展对策变为现实必须要有专门的组织机构推动与落实。[1] 这个建议不无道理。而且，笔者认为，还可以强化该部门参与制定政策法规和决策的功能，更好地代表并体现女性利益、解决女性问题，为高校女性参与国家和学校事务的管理提供机会和条件。

3. 提供与男教师同等的培训和继续教育机会

在社会不断地往前发展中，女性也必须不断地提高自己的学历，调整知识结构，更新知识。为了提高科研能力，评聘高级职称，她们又必须专注于论文写作与科研项目。因此，女性终身学习体系在高校的构建尤为重要，通过制定女性的专题培训计划，帮助女性塑造健康人格，形成自己参政的主体意识和独立意识，才能有效提升女性的政策水平与政治修养。女性也要主动抓住实践中的各种机遇，在政治参与的实践中进行培养锻炼，如轮岗、挂职或者下基层等方法，使自己在多种环境、多种岗位上磨炼意志，积累经验，提升女性的实际工作能力，一旦女性表现出过人的政治才能和政治影响力，同样可以走上权力的高层。

（四）提高女性参政的自主意识和性别意识

自主参与意识的觉醒是妇女参政的基本前提。女性随着知识、技能、教育水平的不断提高，她们在家庭和社会中有机会体验自己的独立性，获得参与经济活动的自由，以自身劳动获得报酬，实现自身价值。再加上，精英女性的竞争意识和参与热情的示范和带动，她们的参与及成功会让更多的女性看到希望。只有当她们从思想观念上真正认识到了参与的作用，并给自身带来益处，才会产生发自内心的参与动力。作为高校女性个体，更要积极制定

---

[1] 罗萍、孙晋：《我国高校女性高层人才发展对策研究》，《武汉大学学报（哲学社会科学版）》2011 年第 2 期，第 122—123 页。

个人职业生涯发展规划，激发自身发挥主动性、创造性的内在动机，摆正自己在婚姻、家庭与事业中的地位，同时强化自主发展意识，正确认识和判断自己的能力与性格，提高自己的学历和专业水平，并争取成为行政管理层的高层管理者，促进职业生涯发展，追求自身价值与社会价值在实践中的统一。

此外，女性也要性别意识，承认男女两性的差别。高校女性所工作的环境有着大量的知识男性群体，在这样的工作氛围中，高校女性若要取得更大的发展，必须不断地审视自我并对周围动态变化着的社会环境作出恰当的反应，从性别的角度去观察和认识社会现象，以便更有利地发挥女性群体的实力和在性别分化中获得的优势。

（五）构建先进的校园性别文化，将性别平等意识纳入高校决策主流

先进的性别文化是指男女具有同等社会地位和人格尊严，承认男女两性的差异，推进男女共同发展的文化体系。在校园，构建先进的校园性别文化也是社会性别平等意识校园化的过程。

首先，增加对高校公共政策的性别分析。联合国用"社会性别主流化"概括了通过对公共政策进行社会性别分析以发现差距、促进现实中性别平等的全部过程。人们在观察、分析和处理事物时，要注意到不同性别群体的不平等的处境、利益和权利关系，并采取措施和行动来增进性别平等，从而为女性发展创造良好的社会环境。在高校，特别要增强作为制定政策、分配公众利益的决策层领导者的社会性别意识和性别分析能力，从政策的调研论证到方案的确立，再到决议形成与执行，都要增加性别视角，尽可能地对社会性别的影响进行有效的审查和监控，以确保高校政策的性别公平程度。把女性的进步与发展纳入高校发展的总体规划中，为优秀女性脱颖而出创造宽松的社会环境，保证女性工作和社会交往中得到了尊重、信任与支持，将男女平等落实在各级党委的议事日程、院系领导的行政职责与决策理念中。当然，在决策层中增加女性决策者，则可以更好地从社会性别的视角考虑问题，在一定程度上保证女性群体的利益。

其次，推进性别平等教育。建立先进的性别平等文化不仅是保证女性合法权益的需要，也是提高女性地位、推动女性参政的需要。高校应尽可能为女性创造一种良好和谐的氛围，有条件的高校应努力创造开展女性/性别教育的条件，在素质教育中渗透社会性别理论，通过课堂讲授或校园文化宣传强化性别意识，让学生通过正规教育的渠道了解性别知识，这是系统传播科学的女性观，造就社会平等性别意识的重要渠道。

再次，创建一些有特色的高知女性社团。高校工会可以根据地域特点和

女性知识分子心理特点去创建一些高知女性社团，充分发挥女性组织的作用，为女性开展行之有效的减压活动，实现其精神诉求，宣传健康向上的优秀女性人才的先进事迹，摆脱传统思想的束缚和性别角色的刻板印象，使女性不再徘徊在究竟是做女人还是积极参政的困惑中，实践和扩大女性知识分子有序的政治参与。

最后，要营造良好的家庭环境。家庭是社会的细胞，温馨的家庭更能造就成功的事业，家庭成员尤其是丈夫的支持是女性参与公共事务管理的坚强后盾。对家庭而言，男女双方应该共同承担责任和义务，夫妻双方均应从实际出发，恰当地确定自己的家庭角色，让女性更有信心、精力投入社会事务中去，发挥自己专长，以自己的实力在参与高等教育中发挥更大的作用。当然，女性也要善于做好角色的转换，处理好家庭关系，尽力解决从政女性的政治—家庭的双重角色冲突，促使女性以更饱满的精神状态投入工作中，不断走向政治前台，推进女性参政的深入发展。

总之，只有建立起先进的性别文化环境、公平均等的性别保护制度，才能使女性真正从诸多困境中实现突围，实现高校女性参与公共事务真正意义上的平等、公正。

第六章 婚姻家庭领域性别平等与妇女发展

人人有资格享受本宣言所载的一切权利和自由，不分种族、肤色、性别、语言、宗教、政治或其他见解、国籍或社会出身、财产、出生或其他身份等任何区别。

——《世界人权宣言》

第一节 婚姻家庭与性别关系

一切社会之中最古老且唯一的自然社会，就是家庭。[1] 家庭是一定范围的亲属所构成的社会生活单位，是建立在婚姻基础上的生活共同体。在家庭生活中，权利义务关系建立在血缘、供养、继承等基础上，妇女和家庭有着天然的联系，作为妻子和母亲的双重角色，以其天然的情感优势，在社会繁衍和发展中具有特殊地位，在维系家庭的稳定及促进家庭的和睦幸福等方面发挥着无可替代的作用。德国教育家福禄贝尔就说："国民的命运，与其说是操纵在掌权者手中，倒不如说是握在母亲手中。"一个举止文明、有道德修养的妻子，会用自己的言行和生活态度感染家人，帮助家人理智处事，赢得真正意义上的男女平等和家庭和睦。

一、婚姻家庭领域的立法与政策变迁

婚姻家庭一直是性别平等与妇女发展的重要领域，家庭领域的性别平等，意味着以婚姻为主的两性关系的平等与和谐、男女双方对家庭责任的共同承担，以及资源和机会在两性之间的公平分享，是实现社会性别平等、促进妇女发展的重要社会基础。

家庭是世代延续的场所，也是性别形成的契机。[2] 在封建社会，为了巩固婚姻家庭制度，社会建立了一整套以男性利益为中心的生活规则，包括父系继

---

〔1〕 参见［法］卢梭：《社会契约论》，何兆武译，商务印书馆2003年版，第5页。
〔2〕 参见郭夏娟：《为正义而辩——女性主义与罗尔斯》，人民出版社2004年版，第281页。

嗣、包办婚姻、从夫居、从父姓、生育中男性偏好等[1]新中国成立之后，经过社会主义改造冲击并改变着传统的家庭制度，目前，我国已初步建立了以《宪法》为基础，以《婚姻法》为主体，以《妇女权益保障法》为中心，包括家庭法律法规、地方性法规和政府各部门行政规章在内的一套调整两性在婚姻家庭中的权利与义务关系，保障妇女婚姻家庭权益、维护男女平等家庭地位的政策体系。

家庭领域的性别平等主要包括：婚姻关系的平等与和谐、家庭两性成员对资源和机会的公平分享以及家庭两性成员对家庭责任的共同承担等。因此，两性婚姻家庭平等可用三个指标来反映婚姻自主性别比率、家庭重大事项决策性别比率和家务劳动用时性别比率[2]我国婚姻家庭政策也基本围绕着这三个方面展开，在政策变迁中极具代表性的是《婚姻法》的出台与修改：1950年我国《婚姻法》彻底废除封建主义婚姻家庭制度；1980年的《婚姻法》巩固和发展了社会主义婚姻家庭制度，对离婚问题作了更具体的规定；现行《婚姻法》是2001年4月通过的《婚姻法》修正案，对财产分割、家庭暴力、无效和可撤销婚姻及过错赔偿责任作出规定，反映了不同时期实践的需求。婚姻家庭立法关系到每一个人的生活和家庭利益，《婚姻法》立法与修改也反映了新中国成立及改革开放以来，由于政治、社会、经济等方面的巨大变化而给人们带来的在婚姻家庭领域观念的改变和权利意识的增强。更为重要的是，中国的妇女运动推动了性别平等理念、社会性别分析方法在法律领域的运用，也为《婚姻法》的修改提供了社会性别视角。在《婚姻法》的修改过程中，性别观念已经开始纳入立法过程，从性别平等的视角，分析《婚姻法》中各项制度对男性和女性带来的不同影响，提出了保障性别平等、保障妇女权益的条款，说明立法者已经开始用性别平等意识去分析和代替以往的法律条款，这对将社会性别纳入法律领域并主流化起到了积极的推动作用。

在1980年到2001年《婚姻法》的修改期间，最高人民法院颁布了4个司法解释[3]，2001年以后，最高人民法院又颁布了3个司法解释[4]，两次

---

[1] 佟新：《社会性别研究导论》（第2版），北京大学出版社2011年版，第165页。

[2] 单艺斌、叶苏平：《性别平等的评价指标体系构建》，《统计与决策》2005年第4期，第59页。

[3] 分别是1989年《关于人民法院审理离婚案件如何认定夫妻感情确已破裂的若干具体意见》、1989年《关于人民法院审理未办理结婚登记而以夫妻名义同居生活案件的若干意见》、1993年《关于人民法院审理离婚案件处理子女抚养问题的若干具体意见》、1996年《关于审理离婚案件中公房使用、承租若干问题的解答》。

[4] 分别是2001年《关于适用〈中华人民共和国婚姻法〉若干问题的解释（一）》、2003年发布的《关于适用〈中华人民共和国婚姻法〉若干问题的解释（二）》以及2011年发布的《关于适用〈中华人民共和国婚姻法〉若干问题的解释（三）》。

法律文本出台，一次修改，以及 7 个最高人民法院的司法解释反映了我国在婚姻家庭立法政策方面的主要变迁与发展。

此外，我国三个妇女发展纲要更是针对不同时期如何在婚姻家庭领域促进妇女发展提出了不同的阶段目标和措施，《中国妇女发展纲要（2001—2010 年）》特别制定了"在社区优先发展对家庭生活有直接影响的公共服务，实现家务劳动社会化，逐步增加妇女的自我支配时间"的措施。《中国妇女发展纲要（2011—2020 年）》更加注重在家庭领域贯彻性别平等原则，进一步提出"开展托幼、养老家庭服务，为妇女更好地平衡工作和家庭责任创造条件"，以便使妇女更好地平衡工作与家庭的矛盾，更好地参与经济社会发展。

二、婚姻家庭立法中的性别分析

（一）婚姻自由

婚姻政策保障女性在婚姻家庭内和男子的同等地位，《宪法》中的平等原则融入家庭生活的各个方面，1950 年《婚姻法》以男女权利平等为立法原则，将保护妇女特殊权益作为基本立法策略，废除男尊女卑的封建婚姻制度，明令禁止重婚纳妾，结束了中国历史上一夫多妻的习俗，反对包办婚姻，提倡和保护自由恋爱与择偶，从根本上改变了妇女的从属地位，承认妇女拥有完整的人格，在婚姻家庭中拥有与男子平等的权利和地位。立法从客观实际出发，将朴素的性别意识贯彻于立法之中，符合当时妇女的利益需求。1950 年《婚姻法》实施三十年的时间里，中国的社会生活发生了重大变化，1980 年的《婚姻法》的立法重心也由妇女解放转向着重调整婚姻家庭关系，全面建设家庭内的社会性别平等制度，明确实行婚姻自由、一夫一妻、男女平等的婚姻制度。登记结婚后，根据男女双方的约定，女方可以成为男方的家庭成员，男方也可以成为女方的家庭成员，间接引导男方可以随女方家庭一起居住，着手改变从夫居的传统婚姻习俗。肯定妇女的姓名权，并肯定了子女有随母亲姓的权利，这对有着极深父姓传统和姓氏宗族文化的中国社会是一大进步。法律还赋予夫妻以请求对方扶养的法定权利，从而进一步平衡了妇女在婚姻家庭中的地位。

在离婚方面，离婚意味着婚姻的解体。传统社会里离婚是单方面的，男性解除婚姻称为"休妻"，而现代社会里，离婚是男女双方的自主选择，双方关系不协调、感情不忠实或者暴力等皆有可能导致离婚。在法律上，我国将"感情确已破裂"作为准予离婚的法定条件，意味着以感情为基础的真正婚姻自由时代的到来，为广大妇女以感情为基础的真正婚姻自由权提供了法律保障。此外，1980 年《婚姻法》还规定"禁止家庭成员间的虐待和遗弃"，为建立健全性别平等的婚姻家庭秩序提供了合理支持。

但是，改革开放以来，随着计划经济体制向社会主义市场经济体制的转变，中国社会的文化形态和价值观念发生巨大改变。平等、自由的观念逐渐深入人心，婚姻家庭也出现新的问题，离婚率上升，对"小三"问题的关注逐渐增多，"下岗女工""农村留守妇女"等群体在经济上的弱势地位也加重了她们的婚姻危机和家庭暴力，离婚时妇女的财产权和探望权得不到保障等问题而备受关注。为此，婚姻家庭政策也不断完善以适应社会的发展和现实的需要，对离婚问题以及离婚时的人身关系认定、财产分配规定不断细化。2001 年修改后的《婚姻法》将平等原则扩展到适用于家庭所有成员的关系，对夫妻财产归属的约定就体现了扩大家庭成员的个人自由，尊重个人意志，赋予了家庭中个人本位更多的内涵。通过具体列举夫妻感情破裂的理由从而对离婚自由进行了必要的限制，反对轻率离婚。但又增设了无效婚姻和可撤销婚姻制度，凡是不符合结婚要件的婚姻，依法无效或者可以撤销，撤销后婚姻自始无效。禁止包办、买卖婚姻和其他干涉婚姻自由的行为；禁止借婚姻索取财物，禁止重婚；禁止有配偶者与他人同居等。这些规定充分说明婚姻家庭的生存权益受到重视，撤销权的赋予，进一步保障了婚姻自由。

（二）禁止家庭暴力

家庭暴力是性别不平等在家庭中的极端表现。2001 年修改后的《婚姻法》在总则部分增加了禁止家庭暴力、禁止家庭成员间的虐待和遗弃的宣示性条款，具有一定的导向性，并在离婚和救助措施与法律责任章节中对于如何干预家庭暴力作出相关规定。比如，家庭暴力导致感情破裂应准予离婚，以及受害方的损害赔偿请求权；对于实施家庭暴力或虐待、遗弃家庭成员构成犯罪的，依法追究刑事责任。受害人可以自诉，公安机关依法侦查，人民检察院应当依法提起公诉；社区居（村）民委员会、所在单位、公安机关、法院干预家庭暴力的相应职责等，婚姻法修正案关于家庭暴力的条款有六处，这一立法带动了系列的法律和司法解释的出台。2001 年，最高人民法院出台的司法解释对"家庭暴力"作出界定，《刑法》也将拐卖妇女、收买妇女入刑，以刑事处罚抵制针对女性的暴力。2005 年修改后的《妇女权益保障法》再次明确规定"国家采取措施预防和制止家庭暴力"，公安、民政、司法及基层群众自治组织均负有预防、制止家庭暴力的义务。这些制度的修改和建立，对大多数家庭暴力、胁迫婚姻、有配偶而同居中往往作为受害者的女性而言是一种有力的保护，这也体现了我国在国际社会反对针对妇女的暴力运动的影响下，为保护妇女、保障妇女的人权和人格尊严，为促进性别平等、维护家庭的平等与和谐而作出的努力，也是我国将社会性别理念及分析方法纳入我国法律的一次有益尝试与实践。

当然，在婚姻法修正案司法解释（一）中，对家庭暴力调整的主体范围还只限于家庭成员之间，对于同居关系，或者共同生活形成亲密关系的人之间的暴力并未纳入家庭暴力的范围，暴力的形式也只限于身体和精神暴力，相比于国际上对家庭暴力的宽泛认定还有一定的距离，也体现了我们立法的不足。但这一不足，在《反家庭暴力法》中有所修正，除了家庭成员之外，附则中的准用条款明确家庭成员以外共同生活的人之间实施的暴力，参照执行，这也意味着有同居关系的人之间发生的暴力也被纳入家庭暴力范围，受法律约束。

（三）夫妻财产权平等

夫妻财产权包括夫妻双方在婚前或婚后所取得财产的归属、管理、使用、收益、处分以及家庭生活费用的负担、对债务的清偿，婚姻终止时财产清算的权利和义务等。财产权独立是人格独立、身份独立的基础。财产政策保障与婚姻有关的财产关系，从而保障婚姻家庭得以延续，这是夫妻关系的核心。我国婚姻家庭政策坚持妇女与男子享有平等的家庭财产权，且不受双方收入状况影响。1980 年《婚姻法》确认了夫妻财产制度，体现了新时代国家、社会对夫妻对家庭财产的平等所有权、处理权和协议自理自由的认可，对于双方互负的抚养责任。

2001 年《婚姻法》修正案第 17 条至第 19 条分别规定了夫妻共同所有的财产，增加了个人特有财产制，以及夫妻可以通过书面约定改变法定的财产制。因此，我国夫妻财产权的类型可以分为：共同夫妻财产权、约定夫妻财产权和个人特有财产权。在我国，大部分夫妻还保留着传统的观念，认为结婚是两个人的结合，既包括人身的结合，也包括财产的结合，因此，夫妻共同财产权是现实生活中一种主流的夫妻财产制度，但个人财产制和约定财产制的确立也体现了婚姻家庭政策对个体自由的进一步关注。婚姻家庭生活由夫妻共同管理，夫妻以其个人或共同财产对家庭的开支负担。夫妻对财产的使用和处分，关系到婚姻家庭的利益。在共同财产制下，先用夫妻共同财产负担，不足部分由个人财产分担。在分别财产制下，夫妻以其个人财产对家庭生活分担。

对《婚姻法》的修正除坚持照顾妇女财产权和帮助弱者的一般原则外，在离婚时对共同财产的分配，协议不成的按照照顾女方和子女利益原则处理，进一步完善了离婚救济制度，在原有经济帮助基础上，增加了离婚经济补偿和离婚损害赔偿制度。比如，婚姻中一方当事人专门从事家庭事务，无婚后所得财产，其完成的家务劳动，视为对家庭生活费用的负担，这种离婚家务劳动补偿制度体现了对广大家庭妇女家务劳动的认可。再如，对于生活困难的一方，离婚后另一方有给予适当的经济帮扶的义务。在救助责任部分，还首次确立了请求补偿、婚姻无过错方的请求损害赔偿、离婚后追索、经济帮助等制度，让对婚姻给予了较高期望且忠于婚姻的一方得到应有的赔偿。虽然这些制度的确立并没有明确性别取向，但是现实中，却更多地帮助了女性维护婚姻家庭中的财产权益，将夫妻双方视为平等人格的独立主体，才能解决婚姻关系中作出贡献且处于弱势的女方的合法权益，体现了对她们的人文关怀精神，也体现了《婚姻法》兼顾家庭和谐与个人利益的理念，促进性别平等。

随着婚姻中的房产问题越来越受到关注，2005 年，我国《妇女权益保障法》进一步明确女性在婚姻家庭中的财产权益，"国家保护妇女的房屋所有权"，并作出了保护女方婚姻家庭的房屋居住利益的规定，说明我国立法对女性在婚姻破裂后的生存权益的关注。但是，2011 年，关于《婚姻法》的司法解释（三）出台，其重点对个人所有财产作了进一步的拓展和认定，将父母购买、赠送和一人付首付取得的房产认定为夫妻个人所有财产，还是表明了立法中明显的男性立场。这一政策看似平等，实际上脱离了中国男女两性婚姻家庭传统习俗及劳动分工的现实，形式平等的政策掩盖了实质不公。

（四）共同承担生育责任

新中国成立后，我国采取鼓励生育政策，使我国迅速成为世界上人口最多的国家。改革开放之后，为了降低人口增长速度，提高人们的生活水平和人口素质，使人口增长的速度与社会发展计划相适应，我国《宪法》明确规定推行计划生育，破除人们重男轻女、多子多福、传宗接代的思想。1980 年《婚姻法》增加了计划生育的原则规定，计划生育国策的推行，限制了生育数量，让女性从"生育工具"的角色中解放出来。计划生育不仅包括少生，还包括优生优育，对孩子的培养和照顾，在 1980 年《婚姻法》的理念之下成为夫妻双方的义务，视其为家务劳动的组成部分，男性理应分担这一部分家庭职能。

但几千年来"重男轻女"的封建传统观念，加重了女性"生育儿子"、传宗接代的义务，特别是在农村地区，婚姻中的女性又陷入另一种"传宗接代工具"角色危机中。生育的性别选择也由此而成为关注的焦点，无形中也加重了女性的负担。家庭妇女因"生育女孩"而面临歧视、不被家庭接纳、遭遇离婚、被迫与子女分离等生存危机，同时，男女不平等从出生之时便见以分晓，女孩从出生起，就面临被遗弃、虐待甚至溺杀等威胁。1984 年，最高人民法院出台政策，强调了对因生女孩或采取节育手术遭遇离婚的妇女的家庭，采取措施教育、调解，对原先感情较好的，不予离婚。1992 年《妇女权益保障法》规定了禁止溺、弃、残害女婴；禁止歧视、虐待生育女孩的妇女。我国《人口与计划生育法》中规定：公民有生育的权利，也有依法实行计划生育的义务，夫妻双方在实行计划生育中负有共同的责任。妇女有依法生育和不生育子女的权利。但生育子女的权利必须遵守国家的相关法律规定。一般而言，具体是否生育应由男女双方共同协商决定，夫以妻擅自中止妊娠侵犯其生育权为由请求损害赔偿的，人民法院不予支持。

显然，这些法律规定强调了对妇女享有与男性平等的生育决策权、女性的生育健康和全面发展的保障，使妇女获得在国家规定的范围内的自主权，进一步保障了妇女生育自由，体现了生育政策的社会性别敏感意识，也表现了男女两性生育决策公平、生育调节平等参与以及倡导无性别偏好的生育观念。

三、我国婚姻家庭立法政策的评析

（一）体现了家庭本位观念

从婚姻家庭政策的立法与政策的内容到制度设计来看，立法和政策的内容都围绕结婚、离婚、家庭关系维护等方面展开，我国的婚姻家庭政策体现了明显的家庭本位观念，立法中也强调男女双方进入婚姻家庭后对家庭成员包括配偶、老人、子女负担的责任和义务，以及家庭成员间的团结、协作、互助与宽容；要求个人对家庭、家族贡献自己的力量，维护家庭利益、争取家族利益。但在这种家庭本位观下，家庭在外力的限定下成为利益共同体，家庭的利益考虑往往优先于个体的利益，也可能导致性别差异或者性别利益消失在家庭利益之中。

（二）社会性别意识不断加强

男女平等的内容在立法与政策中不断发展，社会性别因素的考虑也逐渐增加，对社会分工传统导致的男女不平等地位、不平等资源掌控逐渐得到矫正，对严重侵犯妇女生命健康行为的态度，由消极反对到采取积极措施打击，对女性独立人格、生存发展的关注从弱到强。对女性人格利益的权利不断增加，对财产权益的保护不断具体化、规范化，这些婚姻家庭政策的制定与实行，使得婚姻家庭内男女平等角色、平等关系的发展不断推进，促进了妇女在家庭中地位的迅速上升，推动女性传统的"贤妻良母"家庭角色的解放，也促进了女性更好地投入经济工作中，实现经济独立。这一系列的政策及实施推动中国社会的性别关系，促使社会性别发生潜移默化的改变，并且促使男女两性对社会资源的掌握不断朝着公平、平衡的方向发展。

（三）个人自由与发展理念影响婚姻家庭政策

当然，传统的家庭本位观念和宗族意识也逐渐受到"个人自由""个人发展"的挑战。在婚姻家庭领域仍然存在一些不利于家庭和谐和性别平等的问题，虽然女性对家庭资源分享和家庭事务决策方面的自主权越来越大，女性所拥有的财产性家庭资源也越来越多，但是，"男主外，女主内"的传统家庭性别分工并没有得到根本改变，女性仍是家务劳动的主要承担者，男女在共同参与有酬劳动时，女性仍然倾向于自主地选择放弃事业发展，以保证丈夫能够在社会上有更大的发展。此外，发生在家庭中基于性别的暴力现象时有发生，歧视女婴、出生性别比偏高的问题没有得到根本遏制，女性因婚姻、生育、承担家务劳动而致其在职场上受到歧视，职业女性的工作与家庭冲突加剧等问题依然存在。而农村女性的土地承包经营权被侵害的现象尤为突出，在一些村规民约中，外嫁女对居住地的选择权利和土地使用权均被剥夺。因此，婚姻家庭领域中的性别平等仍面临诸多挑战，需要给予相应的社会和政策支持。

四、未来婚姻家庭立法政策发展方向

未来婚姻家庭政策的发展要朝着男女共同发展、实现两性和谐的方向迈进，社会性别主流化也应贯彻到家庭领域，既要强调家庭成员间的团结和相互支持，也要倡导对两性个体权益的维护、个体的发展，摒弃极端家庭本位主义和个人本位主义造成的人权侵害和婚姻家庭不稳定。以社会性别意识主流化构建婚姻家庭政策，在婚姻家庭政策制定、实施、评估过程中，充分考虑社会性别对女性和男性产生的不同影响，创造条件改善两性的不平等格局，逐渐消除社会性别歧视，才能促进女性发展，推进家庭功能长效发挥。

第二节　家务劳动的性别分析

国家实现经济与社会的发展，不仅依赖于人们所做的有薪酬的工作，同时也取决于人们照料家庭成员所做的无报酬的工作，即家务劳动。家务劳动

以家庭为场所，以家庭成员为服务对象，满足以家庭为单位的各成员的日常生活需求、维系家庭功能。但是，在市场经济"唯利益论"话语下，家务劳动因其不能直接为市场创造利润，常常被认为是"无价值"的劳动。在大部分国家，无报酬的家务劳动在女性和男性间的分配仍然具有不平等性，这不仅妨碍着男女工作中的薪酬平等，而且影响两性机会均等地发挥各自才能。

一、劳动分工中的性别争议

(一) 家务劳动与性别

家庭具有人口再生产、教育子女、赡养老人和组织经济生活的社会职能，要履行这一职责，需要家庭成员投入大量的时间、精力，持续地从事大量而繁重的家务劳动。家务劳动首先跟女性结合在一起，私有制社会产生以后，女性的精力便由以社会物质生产为主，转向以家务劳动和以人口再生产为主。长期的家务负担，使女性逐渐与社会生产相分离，与社会生活隔绝，造成女性参与面窄、技术低下，从而改变了女性原有的智力优势。[1] 恩格斯曾经关注过婚姻家庭中的家务劳动问题以及它与女性的社会地位之间的关系，指出妇女解放的一个先决条件就是让所有女性重新回到公共的劳动中去，妇女的解放，只有在妇女可以大量地、社会规模地参加生产，而家务劳动只占她们极少的工夫的时候，才有可能。

在传统社会，以性别为依据的劳动分工是社会的最基本分工，如女性负责生育、抚育、照顾老人、承担家务，而男性负责生存劳动，负担家庭开支以及家庭中的地位与荣誉。这种带有父权制的意识形态和等级化的劳动性别分工机制，成功地将女性定位为"主内"，安置在家庭领域，而男性的角色定位为"主外"，进入公共领域，男女两性的劳动也被赋予不同的价值。但是，女性主义复兴以后，对传统的劳动分工进行质疑和反思，家务劳动更进一步成为女性主义关注的重要问题，激进女性主义曾指出，家庭经济制度对女性的剥削更为残酷，她们的繁重家务，诸如打扫卫生、烹调、育婴、待客、养老、伺候丈夫等，从没有任何报酬，无异于家庭奴仆。[2] 传统性别角色的分工模式不仅限制了女性参与公共领域，同时也限制了男性充分参与家庭生

---

〔1〕 戴雪红：《女性主义对资本主义的批判：立场、观点和方法》，光明日报出版社2012年版，第233页。

〔2〕 王新宇：《性别平等与社会公正——一种能力方法的诠释与解读》，中国政法大学出版社2014年版，第56页。

活。性别意识理论认为，家务劳动的分配实质上是对性别关系的一种符号性表现。基于这一理论，夫妻双方在劳动力市场和家庭中所花费的时间并非简单的权衡，而是根植于性别意识中的。根据这一理论，家务劳动并不是中性的，而是定义与表现了特殊的性别期望。因此，女性相比于男性承担了更多的家务。[1]

在我国，以家庭内部的性别分工来看，从事家庭工作的绝大多数是女性。调查显示，在家务劳动方面，中国女性做家务的时间是男性的两倍以上。[2] 改革开放前，由于社会生产力的低下、长期传统思想的影响和子女养育任务的繁重，中国大多数的家庭中家务都由妻子承担。改革开放后，传统的"男主外、女主内"的劳动分工格局再加上市场经济的快速发展使得绝大多数男性外出打工，以期获得现金收入，绝大多数家庭由女性操持家务。特别是随着我国经济结构的调整，原本依托于国有企业或集体企业的公共福利被取消和缩减，女性不得不为抚养子女、照料家庭付出巨大的无报酬劳动。2011 年发布的《第三期中国妇女社会地位调查主要数据报告》显示：女性承担家庭中"大部分"和"全部"做饭、洗碗、洗衣服、做卫生、照料孩子生活等家务的比例均高于 72%，而男性均低于 16%。3岁以下孩子由家庭承担照顾责任者的被访者占 99.9%，其中，母亲作为孩子日间主要照顾者的占 63.2%。[3] 我国社会曾经出现"妇女回家"的论调，意图更多的妇女放弃对公共劳动的参与而困守在家庭岗位上，这种观念在实质上反映了严重的社会性别不平等状况，这种现象在农村更为严重，而且日益冲击中国的婚姻家庭。

（二）家务劳动的无报酬性

在婚姻家庭生活中家务劳动恒定且周而复始，因主要限制于家庭中而表现出与公共劳动不同的性质。在现代社会，工业化与市场经济将家庭外的有偿劳动与家庭生活中家务劳动的无偿工作进行了区别，由于家庭一直被视为私人领域，家庭事务也被归入"个人""内部"之领域，家庭价值取向倾向于"内部消化""不为外部所知""外界不宜介入"等。[4] 家务劳动也无报酬，往往让我们看不到劳动的价值，而实际上，家务劳动占工业化国家所创

---

〔1〕 於嘉：《性别观念、现代化与女性的家务劳动时间》，《社会》2014 年第 2 期，第 169 页。

〔2〕 刘华萍：《性别平等之悖论：在哲学与政治之间》，《岭南学刊》2016 年第 2 期，第 131 页。

〔3〕 第三期中国妇女社会地位调查课题组：《第三期中国妇女社会地位调查主要数据报告》，《妇女研究论丛》2011 年第 11 期，第 5—15 页。

〔4〕 罗杰：《家庭暴力妇女受害者权益之法律保障研究》，群众出版社 2015 年版，第 64 页。

造财富的 25%—40%〔1〕家务劳动的价值不仅得不到男权社会的承认和尊重，而且，主要承担这种劳动的女性在人格、就业等方面甚至受到不应有的歧视，这种状况造成事实上社会和家庭中的两性不平等，看似小事的家务问题上的矛盾却反映了两性对家庭利益的生产与分配方式。

随着对家务劳动的争论展开，也引发了"为家务劳动支付工资"的运动。马克思主义的女性主义试图通过这一运动解决家务劳动的"不可见"问题，揭露资本主义对女性再生产劳动的"隐性"依赖。〔2〕2010 年"全国两会"上，全国政协委员张晓梅曾提出"实行家务劳动工资化，切实保障女性权益"的提案，希望通过这种方式承认和体现女性，特别是全职太太付出的家庭劳动。遗憾的是，该提案招来诸多非议，甚至有人称之为"雷人提案"，是在宣扬婚姻不以感情为基础，而靠金钱来维系，会折射出亲情物质化。〔3〕也有人认为该类提案根本就没有可操作性，说明女性家务劳动的价值在社会上并未完全得到公众的认可。

（三）家务劳动与女性社会地位

女性主义坚持认为，女性的从属地位与她们无报酬的家务劳动密切相关，源于家庭内两性权力差异。〔4〕加拿大女权主义理论家玛格丽特·本斯通（M. Benston）也指出妇女处于从属地位的根源在于妇女无偿的家务劳动（包括缝补浆洗、做饭育儿等）。〔5〕历史之初，让妇女做家务劳动，禁止她参与建设世界的深刻原因，就是让她屈从于生育职能。〔6〕随着女性受教育的程度的提高，女性参与社会活动与社会生产的比例增加，她们面对的主要问题之一是她的生育作用和生产劳动的作用如何协调，如果在家庭内部并没有普遍出现平摊家务的局面，当女性越来越看重自己的独立存在，不愿处于依附于丈夫的地位，她们往往背负双重负担参与工作的竞争，在工作与家务中处于两难，她们既要参与社会劳动，又要承担无偿的家务劳动，在身体与精神的

---

〔1〕 参见王宏维主编：《女性学导论》，广东人民出版社 2012 年版，第 179 页。

〔2〕 参见戴雪红：《女性主义对资本主义的批判：立场、观点和方法》，光明日报出版社 2012 年版，第 240 页。

〔3〕 参见 http://www.scwmw.gov.cn/sfpl/yc/201309/t20130917_224097.htm，访问日期：2017 年 5 月 20 日。

〔4〕 参见郭夏娟：《为正义而辩——女性主义与罗尔斯》，人民出版社 2004 年版，第 285 页。

〔5〕 参见沈堰奇：《平等、公正、认同——女性就业保障的多重视角》，《山东女子学院学报》2011 年第 5 期，第 26 页。

〔6〕 参见〔法〕西蒙娜·德·波伏瓦：《第二性（I）》，郑克鲁译，上海译文出版社 2012 年版，第 170 页。

双重压力之下，可能失去其他领域中相应的机会利益。有学者对我国城乡已婚女性家务劳动时间的影响因素进行跟踪调查分析得出结论，认为我国已婚女性的家务劳动时间与其在劳动市场的工作时间呈负相关。由于工作时间往往会影响女性在职场中的晋升等相关方面，因而这一结果也从侧面反映了家务劳动对女性职业表现可能产生的影响。换言之，这种性别分工机制无形中将公共领域的女性逐渐边缘化，如在农业领域，当男性越来越多地进入工作场所里，农业劳动就出现女性化趋势。职场女性的工作角色也常常体现出家庭角色的延伸，如女性更多地担任秘书、保育员或服务员的工作，而把更多的优质工作和控制地位赋予给了男性，导致了男女在职业和收入上的不平等。因此，男女在职业和收入上的不平等可能在很大程度上与家庭内部的劳动分工相关，减轻女性家务负担，鼓励男性多承担家务是推动我国男女平等的一个重要方面。[1]

同样，如果男性承受在性别平等环境中本不该承受的社会、经济和心理压力，这些压力让男性在不健康的生活方式中挣扎而无力逃脱，也会严重影响到男性的生活质量和身心健康，这些都是现代家庭冲突的重要原因。当矛盾积累到一定程度得不到缓解时，暴力和离婚便往往成为最极端的解决方式，直接导致了家庭的解体。

二、法律的审视与检讨

女性因承担养老育幼、家务劳动的重任而失去很多，但社会和法律并没有补偿因此受损的性别利益，大多数女性没有被社会赋予价值认可甚至遭遇歧视，从而加剧了两性的不平等。国际社会也是在 20 世纪七八十年代以后才开始关注这个问题。在美国，法律经济学的发展已经使得请求离婚的妇女可以论辩说：丈夫的职业、学位是一种资产，妻子对这一资产有所贡献，并应当承认她在这一资产中有一份利益。[2] 女权法学家也主张，如果一定要由女性承担大部分照顾孩子等家务劳动，那就应给女性的此种照顾工作以应有的价值承认。价值承认的方法主要包括社会层面的福利补贴，离婚时在财产分割与赡养费判定过程中考虑家务劳动因素两个方面。[3]

---

〔1〕 於嘉：《性别观念、现代化与女性的家务劳动时间》，《社会》2014 年第 2 期，第 188 页。

〔2〕 何群：《婚姻法领域男女平等权研究——以配偶从事家务劳动的定位为例》，《太平洋学报》2008 年第 8 期，第 56 页。

〔3〕 王玮玲：《基于性别的家庭内部分工研究》，《重庆大学学报（社会科学版）》2016 年第 5 期，第 140 页。

在我国，从 1950 年到 1980 年的《婚姻法》都没有明确规定这一问题，随着越来越多的学者得以了解和运用"社会性别"等分析范畴，劳动分工的性别不平等问题得以关注。1985 年我国《继承法》规定"继承权男女平等"，强调尽了主要赡养义务的丧偶儿媳、丧偶女婿，作为第一顺序继承人。在传统分工模式下，女性更多地负担照顾家庭、赡养老人的责任，该规定在一定意义上肯定了家务劳动的价值。1992 年《妇女权益保障法》也规定：夫妻书面约定婚姻关系存续期间所得的财产归各自所有，女方因抚育子女、照料老人、协助男方工作等承担较多义务的，有权在离婚时要求男方予以补偿。这一立法肯定了家务劳动的经济价值，平衡了夫妻双方的财产利益，体现了社会公正。2001 年对《婚姻法》进行修正，家务劳动问题被重新提及，其中规定：夫妻书面约定婚姻关系存续期间所得的财产归各自所有，一方因抚育子女、照顾老人、协助另一方工作等付出较多义务的，离婚时有权向另一方请求补偿，另一方应当予以补偿，这一条的规定在社会性别立法上不失为一项突破。除此以外，还增加了第 4 条，"夫妻应当互相忠实，互相尊重；家庭成员间应当敬老爱幼，互相帮助，维护平等、和睦、文明的婚姻家庭关系。"这些条文均含有对家务劳动价值的认可。自此，家务劳动会导致家庭关系失衡的状况以及家庭成员间该建立什么样的家庭关系开始得到法律的关注，其表现出来的对家务劳动价值的承认，有利于转变传统的社会性别分工。

但是，这一立法也存在极大的不足，因为立法中这种认可并不是对夫妻从事的家务劳动，或其他的社会职业在法律形式上平等的规定，而是在婚姻解体时才能得到某种确认。在婚姻关系解除时，立法中以对婚姻财产分割、补偿或经济帮助来体现家务劳动的价值，隐含着保护无社会职业、承担主要家务劳动的一方的利益。比如，人民法院会根据财产的具体情况，照顾子女和女方权益的原则判决。但是，这种家务补偿请求权的适用范围被限定在采取婚后所得分别所有制的家庭，只有在夫妻书面约定婚姻关系存续期间所得的财产归各自所有，一方因抚育子女、照料老人、协助另一方工作等付出较多义务的，离婚时才有权向另一方请求补偿，而且是以对婚姻财产分割、补偿或经济帮助的方式，来体现家务劳动价值的规定，这种立法的公正与合理性本身就值得质疑。现实中共同财产制仍是家庭主流，采用分别财产制的家庭少之又少，《婚姻法》对于共同财产制家庭的家务补偿制度并未作出规定，这就意味着在共同财产制家庭模式下，任何一方都不享有家务补偿请求权。而法律中对补偿的数额即家务劳动的计量方法均未作出规定，司法机关在操作过程中无所适从，付出家务劳动的一方对自身权利行使后所能获得的利益难以预期，这也是该法条无法得到广泛适用的原因之一。

三、家务劳动社会价值立法化

（一）立法经验之借鉴

社会的发展已经使得家庭中夫妻双方承担同样或相近的经济责任已经是社会发展的大趋势，国外许多国家在立法、司法中承认家务劳动价值，如《美国统一结婚离婚法》第 307 条规定，财产分配时要考虑"每一方对婚姻财产的获得所作的贡献，包括一方以操持家务的方式所作的贡献"。《瑞士民法典》第 164 条规定：负责料理家务、照料子女或扶助配偶方从事职业或经营事业的配偶一方，有权请求他方支付一笔合理的款项，供其自由处分。英国法上有"妻通过家事之照料、子女之养育而对共同事业的贡献，与夫之维持家计、扶养家庭具有同等价值"的规定。日本在司法实务中也承认家务劳动具有价值，日本最高裁判在其判决中认为，以女性在 25 岁结婚离职为理由，而不承认 25 岁以后所造成的逸失利益的原审判决为不当，而应以妻之家务劳动亦生财产上之利益为由，承认逸失利益之损害赔偿[1] 香港法例第 192 章《婚姻法律程序与财产条例》第 7 条规定，法庭判决财产分配时要考虑"婚姻双方各别为家庭的福利而作出的贡献，包括由于照料家庭或照顾家人而作出的贡献"。可见，域外立法对夫妻财产分割时，都会考虑夫妻双方对家务劳动的付出，而不是考虑夫妻财产制的类型，以此来充分保障配偶双方在婚姻中的合法利益。

（二）立法认同家务劳动的公共性和社会价值

婚姻中承担家务劳动的一方，不仅需要付出时间、体力，更大程度上也需要付出脑力劳动并投入情感，从而失去自我发展的机会，使另一方获得充分的就业、事业升迁或待遇提升。如果女性也不断地进入公共市场中，与男性一样参加有酬劳动，男性不再是家庭唯一供养者，男性的职业压力随之减轻，他们会有更多的机会面对家庭和孩子，有更多的时间来从事家务。

虽然婚姻关系和亲属关系具有很强的伦理性，一方在家务劳动上的付出并不以收取相应报酬为目的，从而区别于单纯财产法上的行为，但从重要性来说，家庭中，夫妻或配偶从事家务劳动与其他的社会职业应该同等重要，无论是在婚姻关系存续期间，还是在婚姻关系结束后都应当具有等值的现实

---

[1] 王晴：《我国法律对家务劳动价值立法的不足与完善》，《人口与经济》2009 年增刊，第 189 页。

与期待价值。也有学者提出用两种方法计算家务劳动的价值：一种是机会成本法，即 8 小时家务劳动的价值等同于同样时间内社会平均劳动价值；另一种是家庭食品法，以家庭不开伙做饭而是吃饭馆和方便食品的方法解决一日三餐，以消费价值计算家务劳动的价值。[1] 尽管家务劳动的薪酬制在操作上确实存在一定的难度，但法律形式上须有明确的定位，通过立法上全面承认家务劳动的公共性和经济价值却是必要的，这既是男女平等法律原则的要求，也是保护妇女合法权益原则的要求。而且还必须增加该条款中的强制性义务性质，这样才可以逐渐地改变我国公民关于这一问题的社会意识，培养男女同工同酬的观念。只有鼓励男性加入从事家务劳动的行列，家庭中的性别角色分工才会趋于平等，男权统治的格局才会随之动摇，这是男女平等的原则在家庭领域的重要体现。

（三）完善家务劳动经济补偿制度

现行《婚姻法》中的家务劳动经济补偿制度适用的基本前提也不应以夫妻约定分别财产制为限，而应将适用范围由分别财产制扩大至法定共同财产制及部分共同财产制、部分分别财产制的任何夫妻。在夫妻共同财产制下，先按法律规定分割共同财产，然后从承担家庭劳动较少的一方所分得的财产中拿出一些作为对承担家务劳动较多的另一方的补偿。而且这种补偿请求权在婚姻关系存续期间也可以行使。在补偿的数额方面，可以由双方根据财产状况及其经济能力协商，如果协商议不成，由法院在查明夫妻双方各自财产状况以及一方所付出义务情况的基础上，根据权利义务对等的原则予以确定，则该制度的立法目的才能真正达到预期的效果。

第三节　外嫁女权益及其保障[2]

农村妇女土地权益是关系农村妇女生存与发展的民生，对于提升农村妇女的经济自主性和经济地位，促进农村经济社会和男女平等发展具有深远的意义。随着珠海市城市化进程的不断推进，大量农村土地被征用，所在村的村民享有集体经济组织利益分配、土地征用补偿款分配等权利，在这些利益

---

〔1〕　佟新：《社会性别研究导论》（第 2 版），北京大学出版社 2011 年版，第 186—187 页。

〔2〕　珠海市妇联于 2012 年 12 月至 2013 年 4 月开展了对本市外嫁女权益的调研工作，实地调研了斗门区关于外嫁女保护的工作，与基层干部、斗门区法院、妇女工作者进行了座谈，最后形成对珠海市农村外嫁女权益保障情况调研报告，并上报珠海市委、市政府。此节资料主要来自对珠海市农村外嫁女权益保障情况调研报告的内容。

分配过程中，"外嫁女"（也称出嫁女）权益受侵犯现象屡屡发生。"外嫁女"权益问题，是指户籍关系在农村、身份为农民，并且是某一特定农村集体经济组织成员的妇女，因为结婚（包括初婚和改嫁）、婚姻状况改变（丧偶、离异）等情况，被村民委员会或者农村集体经济组织、基层政府通过强制性政策和措施，迫使该妇女迁移户口，取消土地承包经营权，完全或者部分放弃集体经济收益分配资格，取消农村集体土地征用补偿金分配资格，造成妇女权益被非法侵害的各种现象。

一、外嫁女及其权益纠纷的实证分析

外嫁女权益被侵害问题在珠海市香洲、金湾、斗门等区都有不同程度的反映。按照法律规定，结婚后户口和居住地仍在原村的农村妇女及其按计划生育的子女，其居住、户籍、劳动和计划生育等权利受法律保护，在责任田、宅基地划分、股权分配等方面与当地村民享有同等权利。但是，由于普适性的法律并没有明确落实的程序步骤，以及与之相关的保障办法和监督措施，村民往往以自治为理由，要求通过村内表决来解决相关问题。因此，外嫁女权益受到侵害。

对外嫁女权益的侵害主要表现在：一些村通过村民代表大会或村民大会，作出与法律相违背的村委会决定，村规民约或股份制章程，使有些结婚后户口未迁出的妇女及其子女被剥夺集体经济组织成员资格或股东资格，丧失了土地承包权或集体收益分配权；部分外嫁女的子女入户、入学受歧视；部分外嫁女配偶没有享受到村集体经济利益，有些结婚男方到女方住所落户的，丈夫及子女均未能享受村民待遇，甚至不准入户；等等。近年来，一些外嫁女及其子女，甚至于第三代也开始主张自身权益，外嫁女群体往往通过非理性的上访行动来主张自己的权益，给政府日常工作和当地的稳定带来相当不利因素。

外嫁女案件涉及依法保护妇女权益、地方习俗、群众上访、闹访严重等问题，社会影响面广，执行难度大。2006年珠海市曾对外嫁女作了最全面的统计，至2006年9月底，珠海市户口未迁出本村的出嫁女人数为9816人，其中，全部享有土地承包、配股分红、宅基地、征地款分配、福利保障等权益的6722人，占总数68.5%；部分享有以上权益的1337人，占总数13.6%；未享有以上权益的1757人，占总数17.9%。外嫁女计划生育子女数9942人，其中按规定全部享有权益的子女数4630人，占总数46.6%；只生一个子女享有权益的人数2227人，占总数22.4%；未享有权益的子女数3085人，占

总数 31.0%。近几年关于外嫁女权益受到侵害的上访、诉讼案件仍然不断，以斗门区人民法院为例，斗门区人民法院受理的外嫁女诉讼案件，2011 年有 3 宗，2012 年有 4 宗，非诉审查案件 2012 年有 66 宗。

二、外嫁女权益保障的政策变迁

珠海市自 2001 年以来，市委、市政府及相关部门对外嫁女权益保障做了许多工作，也取得了一定的成绩。

2004 年 5 月，市妇联曾会同各区妇联对全市外嫁女在享受配股分红，宅基地、补偿征地款分配，福利保障等方面的权益状况进行了跟踪调查，形成《关于我市农村出嫁女经济分配权益问题的调查报告》，斗门区政府发布《关于保障我区农村"外嫁女"合法权益的实施意见》（斗府〔2004〕31 号）。

2006 年 8 月，为了贯彻落实省出嫁女权益保障工作会议精神，根据省委、省政府的要求，市委、市政府联合下发《关于全面开展社会主义新农村建设的决定》（珠字〔2006〕20 号），将解决农村外嫁女权益问题纳入构建和谐珠海，开展社会主义新农村建设的重要问题来抓。

2006 年，《省委农办、省妇联、省信访局关于切实维护农村妇女土地和集体分配权益的意见和通知》中，明确在农村集体经济组织中妇女权益受到侵害的按"先政府处理，后行政诉讼诉讼"的解决途径，即先由基层政府处理，对基层政府处理决定不服的，可以提请行政复议；对行政复议不服或政府不予处理的行为，提起行政诉讼，法院应当处理。

2007 年 5 月，珠海市解决农村外嫁女权益问题工作领导小组制定了关于开展农村外嫁女权益保障专项工作方案，成立专门的调研组，对本市未享有权益的外嫁女分布情况、未享有和部分享有权益的原因及权益落实情况进行全面的调查与统计，并制定了解决外嫁女权益保障的专项工作方案。

2007 年 6 月，在《广东省农村集体经济组织管理规定》实施后，斗门区委、区政府发布了《关于切实维护农村妇女土地和集体收益分配权益的实施意见》（斗字〔2007〕19 号）。

2010 年 7 月，珠海市制定并通过了《珠海市妇女权益保障条例》，其中第 21 条明确规定："村民代表大会会议或者村民大会决议、村规民约、村民自治章程以及农村股份合作企业章程、董事会有股东大会决议不得侵害妇女的合法权益。"

2012 年 9 月，珠海市实施《珠海市社区股份合作公司规范和监管暂行办法》，在保持各股份合作经济组织原已界定的股东资格不变的基础上，将对少数有争议的特定人员进行股东资格梳理，从源头上消除股权纠纷隐患。同时明确股权界定和配置的标准，股东权益不因户籍、住址、婚姻状况、工作地区等因素的改变而被取消或减少，坚持按股分红的原则，进一步解决"外嫁女"等特殊群体的股权纠纷问题。

这些政策法规的出台，对一些外嫁女问题的个案解决起到了一定的作用，但在实际执行过程中，仍然会遇到阻碍，使得外嫁女权益保障没有得到整体的完全解决，不仅暴露出我国土地法律和政策的不完善，也反映出女性在社会经济资源的分配过程中所处的不利地位。

三、妨碍外嫁女权益纠纷解决的原因

外嫁女权益纠纷的原因是多方面的，在农村，除了受传统婚嫁观及男尊女卑观的影响之外，利益驱动也是其中之一，部分富裕的农村，集体经济效益好，外嫁女为能够继续享受村集体福利，结婚后不愿意将户口迁走；甚至已转为城镇居民并外迁的外嫁女又将户口回迁，要求参加集体分配，享受应有的权利。扩大分配范围会导致世居村民可得利益的减少。而土地资源紧张、人多地少矛盾突出，处于弱势地位的"外嫁女"就成了被排挤对象，村民受利益的驱使对这些"外嫁女"的行为进行抵制，从而引发纠纷。

经过详细调研，我们发现诱发外嫁女权益纠纷的主要原因还包括以下几点：

第一，村党支部、村委会对国家法律、政策法规贯彻、执行不力和对村民自治组织管理不力是造成外嫁女权益受侵害的原因之一。

第二，农村集体资产产权归属不清晰，外嫁女村集体成员资格认定没有统一标准。现行的法律法规对产权主体没有作出明确的资格界定，导致股权归属边界不清晰。《广东省农村集体经济组织管理规定》第 15 条对农村集体经济组织成员的范围按照"一地加义务"（"一地"指户籍所在地）及"同籍、同权、同龄、同股、同利"的标准确定，但由于规定不够详尽，在作资格认定时遇到较多问题。集体经济组织从生产队到股份制公司，名称变更，但实质上并没有太大的差异，由于国家并没有针对集体经济进行立法，加之农民群体的变动，使得集体经济的资产也很难清晰确认，无法建立合理有效的进入和退出机制，拥有哪些条件可以成为集体经济组织的成员，如果要退出需要哪些程序和如何补偿，都没有明确的规定，有的村按照"户籍 + 居住"的条件认定外嫁女身份，有的村按照"户籍 + 履行义务"的条件予以认

定，条件要求标准不一，使得外嫁女是否可以成为集体经济组织的成员，是否可以成为集体经济的股东，长期以来争论不断。

第三，村规民约不合理，对村民自治缺乏有效的监督管理。在外嫁女问题上，被村民用来和《妇女权益保障法》抗衡的，是《村民委员会自治法》，根据《村民委员会组织法》规定：村中重大事项须经村民三分之二通过。绝大多数村民认为，集体经济组织利益和征地补偿款分配等事项，完全是村民自治内部事务，由村民委员会自治处理。由村委会和村民会议的决定取消了作为少数人的"外嫁女"的土地收益权利，出现村规民约大于法律的倒置现象，使基层自治乱象丛生。可以认为，所谓外嫁女问题实际上是"村规民约"这种民间习惯和国家立法相互冲突的结果。

第四，政府有关职能部门没有形成指导性方案。现有的相关法律法规对"外嫁女"土地权益保障的规定比较笼统。《妇女权益保障法》及《珠海市妇女权益保障条例》中均没有说明具体的保障办法，缺乏可操作性，政府相关部门亦未拿出可操作性的指导方案。

第五，解决纠纷途径不畅通。乡、镇政府认为实行村民自治，村里事村里办，遇到此类投诉存有畏难情绪。广东省"先政府处理，后行政诉讼诉讼"解决外嫁女权益的方法在实际运用中仍有一些问题：在斗门区法院对起诉镇政府的行政案件的回访中，发现镇政府在法院判决后，根据判决作了责令书，但由于镇政府认为根据相关规定，他们没有权力将农村财务管理中心的款项直接支付给外嫁女，因而决定书只是责令村民小组纠正错误决定，发给外嫁女应享有利益分配，并未明确应分配的具体数额，不具有执行力。而村民小组在接到责令书后也没有纠正错误，外嫁女应分配的相关利益并没有得到实际维护。

四、外嫁女权益保障的对策与建议

2012 年 9 月，珠海市在全省率先全面启动幸福村居创建工作，建设范围包括了全市所有行政村及农村性质社区居委会，即 122 个行政村和 87 个具有农村性质的居委会，共 209 个村居，致力于实施特色产业发展、环境宜居提升、民生改善保障、特色文化带动、社会治理建设、固本强基"六大工程"，系统探路城乡统筹发展。2013 年启动农村综合改革试点工作，锁定农村土地制度改革、集体资产产权制度、社区管理体制、社会管理和公共产品供给体制等五大重点。在农村土地流转、基层组织"政经分离"、农村金融改革、"三资管理"改革、社区股份制改革等领域进行探索。2013 年，珠海市就完成了对全市农村集体土地使用权确权登记发证工作，用法律和书面的形式明确了珠海农村土地权属和界限。2014 年，斗门区作为全省农村土地承包经营权确权登记颁证工作首批试点之一，率先在全市开展此项工作，并在 2015 年底基本完成确权登记颁证任务。珠海市还鼓励农村土地流转，适度经营，斗门开始开展试点村（居）的股份合作制改革，并在 2016 年底前，全面完成农村社区型股份制改革。改革为促进解决农村外嫁女权益问题提供了契机，让农村外嫁女权益纠纷解决成为维护农村社会稳定、建设和谐社会的一项重要工作，成为加强社会管理和创新的一项重要举措。

外嫁女难题看似经济利益的争议，但其本质却是集体经济组织成员资格认定，及其衍生出来的分红的归属问题。透过外嫁女权益纠纷，反映了全市农村在集体经济改革中出现的问题，以及在基层治理中存在的矛盾。只有明晰农村集体资产和集体成员的边界，才能为下一步农村集体经济的进一步转型改制奠定良好的基础，也才能明晰外嫁女及其子女的成员资格，为外嫁女等特殊利益群体（如代耕农）权益纠纷的解决提供保障。

（一）合理划分基层组织职责

充分发挥基层作用，治理重心向基层下沉，是符合当今社会发展趋势的。对外嫁女权益纠纷最有效的解决措施是将矛盾化解在最基层。当前农村地区的治理结构，党组织、自治组织、经济组织及各类社会组织混在一起，通过"几块牌子，一套人马"的方式行使权力，利益纷争导致基层组织职责边界模糊，村居基层权力高度集中并缺乏监督，不利于村居公共事务规范化和专业化管理。农村社会分化产生了不同的利益群体，但缺乏平衡各方利益统一的政策标准和长效机制，在经济运作过程中，出现自治职能与经济职能相互干预与代替，在自治组织和经济组织的选举方面，不同的宗族、派系因利益群体分化、利益诉求多元，引发矛盾。因此，化解基层矛盾非常有必要理清基层组织的权限和职责，让党组织、基层自治组织和经济组织三者之间的边界明确，各司其职。村党支部、村委会要加强对本村事务的管理能力和贯彻执行国家法律、政策的能力，依法指导规范村民自治行为，切实提高农村集体经济组织的管理能力。

外嫁女问题实际上属于集体经济组织内部的利益纷争，应该放在集体经济组织内部解决，不牵涉其他组织，这样可以将矛盾限制在经济组织内部，防止矛盾外化，也避免了外嫁女采取上访手段表达自己的立场和诉求，将矛盾积聚在政府身上，既有针对性地解决问题，同时也不影响其他基层组织的正常运转，巩固了基层治理的基础。珠海市井岸镇龙西村的经验值得借鉴，该村成立了由村支书、村妇女主任和其他村干部组成的领导小组，先后召开党员大会、村民代表大会，学习保障妇女权益的法律和政策，及时删除了村规民约中侵害妇女权益的条款，有效地维护了外嫁女的权益。

（二）明晰集体资产产权归属和成员资格

农村集体经济正在成为农村社会矛盾产生的根源，特别是村居不同利益主体之间的矛盾，为社会管理和基层治理带来了挑战，甚至影响到基层党组织的威信，百姓对政府的信任大打折扣，基层自治组织职能难以正常发挥，基层治理成本大幅提升，也存在巨大的风险，不利于维护基层的和谐稳定。

解决外嫁女矛盾的根源也在于解决集体经济产权的模糊和成员身份界定的不确定的问题。必须让集体经济组织的资产管理规范化，明确集体土地所有权的主体及其法律地位和农村集体经济组织本身的法律性质，以及农村集体经济组织与成员的关系。这也是满足村居治理的需要。笔者认为，应把对外嫁女权益纠纷的解决放在农村集体经济转型发展的大背景下，在促进农村集体经济持续化发展，推动农村城市化进程，创建幸福村居改革路径中找到解决外嫁女权益纠纷的办法。

第一，推动农村集体经济组织的股份制改革。把以土地为核心的农村集体财产股份化的方式，确定集体经济组织股份数量及每股价值，按一定的原则分配给个人，作为村集体经济收益分配的基础，对原始成员和迁入成员按不同的标准和要求，进行利益分配。只有通过实行股份合作制改革，做到主体明晰、股权固化、盈利共享、风险共担，才能有效解决好在"村改居"和户籍制度改革过程中将集体资产归利于民的问题，才能妥善解决好外嫁女的福利分配等问题，确保农村经济的可持续发展和社会稳定。对于农村户籍的管理，要逐步增加其规范性和有序性，在户籍迁入或迁出农村集体经济组织所在地时，户籍管理部门要与村委会、农村集体经济组织及时沟通、协调，防止所谓的"空挂户"与农村集体经济组织因为利益分配问题发生纠纷。在已城市化的农村集体经济组织所在地，可另设居委会，外来人口迁入的，由居委会管理。

为此，农村集体经济组织的股份制改革首先要做到产权明晰。做好全部农村集体经济组织的资产产权登记确认，依法界定农村集体资产的权属关系，清理债权债务，理顺产权关系，发放股权证，明晰集体经济产权主体，将股权固化。并制定股份合作制章程，建立股东（或股东代表）大会制度，成立董事会、监事会，可与村民代表会议、村委会和监事会实行一套人马管理。农村社区股份合作经济组织接受上级业务管理部门的监督管理；继续执行农村集体资产和财务管理各项制度，实行财务公开、民主决策、民主监督；财会人员继续实行委派制，实行"盈利共享、风险共担、先提后用、按股分红"的分配形式。

第二，加强对外嫁女身份认定的指导。市委、市政府应依据相关法律法规及政策结合各区的实际情况，完善有关农村集体经济组织成员资格问题方面的规范性文件，细化工作措施，使农村集体经济组织成员按资格进行重新定位，如制定"农村集体经济组织成员界定办法"，确立成员资格认定须遵循的基本原则，细化成员资格的认定标准，以指导村民自治行为，为顺利开展出嫁女权益保障工作打好基础。股东资格认定后，必须张榜公布，经村民代表会议确定。对股东资格认定有异议的，由村民代表会议根据国家法律和有关政策讨论决定。在具体的工作思路上，可以首先试点落实，试点成功后，再全镇（区）动员，并派指导组驻各镇（区），全力推进，全面落实外嫁女及其子女的合法权益。

（三）加大对村民自治活动的指导与监督

《村民委员会自治法》规定，村民自治章程、村规民约及村民代表讨论决定的事项不得与宪法、法律、法规和国家的政策相抵触，不得侵害村民的人身权利、民主权利和合法财产权利。在村民看来，由大多数人来决定事情，就是民主，由这一形式决定的事情，就是民意所向，应该履行。而实际上，民主并不仅是"少数服从多数"这一种形式，民主内涵的一个重要方面，是尊重和保护少数人的权利。因此，必须加强对制定村规民约的指导、监督。为此，在各区、镇政府成立农村集体经济组织章程、村规的制定指导机构。同时，开展村规民约的清理审查工作。各村应加强对本村"村规民约"的检查清理，对其中与国家法律和政策相悖、侵犯妇女包括出嫁女合法权益的条款，由区、镇政府依法责令整改，并对整改效果及时复查；对正在或预备草拟"村规民约"的农村，区、镇政府的相关部门可主动积极地进行指导与监督，对与国家法律、政策相悖的条款提出修改意见和建议；对有关违反法律规定的村规民约条款，应予以及时纠正。

（四）发展维权组织，畅通救济途径

首先，基层政府要加大为外嫁女权益保护提供法律援助，确保各村都应成立一个妇女维权组织，对外嫁女户口迁入、迁出进行协商，避免外嫁女无法享有土地权益。同时确保妇女在农村基层组织中占一定的比例，有利于充分反映妇女利益的要求和意见。其次，用法律程序处理纠纷是保障外嫁女土地权益的有效方式和根本途径。因此，司法机关要认真研究探索受理外嫁女土地权益纠纷案件的处理机制，给外嫁女提供更加便捷高效的司法救济。同时要加强对基层民间调解组织的业务指导，加强调解工作，争取将此类矛盾纠纷化解在基层。

（五）加强普法宣传教育，增强国家政策贯彻执行力度

加强对基层农村干部关于保护农村妇女权益方面知识的培训是非常必要的，通过对"村官"的培训，使他们清楚了解我国对农村妇女权益方面的保护，使他们能够自觉用法律法规代替"村规民约"正确处理农村外嫁女土地权益问题。定期组织干部深入农村，召开党员会议、居民代表会议、股民大会，层层进行教育和引导，消除群众在出嫁女问题上的分歧。同时，也要做好对农村外嫁女的宣传工作，缓解情绪，稳定人心，帮助她们增强依法维权的意识和能力，引导教育她们采用合法形式反映诉求。

第四节　反对针对妇女的家庭暴力的策略与行动

家庭的安宁直接关乎社会的稳定，没有歧视和暴力的家庭环境是平等和谐社会环境的基础。遭受家庭暴力事件的妇女不仅无法投入社会的建设和发展中去，也不可能实现自身的全面发展，甚至还可能"以暴制暴"沦为罪犯，因此，家庭暴力构成了对妇女发展权的严重侵害，放任这种暴力的恣意存在和生长将严重损害到家庭的和睦以及社会的稳定。

一、我国反家庭暴力的立法及其发展

在反对家庭暴力的立法方面，修改后的《刑法》《刑事诉讼法》《民法通则》《婚姻法》《妇女权益保障法》等都明文禁止任何人以任何方式实施针对妇女的暴力侵害。尤其是 2001 年修改后的《婚姻法》有针对性地增加了"禁止家庭暴力"和相应救济措施条款，将配偶一方实施家庭暴力作为法院裁判离婚的依据，并专章确立对被害人的救助措施，增加离婚损害赔偿制度；2005 年通过的《妇女权益保障法》修正案还专条对家庭暴力问题作出规范，重申国家在防治家庭暴力方面的责任。立法和司法都强调，对妇女实施家庭暴力者应根据暴力侵害的程度，追究其相应的民事和刑事责任，并积极给予受害人以司法救助。2010 年第 3 期中国妇女社会地位调查则显示，在整个婚姻生活中遭受过来自配偶的不同形式的家庭暴力（如侮辱谩骂、殴打、限制人身自由、强迫性生活、经济控制等）的女性占 24.7%，其中，城镇妇

女为 20.4%，农村妇女则为 29.9%，农村妇女遭受各种家庭暴力的较城镇妇女更为严重。[1]

为了推动对家庭暴力行为进行系统化的制度性防治，2016 年，我国制定并实施了《中华人民共和国反家庭暴力法》（以下简称《反家暴法》），以更充分地保护家庭成员的合法权益，维护平等、和睦、文明的家庭关系，促进家庭和谐、社会稳定。

二、对"家庭"含义的取舍

家庭暴力是一个全球性的问题，常发生在不为人知的私人空间，也被称为"悄悄的犯罪"或"亲密关系中的恐吓"，又由于受害人往往放弃自己应有的权利，又被称为"沉默的传染病"。家庭暴力就像是一个社会的顽疾，使许多原本幸福的家庭解体、使许多妇女遭受身体和心理的双重侵害。

家庭暴力之"家庭"概念的界定是适用法律须解决的核心问题之一，从国际人权文书的规定来看，1996 年联合国对妇女暴力特别报告员起草的《家庭暴力示范立法框架》和 2008 年联合国专家组《反对针对妇女暴力的立法框架》都建议各国立法对家暴中各种关系的定义作尽可能宽泛的界定。家庭暴力立法范畴内的各种关系包括：妻子、居住伙伴、前妻或以前的伴侣、女朋友（包括不住在一起的女朋友）、女性亲属（包括但不局限于姐妹、女儿、母亲等）以及其他的女性家务工作者。[2] 这种最为广义的"家庭"概念的建议，为各国立法确立家庭暴力的"家庭"内涵提供了指导。

基于此，"家庭"概念的外延也不断扩展，2008 年香港立法会三读通过的《家庭暴力条例》（修订），将原条例中仅限于配偶和异性同居者范围扩大到包括前配偶、前异性同居者以及直系和延伸家庭关系的成员。我国台湾地区的"家庭暴力防治法"（2008 年）中家庭成员的范围扩展到"现为或曾为四亲等以内之旁系血亲或旁系姻亲"。显然，关于家庭成员的定义，不只是为了与公众的平常观念保持一致，也是为了更好地解决传统意义上的家庭成员以及"类似家庭"成员之间出现的法律问题。西班牙《反对性别暴力的综合保护措施组织法》（2004 年）更是将亲密关系延展到共同生活的照料者或按暴力发生的空间或事实来判定。印度尼西亚《消除家庭暴力法》（2004 年

---

〔1〕 转引自薛宁兰：《'95 世妇会以来中国妇女人权法律保障述评》，《妇女研究论丛》2015 年第 6 期，第 53 页。

〔2〕 1996 年联合国《反对家庭暴力的示范立法框架》。

第 23 号法律）将家庭暴力延展至家庭佣工。巴西《女权保护法》（2006 年）将"在共享的永久性空间中犯下的暴力"无论是否有家庭纽带，都包含在"家庭单位"中实施的暴力。[1]

我国现有涉及家庭暴力的相关文件中，包括 2001 年修改的《婚姻法》、2005 年《妇女权益保障法》和 2007 年《未成年人保护法》都有明确禁止家庭暴力的条文，但对家庭或家庭成员的范围与构成皆未明确规定。自 2000 年以来，全国 27 个省、市、自治区出台了以地方性法规或地方条例或多部门联合文件为形式的反家暴政策。在这些规定中并没有对"家庭"的范围及构成作出明确的界定。一些规范性文件，如 2008 年民政部、卫生部、公安部、司法部、中宣部、最高人民检察院、全国妇联共七部委共同发布的《关于与预防和制止家庭暴力的若干意见》以及最高人民法院应用法学研究所编写的《涉及家庭暴力婚姻案件审理指南》中，对于家庭暴力之"家庭"内容的相关规定也是过于原则，宣誓性大于规范性。

在反家庭暴力立法过程中，有三份重要的资料反映了立法者在界定"家庭"及"家庭成员"时做取舍的纠结过程，分别是 2003 年中国法学会"反对针对妇女实施的家庭暴力对策研究与干预"项目提出的《中华人民共和国家庭暴力防治法》（专家建议稿）（以下简称《建议稿》）、2014 年提出的《中华人民共和国反家庭暴力法》（征求意见稿）（以下简称《征求意见稿》）以及最终的《反家暴法》正式稿，三份文件对家庭暴力之"家庭"或"家庭成员"的界定也采用不同的态度：首先，《建议稿》中把家庭暴力限定在"家庭成员间"，对于"具有特殊亲密关系的人或曾经有过配偶、同居关系的人"也视为是家庭成员，准用相关条款。显然，该建议稿扩大了现行法以及传统观念对"家庭"的理解，将具有特殊亲密关系以及前配偶和同居关系都纳入广义的"家庭"范畴。其次，在《征求意见稿》中"家庭成员"包括配偶、父母、子女以及其他共同生活的近亲属，并将家庭寄养关系作为类似于家庭关系来规定。而对于恋爱、同居、前配偶则视为一般的社会成员关系，他们之间发生的暴力行为由《治安管理处罚法》《刑法》等法律调整。[2] 该《征求意见稿》对"家庭"概念有所限缩，沿用传统基于血缘和婚姻关系为基础的家庭概念，将家庭成员限制在近亲属的范畴之内，而且对除配偶、父母、子女之外的近亲属还要求必须有共同生活的条件。而正式通过的《反家

---

〔1〕　夏吟兰主编：《家庭暴力防治法制度性建构研究》，中国社会科学出版社 2011 年版，第 572 页。
〔2〕　关于《中华人民共和国反家庭暴力法（征求意见稿）》的说明。

暴法》比《征求意见稿》的范围扩大了，但与《建议稿》的表述又不同，对于家庭成员是否就是近亲属未明确，正式稿中也未用"亲密关系"这一词，对前配偶以及同居关系没有进行列举，而是借鉴了《征求意见稿》中的"共同生活"这一概念，将"家庭成员以外共同生活"的关系纳入《反家暴法》规范的范畴。也就是说，对于非家庭成员而言，如果共同生活在一起，可以参照准用于《反家暴法》的规定。

三、"暴力"行为的范围

（一）家庭暴力不同于一般的社会公共生活暴力

家庭是一个生活共同体，婚姻家庭关系主要是一种伦理亲情关系，家庭成员之间因其特定的人身关系而具有不同于一般人之间的权利和义务，家庭暴力正是对这种权利与义务的违反，破坏了家庭成员之间那种自然的生物性情感，产生权力支配与控制而实施暴力。

家庭暴力不同于社会公共生活中的暴力，一方面，施暴者与受害人之间具有特定的人身关系，他们要长期或终身生活在一起，施暴者有条件也有能力利用其在家庭生活中的优势，对相对弱小一方进行压迫与伤害。而作为家庭成员的受害人基于血缘或亲情关系却常常宽容暴力行为的发生，或因"家丑不可外扬"而默默忍受，或期待对方自动改正而不主动告发，也极少与施暴者进行直接的对抗。这种宽容与忍耐使得施暴者更加肆无忌惮，使家庭暴力更加频繁地发生，从而表现出周期性、持久性的特征。受害人也因此而产生持续性的精神恐惧，暴力行为的后果得以无限放大。而公共生活中的暴力却有偶发性的特点，在暴力行为结束后，再次受到暴力的概率非常小。

另一方面，家庭暴力发生在家庭领域这样一个相对封闭的私人场所，被认为属于"私人"或自治领域，国家和公众出于对私权的尊重及对个人家庭隐私权的保护，法律对公民家庭领域内的事务保持一定的谦抑性，以防止破坏家庭成员之间关系的稳定性，因此，在立法和执法过程中，容易对家庭暴力与社会公共暴力表现出截然不同的态度，家庭暴力中的受害人容易被隔离于法律秩序之外，这也是我国家庭暴力立法迟滞的原因之一，这种谦抑性还向社会传达了一个重要的观念信息，即"法不入家门"，造成了许多家庭暴力不为人知的私密性特点。然而，正是因为家庭暴力发生在一些具有不同于一般人权利义务的家庭关系网的成员之间，才更体现出施暴者的主观恶性及其暴力的社会危害性。对于施暴者而言，他可以不顾家庭、亲情及养育之恩，在家庭这样一个相对隐秘的空间里，对与自己共同生活至亲至爱的人进行伤害，那么还能希望他对那些没有任何血缘亲情关系的人作出什么尊重的行为呢？因此，国家绝不能放任家庭完全自治，法律绝不能纵容家庭暴力行为的发生。

（二）家庭暴力的行为方式

我国的《反家暴法》规定"家庭暴力"是指家庭成员之间以殴打、捆绑、残害、限制人身自由以及经常性谩骂、恐吓等方式实施的身体、精神等侵害行为。此立法采取列举的方式说明了暴力的手段和方式，其中不难看出这些方式和手段都具有"强制性的力量和武力"这一特征。在该立法中，家庭暴力的客体限定为身体和精神两个方面，并没有规定性暴力，但"等"字又给了学界无限扩大的可能性，从理论学者到审判人员对性暴力进行了争论，认为家庭暴力从外延上说分为身体暴力、精神暴力和性暴力。有些国家如英国、美国、韩国等家庭暴力还包括经济暴力，我国也有学者提出"财产暴力"的概念。[1]

精神暴力在《反家暴法》中确认为家庭暴力的一种方式，主要指通过语言、行为等对受害人的人格进行侮辱，或者通过故意冷落、漠视、孤立等冷暴力方式使受害人精神上产生巨大压力。司法实践让我们清醒地看到，除了身体暴力之外，精神暴力确实也是对妇女作为权利性主体的一种剥夺手段，它给受害人带来的伤害丝毫不亚于身体暴力所形成的伤害。也正因为如此，联合国消除妇女歧视委员会曾建议明确将精神暴力和经济控制列为对妇女的暴力形式。我国也有学者将男性对女性的精神暴力归纳为四点：一是丈夫任意剥夺或限制妻子的人身自由，使其形成一定的思想压力和恐惧感；二是丈夫常用侮辱、咒骂、讽刺或以轻视、歧视等手段在精神上折磨妻子；三是丈夫明知自己某种行为会伤害妻子，而故意实施该行为，如婚外性行为等，造成对对方的精神打击；四是丈夫利用自己的地位或金钱，挑动妻子周围的人员对其找茬，以增加其心理压力和精神负担等。[2]显然，精神暴力的外延是非常广泛的。

性暴力主要指强迫发生性行为以及在发生性行为的过程中进行的性凌辱、性虐待等。这三种主要暴力形式很难划分明确的界限，应该作为一个整体对受害人所受侵害的程度进行考量。强奸或性虐待本身是暴力手段的一

---

〔1〕　李洪祥：《"家庭暴力"之法律概念解析》，《吉林大学社会科学学报》2007年第4期，第81页。

〔2〕　吴学华：《试论丈夫对妻子的精神暴力》，《妇女研究论丛》2000年第2期，第7页。

种，强奸是社会中基于性别因素而发生的侵害的典型行为，虽然最终我国的《反家暴法》并未确定性暴力作为家庭暴力的形式，但是关于婚内强奸罪与非罪的认定与处理在我国理论与实务中都有过争议，其主要考虑到婚姻契约关系下夫妻之间法定的同居义务。当然，将婚内强奸排斥于家庭暴力之外的观点也遭到西方学者特别是西方女权主义学者的强烈抨击，也为现代国际法律文件所摒弃，如联合国《消除对妇女暴力的宣言》中，基于性别的家庭暴力就包括"配偶强奸"行为。

总之，家庭暴力无论其行为样态如何，都是一种严重侵犯人身权利甚至生命权利的行为，是对受害人基本人权的践踏，而且还破坏了善良的家庭情感和家庭伦理。

四、反家庭暴力的行动与成效

暴力剥夺了妇女的生命，削弱了她们的工作能力，剥夺了她们获得教育、享受健康福利的基本人权。这由性别不平等和歧视导致，也进一步加剧了性别不平等和性别歧视。《中国妇女发展纲要》明确"禁止针对妇女的一切形式的暴力"，将"预防和制止针对妇女的家庭暴力"作为妇女权益保护的重点目标，纳入政府的职责。在《珠海市妇女发展规划（2011—2020年）》中确定了7个优先发展领域之一"妇女与法律"中，对预防和制止家庭暴力作了相关的规定，明确了预防和制止家庭暴力的具体目标，并且提出了实现这一目标的具体策略措施，使妇女的人身权利和婚姻家庭的权利受到法律层面和社会层面的保护。笔者以珠海为例，分析其在反家庭暴力方面的实践。

（一）"人身安全保护令"之香洲模式

关于人身安全保护令的定义，《反家暴法》并未给予明确界定。一般认为，人身安全保护令是为制止家庭暴力行为，保护受害人人身安全，法院依据申请而作出的禁止家庭暴力加害人在一定时期内实施一定行为，或者要求给付金钱、物或完成一定行为的命令。人身安全保护令的首要目的在于对受害人（也包括受害人相关近亲属）的人身安全给予必要保护，而不在于惩处加害人。从性质上来看，人身安全保护令是一种限制措施，也是一种救济措施。2012年，全国人大常委会通过立法论证，首次将制定反家庭暴力法列入立法工作计划。同年，我国对《民事诉讼法》进行修正，新增了关于行为保全的相关规定。2016年3月1日，《反家暴法》施行，该法第四章专设人身安全保护令一章，共九条。对人身安全保护令的申请主体、申请条件、申请方式、案件管辖以及人身安全保护令的形式、内容、时限、复议和送达等问题进行了规定。

2008 年 3 月，最高人民法院的中国应用法学研究所发布《涉及家庭暴力婚姻案件审理指南》，该指南专章规定了类似于民事保护令的"人身安全保护措施"。最高人民法院在全国确定了 9 家试点法院，珠海市香洲区人民法院是广东省唯一的试点法院，试行"人身安全保护令制度"，在人身安全保护令、涉家暴案件的审判、多机构联动机制等方面积极开展探索实践。珠海市妇联抓住该契机，积极参与法院对遭受家庭暴力妇女下发紧急人身安全保护裁定的研讨。香洲区人民法院在诉讼指引、举证分配、文书格式、听证程序、细节询问等方面大胆探索，先试先行，积累了相应的实践经验，形成了一套系统涵盖立案、审判、执行的防止家庭暴力的"香洲模式"。2013 年，根据广东省高级人民法院的统一部署，珠海市金湾区法院、斗门区法院也实行家事审判改革，推广人身安全保护裁定工作。

香洲区法院在试点实践中，一是设置了全国首个反家庭暴力立案专窗。设置专门的反暴绿色通道，实行优先立案、优先排期、优先开庭、优先裁定，且全程免缴任何诉讼费。二是成立了全国首个反家庭暴力合议庭。三是出台首个规范化操作细则《关于审理婚姻家庭案件中人身安全保护裁定的程序规定（试行）》。对人身安全保护令的提起、受理、立案管辖、审理程序、证据的要求、保护期的时间、送达、执行等问题进行了详细的规定，初步设立了"申请—立案—听证—裁定—执行"的审理以及由执行局专门执行模式。

自 2009 年 5 月 12 日，香洲区人民法院发出了珠海市第一份人身安全保护裁定，截至 2017 年 2 月，香洲区人民法院共发出人身安全保护裁定 154份，包括"远离令""迁出令""夫妻共同财产使用权令"，有效保护了受害妇女的人身安全，其中针对男性的保护令 2 份。[1] 人身安全保护裁定的试行使家庭暴力案件的处理有了更具操作性的法律依据。

（二）珠海地方立法之反家庭暴力

在珠海市，人身安全保护令也被引入地方性法规《珠海市妇女权益保障条例》中。《珠海市妇女权益保障条例》中用三个条文对家庭暴力的相关问题予以明确。一是对家庭暴力行为的明确禁止：禁止以殴打、捆绑、残害、

---

[1] 家庭暴力的受害人 90% 为女性，但也不排除有男性可能成为家庭暴力的受害者。以男性为保护对象的人身安全保护裁定已有先例：我国台湾地区 2005 年申请民事保护令的比例男性占 9%—24%，澳大利亚 15% 的家庭暴力保护令以女性为防御对象。我国长沙市岳麓区人民法院于 2010 年 6 月发出一份以男性为保护对象的人身安全保护裁定。

强行限制人身自由或者其他伤害身体和精神的手段，对妇女实施家庭暴力；二是政府预防和制止家庭暴力以及对受害妇女予以救助的职责：政府应当采取措施预防和制止家庭暴力，公安、民政、司法行政部门以及城乡基层群众性自治组织、社会团体，应当在各自的职责范围内预防和制止家庭暴力，依法为受害妇女提供救助；三是家庭暴力庇护场所的设立，明确市、区人民政府和有条件的镇人民政府应当根据实际情况设立或者指定家庭暴力庇护场所，为遭受家庭暴力暂时不能归家的受害妇女提供临时食宿等帮助。

"人身安全保护裁定"的核发改变了传统"法不入家门"的消极做法，开辟了公权力机关的法院介入家庭暴力防治的新路径，为法律"禁止家庭暴力"的原则找到了实现路径，对施暴者的暴力行为予以警告和惩戒，必要时予以司法处罚甚至刑罚追究，从根本上消除受害人再受伤害的危险。人身安全保护裁定还可责令加害人自费接受治疗或辅导，以促其改善偏差行为，根除不良习惯，重返正常家庭生活。珠海市的人身安全保护试点工作取得了很好的成效，为进一步推动人身安全保护立法提供了有益的经验与借鉴。

（三）社区警务防控家庭暴力

社区警务是近十几年来由英美等国发展起来的一种以"治本为主，治标为辅"的警务发展战略，是在政府和警方的指导下，充分依靠社区力量，利用社区资源，强化社区功能，减少社区犯罪，增强公众安全感的一种全新警务模式。

珠海的社区警务工作的开展颇有成效，自 2002 年开始，珠海市各派出所60％以上的警力深入社区，在保证"一区一警"的基础上，在一些重点社区配备了 2 名以上的社区民警。迄今为止，珠海市每个社区都配有警务室，社区警务有着严密的警务体系，当家庭暴力发生时，社区警务能够协调动员社区人员，获得家庭暴力发生时的准确数据，在查明受害人受害程度方面显现了独特的技术与职能优势，为处于弱势地位的妇女提供有效的支持，从而预防暴力升级，也有助于在全社会形成积极的反对家庭暴力的健康环境。珠海市公安部门还成立了"110"反家庭暴力投诉中心，实行"首问负责制"，建立联动机制，快速妥善处置各类家庭暴力案件，成为控制家庭暴力最普及、最便利的执法单位。

（四）妇女维权之绿色通道

珠海市建立省妇联妇女维权与信息服务（珠海）站，打造信访接待、法律援助、人民调解、心理咨询"四位一体"妇女维权模式，建立法律、心理、健康等专业维权志愿服务队伍，全面铺开妇女维权、心理疏导、健康咨询3条24小时服务热线。市妇联利用创建"妇女之家"的契机，与香洲区人民法院、金湾区司法局、斗门区司法局建立了首批具维权特色的"妇女之家"，以加强基层依法维权和建立化解纠纷机制，引导支持妇女理性维权，将"妇女之家"创建与《反家暴法》实施、司法援助、法院审判等结合起来，特别建立了"绿色讼诉"渠道，积极为弱势妇女提供法律援助和司法救济。

五、反对针对妇女的家庭暴力体系建立的基本原则

消除对妇女的暴力才能促进妇女和社会的共同发展与进步，反对针对妇女的家庭暴力体系的建立，需遵循几个基本原则：

（一）公权干预与社会干预相结合

反家庭暴力工作是一项系统工程，需要全社会的共同参与、协调和持续不断的努力，需要在立法、司法、经济和社会政策和教育等不同领域开展行动，它涉及民事救济、社会救助、行政干预和司法惩治等不同层面、不同形式的干预。公权力是国家权力或公共权力，公权力的主动介入对家庭暴力施暴者进行惩罚，对受害者进行救济，体现了国家和公共利益，对受害妇女的权益进行保护。但是，婚姻家庭常常被视为夫妻及家庭其他成员私人自治的空间，为国家公权力审慎介入的领域。

个人的社会性属性决定了人的隐私必然与整个社会相联系，隐私权的权利主体在法律规定的范围内可以自由作为，在受到非法侵害时应受法律保护，保护隐私并不是一个让国家不介入家庭暴力案件的充分的理由。家庭暴力是一种典型的违法行为，其潜在的危害性甚至破坏了整个社会秩序的稳定，公权力的介入是进行秩序修复和重整的良好途径，家庭暴力施暴者并不能用隐私来对抗国家对家庭暴力这种违法行为的评价。澳门《预防及打击家庭暴力法》将无论轻重的家庭暴力行为一律改为以"公罪"论处，即无论受害者是否追究，均必须刑事检控，这些规定充分体现了公权力对家庭暴力所持的严肃态度，保证了公权力加之于家庭暴力施暴者的威慑力。

（二）预防、制裁和救助相统一的原则

在家庭暴力发生之前，采取积极的措施阻却暴力的发生，或者在暴力发生之后，用积极手段进行干预，包括对施暴者的惩罚和受暴者的救助是非常必要的。

《反家暴法》明确了公安的告诫制度，要求公安机关接到暴力报案后应当及时出警，制止家庭暴力，对还没有达到行政处罚的轻微家庭暴力行为纳

入告诫范围，予以告诫。该制度不仅有利于化解受害人的困境，同时，也向社会传递了一种信号，即轻微的家庭暴力行为也是违法行为，营造一种对家庭暴力"零容忍"的社会氛围。加强对家庭暴力的强制性干预，使施暴者的个体和生活被国家权力所控制，甚至使其离开家庭生活的空间，承担其暴力行为造成的后果，这种针对个体的权利进行的强制性剥夺才会大大减少家庭暴力的发生率，阻却将来的暴力。此外，《反家暴法》还要求政府设立临时庇护场所，为家庭暴力受害人提供临时生活帮助或法律援助，要求人民法院根据公安机关的出警记录、告诫书等认定家庭暴力事实。对监护人实施家庭暴力严重侵害被监护人合法权益的，人民法院可以依法撤销监护人资格，另行指定监护人。立法这一系列的规定，体现了对家庭暴力的预防、制裁和救济原则。

（三）尊重受害人意愿的原则

家庭暴力确实具有特殊性，我们不能忽略家庭成员之间客观存在的亲密性和容忍性。在亲密关系之下，受害人寻求司法介入的目的可能只是希望制止施暴行为，并不希望让施暴者受到法律的严惩，因此，对属于轻微的家庭暴力，充分尊重被害人的意愿，以保持家庭生活单位的隐蔽性，维护家庭的稳固。当然，如果暴力行为将升级为犯罪时，公权力机关则要主动积极干预，加强对家庭暴力的国家追诉力度，以体现刑法维护社会秩序的功能。在对家庭暴力案件的诉讼处理方面，完全自诉或完全强制公诉都不是最佳选择。理智的处理应该是对告诉才处理的家庭暴力案件在一定条件下允许转化为公诉犯罪。这类情形主要包括：一是当被害人对其刑事追诉举证确有困难时，被害人可申请由公安机关代为调查举证，进而将该类案件转化为公诉案件。二是受暴妇女受到强迫、威吓而不敢告诉或无法告诉时，或施暴者对家庭成员造成重伤、死亡的，只要公诉机关得知案件线索，检察机关便可以主动介入，代表国家对施暴者的行为进行指控。

六、反家庭暴力防治体系的构建

（一）公安机关对家庭暴力的司法控制

《反家暴法》明确了在反家庭暴力工作中，公安机关要以出警、救助、制止家暴行为，调查取证，提供法律帮助等为主线，依据管辖权及时处理、打击家庭暴力行为的职责。为此，公安部门应当强化职能意识，从维护社会和谐稳定的高度，把预防和制止家庭暴力工作摆在重要位置，在公安系统内建立预警、救助、惩罚、教育相结合的反家暴处置系统，形成公安反家暴工作机制。

首先，为确保基层公安干警依法规范履行职责，明确公安部门在实施《反家暴法》中的主要职责、执法原则、案件的管辖以及办理流程，对公安机关如何调查取证、如何处置、告诫书式样及相关法律规定予以明确，指引警察规范处理家暴，形成程序化、标准化的家暴案件实施细则。

其次，要加强对公安干警的反家暴学习与培训。向基层干警开展培训，学习《反家暴法》的法律精神和基本原则、主要内容和重点制度，培训公安部门在处理家庭暴力案件时的具体流程和实施细则等，为他们在日常工作中正确处理涉及家暴的案件打下坚实的理论基础和实践理念，促进公安干警从维护人权、社会稳定的高度认识反家庭暴力的重要性，提高基层干警预防和制止家庭暴力的责任意识和应对能力，也提升人民警察干预家庭暴力的有效性，对受虐妇女给予及时和正确的帮助。

最后，公安部门要做好家庭暴力统计分析及上报工作，建立涉及家庭暴力案件的统计制度。在公安110接警平台上准确登录"家庭暴力"选项，详细登记加害人、受害人分性别、分年龄等信息，公安部门定期向市人民政府妇女儿童工作委员会办公室上报统计数据，使反家暴工作决策更具科学性、针对性。

（二）提高人身安全保护令的执行力

根据《反家暴法》的规定，在司法实践中，人身安全保护令实际上已成为一项独立的特殊程序，属于民事强制措施。2016年1月，最高人民法院案件案号规定人身安全保护令案件为二级类型案件，下设两个三级类型案件：人身安全保护令申请审查案件，以及人身安全保护令变更案件。人民法院作出人身安全保护令后，除送达申请人、被申请人外，还要送达公安机关、居民委员会或村民委员会等有关组织协助执行。在人身安全保护令的执行方面，需要加强法院与公安机关之间的协调与配合，如公安机关在处理家庭暴力案件接出警过程中注意收集、保留与家庭暴力事实相关的证据，并及时向人民法院反馈出警情况，暂时控制施暴人，配合法院对其作出相应处理。公安机关在受害人因家庭暴力事件报警后，支持受害人向法院申请人身安全保护令等。

（三）为受暴妇女提供庇护救助

港澳地区在防治家庭暴力方面也已经建立了一套比较成熟的可操作性的服务体系。如香港设立了"和谐之家""恬宁居"以及社会福利署管辖的"维安中心"三个妇女庇护所，向受虐妇女提供长达3个月的免费住宿及小组心理辅导等其他服务。这些机构还向那些已经离开的妇女提供互助支持小组、治疗小组、社交康乐活动、协助妇女积极面对家庭暴力或离婚后的各种压力。澳门妇女联合总会重视家庭服务工作，2005 年还设立了励苑庇护中心为家暴受害者提供支持和辅导。

从网上搜索的相关资料来看，目前我国妇女庇护所主要有四种模式：一是由妇联牵头依托企业的庇护所；二是由民政部门（或与妇联联合）创办的妇女救助站；三是设立在社区的庇护所；四是依托企业模式的妇女庇护所。其中，妇联牵头依托企业的庇护所较具有中国特色，救助站模式的庇护所作为一个政府机构有其特殊的优势，由于它设在民政部门，每年有一定的资金作为运行保证，能保证受害妇女的安全，也有较优越的食宿、医疗救助条件，可以为受害妇女提供一个比较良好的救助环境。社区庇护所一般依托在社区的敬老院或者福利院，或者社区的服务中心（居委会），形式灵活，但由于缺乏固定的资金来源，也受到场地限制，正常运转成本较大，加之庇护所的地址不保密，受害妇女的安全和隐私在一定程度上难以保障。从各地庇护所运行的情况来看，基本上还是各自为政，作用不大，有的庇护曾经遭遇"零庇护"。特别是相对于家庭暴力发生更为广泛的广大农村、偏远地区而言，"妇女庇护所"还遥不可及。民政部和全国妇联在 2015 年 9 月 24 日下发的《关于做好家庭暴力受害人庇护救助工作的指导意见》中指出，救助管理机构应当开辟专门服务区域设立家庭暴力庇护场所，实现与其他救助对象服务区域的相对隔离等。但我国目前已有的 2000 多个救助机构，大都是为城市乞讨和流浪人员提供基本的生活居住条件，难以承担接纳家庭暴力受害人的责任。

庇护所是一个系统工程，不是简单的一张床、一副碗筷，更应有法律服务、人身安全保护和心理疏导，庇护所从立法到实施到运作都需要进行完美的设计。一个健全的庇护机构，除了必须具有完备的硬件设施之外，还应由物质帮助、心理帮助、法律帮助和医疗帮助几部分组成。必须要有专业的救助团队，以满足对受虐妇女的心理、法律和医疗帮助的要求，为其提供更加专业化的婚姻家庭生活指导、心理辅导、法律援助以及行为训练服务等。要有效运作这些完善的服务项目，政府要保证"妇女庇护所"的资金来源，为妇女提供技能培训、再就业指导、法律援助等各种帮助，只有这样，广大受害者才有勇气走出暴力，摆脱家庭的束缚。

（四）预防家庭暴力的社会支持网络

1. 建立针对家庭暴力的婚姻家庭纠纷调解机制

发挥民间调解的作用，将婚姻家庭纠纷调解融入基层大调解机制中，借助基层大调解和婚姻家庭专业调解组织平台，实现婚姻家庭矛盾纠纷维权关口前移，建立针对家庭暴力行之有效的调解机制，及时化解婚姻家庭纠纷，畅通和规范妇女群众诉求，包括设立婚姻家庭纠纷人民调解委员会，建立婚姻家庭纠纷专业调解队伍，力争把各种家庭矛盾纠纷和问题化解在萌芽状态，为维护稳定、促进和谐作出贡献。

2. 加强反家庭暴力社区模式

社区是一个社会生活共同体，其功能和作用也在日益增强，《婚姻法》以法律形式确立了社区在反家庭暴力方面的地位和作用。社区有助于根据受害者的不同情况采取多样化的救助，如调解、劝慰、提供短期的庇护、对施暴者进行批评教育等工作。社区还有助于对家庭暴力的主动出击，做好家庭暴力的预防工作。如建立家庭暴力庇护所、心理咨询机构，建立社区婚姻家庭学校，定期或者不定期地对社区成员进行预防家庭暴力的培训，通过发挥社区群众自治性组织的作用，减少家庭暴力案件的发生。政府应该重视社区对妇女的反家暴援助机构建设，充分发挥社区"妇女之家"的作用，有效整合社区一些法律、心理、援助等机构，开展针对家庭暴力的预防、保护和惩治工作，在社区创建"零家庭暴力犯罪"工程，积极倡导和谐家庭建设，融洽家庭人际关系，创造相互理解、包容、互相扶持的氛围。

第七章 环境领域社会性别主流化

妇女对无害生态环境的经验和贡献必须成为 21 世纪议程的中心组成部分。除非承认妇女对环境管理的贡献，否则可持续发展就将是一个可望而不可及的目标。

——第四次世界妇女大会《行动纲领》

第一节 环境领域妇女的发展

一、妇女与环境

人类是自然界长期发展的产物，是自然界的一部分。人类在享受大自然的同时也承担着管理和保护地球的自然资源和生态环境，与自然和谐相处的责任。环境范畴的外延非常大，包括生态环境，也包括社会环境，生态环境是人们生存发展的自然条件，为人们的生产生活提供物质基础；社会环境是人们生存发展的宏观外部条件，主要通过人们的行为、观念以及国家制度等方式发生作用，社会环境的含义尤为广泛，涉及社会生活的众多方面，如舆论、司法、安全、制度等。

关于妇女与环境，美国著名的海洋生物学家、作家蕾切尔·卡逊女士，早期就开始注意到化学杀虫剂对人类的危害，以及新化学药品给自然界造成的严重威胁，她在 1962 年的著作《寂静的春天》一书中，关于农药危害自然环境的预言，首次提出了关系人类生存命运的环境污染问题，揭露了美国农业、商业为追逐利润而滥用农药，对美国不顾生物及人体受害情况而滥用杀虫剂的行为进行了抨击。之后，环境保护与女权主义运动相结合，催生出影响全世界的生态女权主义理论，并发展成为一支重要的理论流派，在诸如妇女权益、环境保护、科技发展、动物待遇、反对核技术、反对战争等多方面主导着大众的环境政治运动。

1970 年有了第一个世界环境日。1972 年，英国女经济学家巴巴拉·沃德在第一次人类环境大会上作了题为《我们只有一个地球》的报告，成为这次大会的理论准备和精神纲领。1975 年在墨西哥第一次世界妇女大会上，印度物理学家范当娜·席瓦率先提出"女性与环境"之说，引起一片哗然。她报告了印度喜马拉雅山区女性开展的契普可运动（Chipko Movement）。当地女性为了反对商业化次生林的种植，保护赖以生存的原始森林，以身躯抵挡伐木者。当地政府和产业界为获取商业利益，不顾原始林地为当地居民提供燃料、木料、食物和小商品等生活必需品的事实，联合砍伐，引发了一场轰轰烈烈的、以女性为主导的环境保护运动[1] 此后，"女性环境保护"运动不胜枚举，她们为女性的土地权益而斗争，反对农村和城市环境污染、自然资源的耗竭和有害的大型技术项目等。20 世纪 70 年代早期，发展中国家在发展的研究中开始关注妇女与环境的关系。其研究的主题包括四个方面的内容：妇女作为受害者；妇女作为资源的管理者；妇女和人口增长；赋权对于可持续发展的影响。[2] 妇女在生态环境方面的角色和作用的认定经历了一个发展过程，即从把妇女作为"环境的受害者"到把妇女作为"环境资源的管理者"的变化过程。生态女权主义者通过对妇女与自然联系的分析，认为由于妇女在社会和家庭中担负着生产、生育的角色，女性的本性和生态运动有着特殊的关系，她们既是环境资源的消费者，也是环境污染的受害者，环境恶化给女性健康带来诸多威胁，女性的日常工作和生活也将会受到影响。对农村女性而言，环境的破坏直接影响到她们对自然环境和资源的依赖性。因此，自然环境状况的好坏在一定程度上可以反映妇女发展的条件是否有利。同时，由于妇女所扮演的繁衍后代、照顾家庭等社会角色以及妇女自身的各种特点，她们会有着更强烈的环境资源保护意识，会更积极投身环境运动，她们在消费时会选择低消耗、低污染、符合可持续发展的消费方式和消费品，她们在环境保护中也能发挥巨大的作用。可见，生态环境的变化对两性生产生活的不同影响，男女两性在创造或维护健康的生态环境以及决定生活质量和环境性质等方面的权利与责任方面表现出一定的差异，男女两性对环境资源的管理与政策等方面也发挥着不同的作用。

而社会环境是影响性别平等与妇女发展的文化土壤和条件机制，是促进

---

[1] 王欢欢：《环境治理中的社会性别制度研究》，《华中科技大学学报（社会科学版）》2013 年第 3 期，第 88 页。

[2] 何俊：《妇女在可持续发展中赋权的动态过程》，《林业经济》2003 年第 6 期，第 39—40 页。

或制约两性平等发展的重要因素，对改变性别关系状况具有潜移默化的作用。有学者也主张应从社会安全环境、资金支持环境、传媒环境和司法环境等方面考察性别平等与妇女发展状况。[1] 从而体现的是妇女的生存和发展是否获得了良好的外部条件，推进性别平等是否存在更加宽松、有利的可能空间，以及两性在改变自身生存发展环境方面的参与程度，以及对社会资源的占有及控制状况。

第三次世界妇女大会提出的内罗毕战略，"环境"成为妇女关注的一个主要领域，联合国环境署主办了一次妇女与环境的特别会议，成立了联合国环境署的女性高级顾问小组，将性别观点纳入环境保护计划中。20 世纪 90 年代国际社会趋于关注社会性别与可持续发展，在发展领域推进社会性别平等成为政府的政治承诺和政策实践。1992 年世界环境与发展大会的《里约宣言》指出："妇女在环境管理和发展中起着关键性的作用，她们的全面参与对实现可持续发展是必不可少的。"1995 年，北京世界妇女大会《行动纲领》指出"除非承认并支持妇女对环境管理的贡献，否则可持续发展就将是一个可望而不可及的目标"。

自 1995 年以来，联合国制定了应对气候变化的国际框架，国际社会对生态环境保护给予前所未有的重视，各国政府和国际组织对妇女在环境保护中的特殊角色与作用给予了高度肯定，越来越多的国家制定法律或开展制度建设以减少生态环境恶化对妇女的负面影响，充分发挥妇女在地区环境保护决策和行动中的作用。中国政府在履行各项承诺的过程中，制定了相关政策和法律，并通过政府部门和全国妇联等部门，推进、引导妇女在生态环境保护中发挥作用。2004 年 10 月 11 日，联合国环境规划署首次"环境问题全球妇女大会"在内罗毕总部召开，议题主要包括妇女和儿童因环境恶化而遭受的影响和妇女在环保中的作用两大方面，在女性与环境问题探讨上又迈出了重要一步。

2012 年中国共产党的十八大报告提出着力推进绿色发展、循环发展和低碳发展，为妇女参与环境发展提供了新的机遇。十八届五中全会更是提出了"创新、协调、绿色、开放、共享"的五大发展理念，这些理念尤其是绿色发展理念的践行离不开女性的参与。

---

〔1〕 杨玉静：《环境领域性别敏感指标的研究与应用》，《妇女研究论丛》2006 年增刊，第 107 页。

二、环境领域性别平等指标

建立和完善环境性别敏感指标不仅可以为评估提供工具，而且可以反映环境领域性别平等与妇女发展的结果、背景和条件状况，从而为改善妇女生存发展环境、促进环境领域中的性别平等提供依据。1995 年，北京《行动纲领》在妇女与环境领域提出了三个战略目标：积极吸收妇女参与各级环境决策；将性别关切和性别观点纳入可持续发展的政策与方案；在国家、区域和国际各级建立机制，以评估发展和环境政策对妇女的影响。同时，将妇女与环境列为第 11 个关切领域，明确了资源耗竭、环境恶化对妇女的健康、福祉和生活素质可能产生的诸多不利影响，作为消费者和生产者、家庭的照顾者和教育者的妇女，在促进可持续发展方面能够发挥重要作用。为实现这些目标所设计的亚太经社理事会测量指标，包括：环境决策机构中的妇女比例；是否有妇女在环境与资源管理方面领导能力的培训；是否有对环境政策和规划的性别分析；是否有增强妇女在环保型生产中的作用的规划；是否有妇女的资源管理和环境保护的本土知识数据库；是否实施了《21 世纪议程》第 24 章；等等。虽然这些指标大多为定性指标，但对于这些指标的定性描述为衡量环境领域中的性别平等与妇女发展状况提供了可操作的工具。

妇女与环境的议题在妇女发展纲要中经历了一个从无到有，不断深化的过程。《中国妇女发展纲要（1995—2000 年）》侧重发展妇女所处的社会环境，在妇女与自然关系方面，政府重在向妇女宣传环保的基本国策，重在积极扶持妇女开展生态建设活动。《中国妇女发展纲要（2001—2010 年）》第一次把妇女与环境作为需要优先发展的领域，重申了妇女与社会环境保护层面的规定，开始注重引导妇女参与农村环保建设，开启了从国家决策高度探讨妇女与自然环境关系的局面，提出"为妇女创造适宜的生活和工作环境，提高妇女参与环境保护及决策的程度"。本纲要对于环境监测指标的建立主要集中在生态环境方面，包括：农村卫生厕所普及率；农村粪便无害化处理率；农村改水受益率；农村自来水普及率；农村缺水地区供水受益率；城市污水处理率；城市生活垃圾无害化处理率；等等。虽然这些指标不分性别，不能真正反映环境领域中的性别平等与妇女发展状况，但还是体现了环境，特别是生态环境对妇女的影响。《中国妇女发展纲要（2011—2020 年）》则强调践行"性别平等"的基本国策，提出要"保障妇女平等参与环境决策和管理，优化妇女发展环境"的总目标以及 10 个主要目标和 16 条策略措施，使妇女与环境方面设置的目标更为具体，策略措施的可操作性也得到进一步增强，第一次出现了评估安全饮水、农村卫生厕所普及率等量化指标，使性别平等原则在环境与发展的相关政策中得到充分体现，说明中国政府对妇女在环境保护和可持续发展的重要作用的认识逐步深化，为减少环境对妇女的危害、丰富和深化妇女参与生态建设和环境保护的政策作出贡献。

第二节　女性参与与环境保护的关系

自然生态女性主义认为女性本质上与自然是密切联系的，传统女性美德能够培养更少侵略性、更能持续发展的生活方式[1] 因此，必须充分认识到妇女与环境的关系，让妇女进入环境的治理、管理和政策的制定，将进一步促进环保事业的发展，实现社会的可持续发展。1995 年以来，我国出现了一大批由妇女领导的环保非政府组织和致力于环保事业的民间妇女，她们积极参与各种形式的环保实践活动，并为生态文明建设作出了重要贡献。本书以珠海市环境保护以及动物保护组织和机构中女性成员的参与情况为研究对象，对环境保护和机构中的杰出人物进行采访，并就女性在环保组织和机构中环保意识、性别差异进行实证分析与研究，强调妇女参与环境保护的重要性和意义，并就如何提高妇女参与能力以及发展环境组织进行研究分析。

一、研究区域概况与调查样本基本特征

（一）问卷调查设计

本次调查的范围选择珠海市 10 个环保组织，选择两份样本：一份以环保组织的人员，包括男性为抽取调查对象；另一份以环保组织中的女性为调查对象。

本次调查由珠海市生物协会组织，在珠海各环保机构的大力配合下顺利完成，采取了问卷调查和个案访谈的方法，问卷调查时间为 2011 年 11 月到 2012 年 2 月，共发放问卷 300 份，回收 268 份，剔除无效问卷 51 份，有效问卷共 217 份，问卷回收有效率达 72.33%，问卷从妇女参与的态度、意识、行为、能力等方面，说明现阶段妇女的参与环境保护的现状。

---

〔1〕 宋艳琴：《妇女环境意识的觉醒与环保行动参与》，《中华女子学院学报》2010 年第 4 期，第 53 页。

表 7-1　调查具体样本结构

回收情况	发放数	回收数	回收率	有效数	有效率
环保机构	300	268	89.3%	217	72.33%

（二）样本结构特征

本次样本基本特征包括年龄、性别、婚育、文化程度、专业情况的描述。其中，年龄在 20—30 岁的占 72%，31—40 岁的占 14%，41—50 岁的占 7%，50 岁以上的大约占 4%。从年龄分布来看，珠海环保机构的组成人员年轻人居多，年龄集中在 20—40 岁。

从性别比例来看，女性居多（女性：男性为 54%：46%）。从婚姻、生育情况看，已婚的占 64%，已生育的占 23%。从文化程度看，环保机构中学历较高，大专及本科以上的占 77%，研究生学历以上的占 17%。从专业和职业情况来看，有 12% 是环境保护专业，有 36% 与环境保护有关，52% 的人与环境无关；职业分布较广，学生、事业单位、政府机关、私营业主及无职业者都有，其中学生、事业单位及政府机关占了多数；在机构中 44% 是志愿者，30% 是一般职员，正副职领导只占到 4%。

二、妇女参与环境保护的现状与分析

笔者主要从环境参与认知、环保参与态度、动机、参与行动等方面对环保组织中女性环境保护参与现状进行描述和分析。

（一）对环境与性别的认知

1. 对环境与环境问题的认识

对与环境有关的问题的认识，包括对环境保护法律法规的认识，破坏环境行为、环境问题、环保产品的认知等。

经调查发现，被调查者基本上在日常生活中都保持着一定的环保习惯，由于女性承担着更多的家务活动，女性承担家务活动 30% 以上的占到 59%，而男性只占 31%；以小汽车作为平时出行的代步工具的男性占 32%，女性为 14%。在家庭生活及消费时，女性对垃圾分类存放，选择使用循环用水，选择使用环保电池，家庭使用节能灯，尽量不使用一次性用品，购物时注意环保标志方面比男性更加注意环保。而在人们的观念中，67% 的人认为女性对环境保护更有作为，其中男性持这种观点的人略多于女性（男性：女性为 61%：57%）。

但是，从调查分析可知，人们对生活环境意识较高，认为大气、水污染、生活垃圾污染、噪声等问题严重，而对一些全球性的环境问题，如沙漠化、野生动植物减少、酸雨、温室气体、海洋污染等生态问题关心和了解不够。这些调查表明，从总体上看，环保机构中成员的环境意识水平仍然是比较低的。因此，有必要加强环境教育，提高广大民众对资源、环境的危机意识，特别是提高女性的需求与权利意识。

2. 关注环保立法与政策

被调查者对环境保护及其法规与政策有着较高的关注度，有80%的人关注政府在环境保护方面的最新立法与政策；有超过91%的人知道（含知道一点）《环境保护法》，有52%的人知道珠海本土的环境保护立法《珠海经济特区环境保护条例》，有89%的人知道有"世界环境日"。可见，随着社会的发展、人们权利意识的增长以及政府对法律宣传的重视，人们对法律的关注度越来越高。

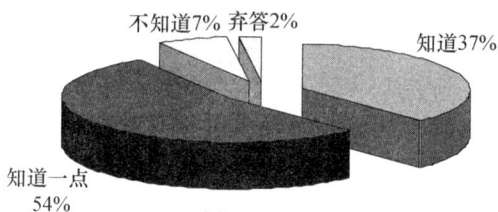

图7-1　是否知道《环境保护法》法的比例

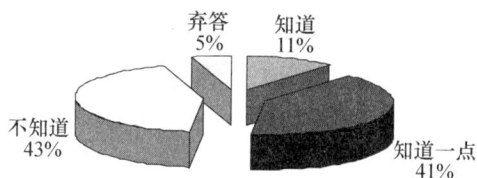

图7-2　是否知道《珠海经济特区环境保护条例》的比例

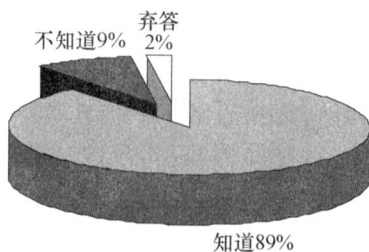

图7-3　是否知道有世界环境日的比例

3. 女性对环境的敏感性

环保组织的成员对环境问题较为关注，78％的人认为环境问题与我们每个人生活有关，他们对周边环境的满意程度，没有人表示非常满意，但也没有人表示很不满意，说明现在人们比较满足于目前的环境现状。

由于女性自身的特点以及养育后代的特殊使命，使女性对环境具有天生的敏感性。在对比中，数据显示，女性对周边环境的关注程度以及对电视或报刊中环境问题报道的关注程度均略高于男性（均为男性：女性为87％：90％）。女性对环境的满意度也超过男性（男性：女性为50％：62％）。在日常生活中发现环境破坏行为时，女性比男性更能主动采取一定措施（男性：女性为68％：80％）。

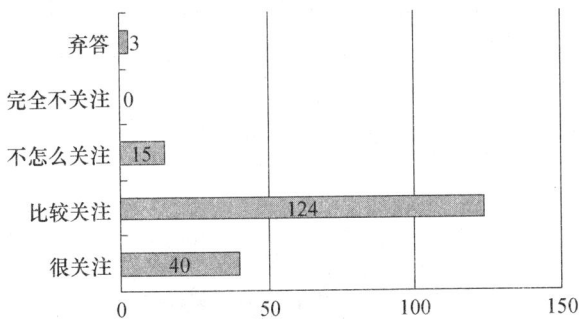

图7-4　对周边环境的关注程度

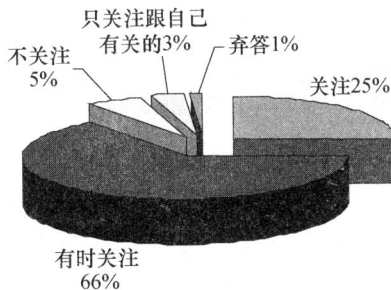

图7-5　对电视或报刊中对于环境问题报道的关注程度

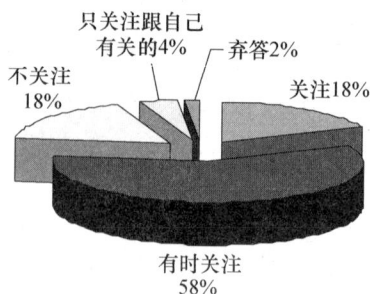

图7-6 对政府关于环境保护方面的最新政策的关注程度

4. 环境与性别的关系

关于环境与性别的关系，首先，对男女差异的理解，被调查者表现出不同的认识，绝大部分认为男女差异表现为两性社会角色和男女分工的不同，社会对两性有不同的期待、要求和评价，并且主张在承认性别差异基础上的男女平等。而对社会性别这一概念的认识，非常了解的只有5%，有些了解和只是听说过的达到71%，完全不了解的有23%。

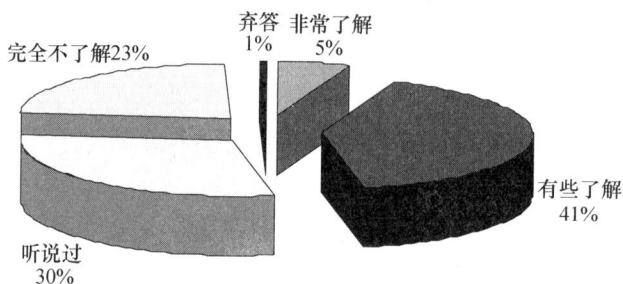

图7-7 了解"社会性别"这一概念的比例

62%的人会关注政府在环境立法与政策中的性别问题。在调研数据的对比中，可以发现女性比男性更关注政府对环境法律或政策中的性别问题（男性：女性为52%：76%）。而男性对环境保护立法和政策的关注程度略高于女性（男性：女性为97%：90%，男性：女性：81%：76%）。

由以上调查分析可知，珠海市环保机构中女性对环境问题有一定的认知，对环境、参与、社会性别有一定的观念，并认为自己有责任参与解决环境问题。

（二）对环保的参与

1. 积极的参与意愿

环保组织中的人员有着积极的参与环保的态度，除了在日常生活中保持一些环保习惯之外，54% 的人认为有义务主动宣传环保法规或践行环境保护责任，有 92% 的人会经常或有时上网或看书收集一些环保知识并与人共享，有超过 95% 的人会在日常生活中跟家人或朋友谈论环境问题。

对比数据表示，在日常生活中，由于女性在家庭中的特殊作用，女性较男性更经常与家人或朋友谈论环境问题（男性：女性为 90%：96%）。女性较男性会更多地利用上网或看书主动收集一些环保知识，并与人共享（男性：女性为 81%：85%），充分说明女性对环保的态度表现为更加积极。在环境参与的态度上，环保机构中女性的环境参与的认同度较高，对环境保护的责任感较强。

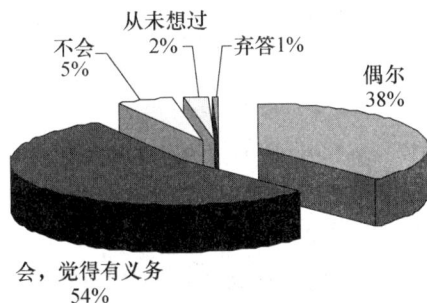

从未想过 2%　弃答 1%

不会 5%

偶尔 38%

会，觉得有义务 54%

图 7-8　是否会主动宣传环保法规或践行环境保护责任

2. 善良的参与动机

在环境参与的动机方面，环保机构中女性对参与环境组织或环境保护的动机呈现多元化的趋势，既有利益驱动，也有环保信念，被动服从以及从众心态也有所表现，但总体而言，女性参与环境保护的动机是善良而纯朴的，对自身保护环境的使命也有一定的认识。

47% 的人加入环保组织是基于工作安排，有 22% 的人是为了学到新知识，提高工作水平，也有 16% 的人是为了扩大交往范围并交流工作经验，还有 14% 的人认为环境保护功在当代、利在千秋。有 71% 的人会视时间而定愿意成为环保志愿者；23% 的人认为如果工作安排的话也愿意成为环保志愿者，参加一些社区或单位的环保宣传活动，而且女性的参与意愿与男性相当。

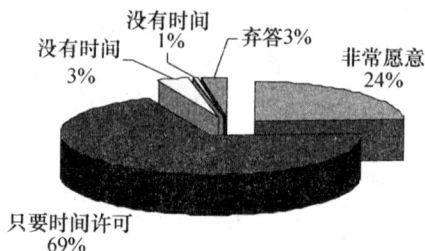

图7-9 如果有机会，您是否愿意主动参与一些与环保有关的志愿活动

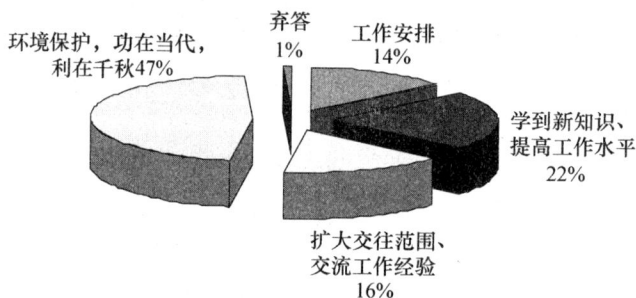

图7-10 参与环保组织的动机

3. 参与体现出一定的被动性

当问及是否愿参与关于性别与环境问题的教育与培训时，有29%的人愿意参加免费的教育与培训，而67%的人则要视时间而定。

从调查可知，环保机构的人员对环境的参与主要以组织化参与为主，也喜欢有组织的环境行动，但是家庭参与或自主参与的情形较少。在被调查的人员中，有66%的人接受过环保倡导活动的宣传或邀请，而32%的人从未受到过此类宣传和邀请。66%的人对身边的环保组织表示了解，33%的人表示不太了解或不了解。因此，主动要求加入环保组织人并不多，只占29%，有47%的人加入环保组织是基于工作安排。在加入环保组织之后，有52%的人会介绍朋友或家人加入自己所在或所知道的环保组织，39%的人会视他人的兴趣而作一些介绍。

（三）参与环保的行动

1. 有积极参与环保的行动

在环保组织中，有57%的人表示会积极主动地参与环保活动，如果有好的保护环境或者节约资源的建议，有18%的人表示会向组织或单位提出来，

71%的人会视情况决定是否会向组织或单位提出建议。对于生活中发现的破坏环境的行为也表现出主动干预意识，有50%的人会选择阻止，22%的人会主动向有关部门投诉，有5%的人会找新闻媒体曝光，但也有21%的人会选择无视对环境破坏的行为。

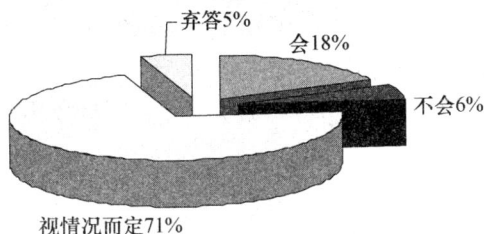

图7-11　有好的保护环境或者节约资源的建议，是否会向组织或单位提出来

成为环保组织的领导可以将自身对环境及环境保护的理解运用于环保行动中，使参与行为变得更加主动。在环保机构中，当问及是否愿意成为环保组织的领导时，67%的人认为自己有能力担任环保组织的领导，43%的人愿意担任环保组织的领导。在愿意担任环保组织领导的原因中，43%的人是希望将一些环保理念运用于工作和生活中，37%的人认为自己有一定的社会责任感和自信心。是否愿意成为环保组织的领导，除了自己的愿望外，家人也会表现出不同的态度，49%的男性家庭愿意被调查者成为环保组织的领导，从数据分析来看，对男性成为环保组织领导的家庭支持率高于女性。

2. 男性参与环保行为中的行动力强于女性

在调查中，男性较女性会更多地参加植树造林或其他保护动物的活动（男性：女性为62%：38%）；男性参与活动的策划与组织意愿高于女性（男性：女性为61%：50%）；男性担任环保组织领导的意愿也高于女性（男性：女性为63%：48%）。如果有好的保护环境或节约资源的建议，男性主动提出的概率要高于女性（男性：女性为70%：61%），男性对日常生活中发现的环境破坏行为比女性更能主动采取一定措施（男性：女性为80%：68%）。可见，受传统性别观念的影响，男性参与环保组织的行动力高于女性，而女性在环保组织中的组织意识与决策能力不及男性。

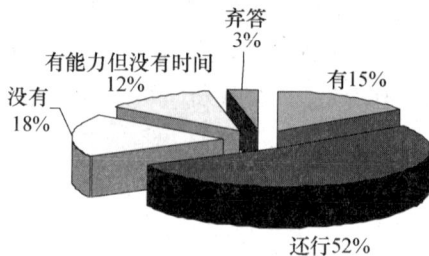

图 7-12　您认为自己是否有能力担任您所在的环保组织的领导

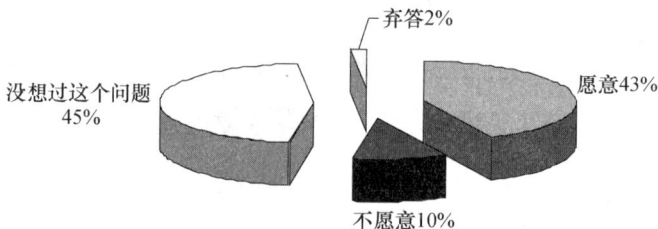

图 7-13　如果有机会，您是否愿意担任某环保组织的领导

三、妇女与环境保护的关系

（一）妇女对环境具有特殊的敏感性

女性是资源的主要使用者，女性自身的生理特点、在工作中和家庭中的重要作用及其养育后代的特殊使命使女性对环境问题具有特殊的敏感性，受母性本源善良思想的影响和作用，她们在生活中与外界各种资源接触的过程当中，常常自觉或不自觉地带有可持续利用资源和保护环境的思想，很容易形成爱护环境、关爱环境的意识。在家庭生活中，她们负责提供或管理日常生活的根本必需品，不论其经济动机如何，这种责任使女性处于一种反对危害健康、生命、根本生存资源的立场，并从家庭和个人健康的角度来看待环境问题。在某种程度上，她们更依赖社会现有的自然资源，更关注对资源的使用和管理，她们会选择低消耗、低污染，符合可持续发展的生活。妇女在家庭中积极开展种植花草等低碳活动，营造优美的生活环境，形成节约能源资源和保护生态环境的生活理念。即便她们走入职场，也会把节俭的美德带到工作中，在工作中节约用纸，并且尽可能对纸张进行再回收和利用，在节约资源方面发挥着重要作用。

女性细致、敏感的特性，使她们更善于在生活中积累与男性不同的有利于环境保护的知识、技能和经验，并影响到家人，特别是孩子。女性对环境问题和环境政策有敏锐的观察力，对日常生活中的破坏环境的行为，具有主动干预的意识，这对我国环境保护起着重要的作用。

（二）环境意识是女性参与环境保护的基础性条件

环境意识是人类个体和群体对社会发展、生产活动和生活活动中环境状况的认识，及对环境污染治理的自觉反映。[1] 现实中许多的环境问题正是缘于我们对环境的无知，有了环境意识，就会对自身周围环境的质量有所要求，就会产生危机感和责任感，积极投身环境保护。

女性受教育程度与可持续发展之间存在着必然的联系，女性的经济、社会地位会随着女性受教育水平的提高而提高，而社会地位的提高使得女性参与社会的能力也得到提高。加强对女性的环境教育，可以提高广大女性对资源、环境的危机意识，提高女性对环境需求以及权利意识，推崇性别平等与环境保护等理念，树立"绿色消费"观念和"低碳经济"理念，从而推进她们对环保组织和环境保护行动的参与，更为重要的是，女性对环保的参与还可以辐射到更多的人群，从家庭成员传达给整个社会。

（三）环境保护工作应重视女性和男性之间的性别角色差异

女性的社会性别角色决定了她们在生活中善于收集和积累环境保护和资源管理的知识和经验，并乐意主动与家人或朋友分享。我国的环境保护工作应重视女性和男性之间的性别角色差异，不能孤立地谈论环境问题，解决环境问题的出路在于把女性、环境与发展问题结合起来，并且从社会性别视角来审视这三者之间的关系。妇女在环境保护中是一股强大的力量，我们要重视并发展这种力量，只有这样才能真正地保护好环境，才能真正地发展人类文明。

（四）培育妇女非政府组织参与环境治理

20 世纪 80 年代以来，妇女非政府组织积极投身于环境保护、和平运动等与全球治理有关的各项事业。世界各国不断涌现新的妇女组织，参与全球环境与发展的决策，用妇女的智慧拯救日益遭到破坏的环境。我国自"1995年世界妇女大会"以来，也出现了一大批由妇女领导的环保非政府组织和一

---

〔1〕　孙晓梅：《中国妇女组织与环境保护工作》，《中华女子学院学报》2008 年第 6 期，第 57 页。

大批致力于环保事业的民间妇女。全国妇联组织也开展了"妇女·家园·环境""抵制白色污染，重拎布袋子""妇女参与节水"等环保活动，赢得了国际社会的普遍赞誉及政府和女性群众的认同。在环境保护事业方面，要在全社会大力培育妇女非政府组织，国家要给予政策的扶持和资金帮助，鼓励更多的女性投身环境保护事业。

四、环境保护领域贯彻性别平等原则

虽然保护环境与每个人息息相关，但妇女与环境保护有着更为特殊的关系，她们拥有强烈的环保热情，是环境保护的主要力量，让妇女参与环境的治理和环境政策的制定，将会进一步促进环保事业的发展，实现社会的可持续发展。

（一）在环境政策制定中纳入性别视角

环境变化对男女两性的影响是不同的，性别中立的环境和可持续发展政策及项目不能忽视这一差异，环境政策制定必须具有性别敏感度。在环境保护领域，各级政府要积极将社会性别视角和观点纳入决策主流，纳入可持续发展的方针政策和有关行动方案，提升环境决策者的性别意识，增加性别敏感和社会性别主流化能力，将政治承诺和政治意愿转化为现实行动。

（二）促进女性参与环境管理和决策

促进女性充分参与环境资源管理，参与环境决策、环境执法，提高女性参与环境和可持续发展的能力，对于提高环境管理与决策的科学化、民主化具有重要意义。《里约环境与发展宣言》指出，"妇女在环境管理和发展方面具有重大作用，她们的充分参与对实现持久发展至关重要"。《行动纲领》指出："健全的环境管理所需的战略行动应采取一种整体的、多学科和部门间的对策，妇女的参与和领导对于这一对策的每个方面都至关重要。没有男女共同参与的环境政策终究不会成功。""除非承认并支持妇女对环境管理的贡献，否则可持续发展就将是一个可望而不可及的目标。"因此，在环境政策、方案制定过程中要打破传统性别分工观念，让女性参与其中，进一步增加女性在环境保护立法、决策、执法方面的人员比例，提高环保机构和环保组织中女性的数量，充分倾听她们的声音、反映她们的需求，并将意见反馈到环境决策中，对于提升生态文明建设的层次和水平具有重要意义。

（三）在环境政策和项目评估中纳入性别视角

环境政策是促进可持续发展的关键要素，环境和自然资源退化、气候变化等对男女两性的影响不同，评估环境对人的发展的影响，也应自觉纳入性别视角，增加对于两性影响的评估，既要注意到对社会各个方面各个阶层的影响，也要注意到对两性分别带来的影响。从性别视角加强研究环境问题，特别是对气候变化、灾害与女性关系等，分析男女现有的社会性别角色、资源占有和权力的关系，从女性需求以及是否享有平等机会获取自然资源的角度评价各种政策和方案等。

第三节　妇女与环境领域性别平等状况

一、规划中的目标

《珠海市妇女发展规划（2011—2020 年）》继续把"妇女与环境"列为优先发展的主要领域之一，明确了妇女与环境领域的总目标为平等参与环境建设的决策与管理，妇女发展的社会环境和生态环境更为优化，切实提高妇女的幸福指数。

值得一提的是，公厕是城市的缩影，折射出城市的文明水准，反映城市的文化品位，与每个人的生活息息相关，与社会性别意识紧密相连。珠海市从性别视角进行男女使用需求和效率的分析研究，充分考虑妇女的生理特点，早在 2010 年通过的《珠海市妇女权益保障条例》中首次以立法的形式规定男女厕位比例，增加公共厕所女性厕位数量。在制定《珠海市妇女发展规划（2011—2020 年）》时在"妇女与环境"领域提出的"公共厕所及公共设施新建、改建厕所，女性厕位的数量应不低于男性厕位数量的 1.5 倍"的目标要求。2016 年 11 月，国家住房和城乡建设部发布了《城市公共厕所设计标准》，提出各地应因地制宜，在新建和改建公厕时，按照3∶2的比例设置女性厕位与男性厕位，人流量较大地区为 2∶1，严格按照新标准提高女性厕位比例。这一比例的设定侧面反映了人性关怀的公共设施建设思路，不仅体现了城市管理的科学性，更彰显了对女性权益的尊重，以及政府对性别平等的高度关注。

珠海市以"蓝色珠海"为目标，坚持绿色发展，集合社会资源，进一步优化妇女发展的生态和社会环境，在妇女与环境领域，共设定 10 项指标，截至 2015 年底，10 项指标全部提前实现规划终期目标。

表 7-2 2010—2015 年珠海市妇女发展规划监测指标进展情况：妇女与环境[1]

主要监测统计指标（%）	2010 年	2011 年	2012 年	2013 年	2014 年	2015 年	2020 年目标
卫生镇覆盖率	46. 67	46. 67	53. 33	66. 67	93. 33	93. 33	50
卫生村覆盖率	33. 66	36. 97	44. 56	53. 24	70. 26	88. 58	70
农村卫生厕所普及率	95. 53	94. 07	96. 62	98. 05	98. 11	98. 18	90
农村无害化卫生厕所普及率	82. 71	92. 32	95. 43	97. 12	97. 18	97. 21	85
农村集中式供水受益人口比例	—	—	100. 00	100. 00	100. 00	100. 00	85
农村自来水普及率	100. 00	100. 00	100. 00	100. 00	100. 00	100. 00	90
农村生活饮用水水质卫生合格率	67. 87	88. 00	78. 26	75. 00	81. 08	100. 00	90
城市生活垃圾无害化处理率	92. 34	100. 00	100. 00	100. 00	100. 00	100. 00	省水平
城市污水处理厂集中处理率	84. 68	86	86. 55	88. 52	90. 13	95. 70	省水平
城市人均公园绿地面积（m²）	13. 67	13. 81	19. 02	18. 5	18. 75	19. 50	省水平

二、环境领域性别平等的指标分析[2]

本文从三个方面对环境领域性别平等状况进行分析，分别是"生活环境""社会文化环境"以及"社会安全环境"。

（一）生活环境

1. 城市自然环境质量

"生活环境"主要选择与女性生活密切相关的指标进行分析，如水、大气、空气质量、城市垃圾和城市污水处理及生态环境质量等。自 2010 年以

---

〔1〕 数据来源：《珠海市妇女发展规划（2010—2015 年）》监测报告。

〔2〕 基于研究的需要，本书对环境领域的指标分析包括自然环境领域的指标，同时，也将《珠海市妇女发展规划（2011—2020 年）》"妇女与环境"中社会环境的指标纳入其中一并分析。

来，珠海市继续保持水、大气和生态环境质量均为优良的态势，为妇女营造了良好的生存环境。

珠海市编制《珠海市大气污染防治行动方案（2014—2017年）》，开展清洁空气行动计划，建立了市大气污染防治联席会议制度，大气污染防治工作取得新成果，碳排放交易试点稳步推进，成为全国首批"中欧低碳生态城市合作项目"综合试点城市，环境空气质量位居全国重点城市前列，完成了空气质量预报预警APP建设，实现环境空气质量实况在各发布平台对外发布。城乡供水服务实现均等化，农村自来水普及率已连续多年达到100%，在全国居于领先水平，农村生活饮用水水质卫生合格率为81.08%。

表7-3　2010—2015年珠海城市空气污染指数[1]

年份	全市天气为优（天数/比例）		全市天气为良（天数/比例）		酸雨发生率%
2010	225	61.6%	140	38.4%	44.3
2011	201	55.1%	164	44.9%	45.0
2012	253	69.1%	113	30.9%	44.8
2013	181	49.6%	179	49.0%	38.4
2014	167	46.0%	154	42.4%	44.9
2015	186	51.8%	137	38.2%	24.1

2. 城市垃圾和城市污水处理情况

随着城镇化进程的加速，城市生活垃圾和污水的产量也呈增长趋势，珠海市高度重视污染减排工作，污水管网建设全面铺开。自2010年以来，珠海市由10座污水处理厂、城市污水日处理能力54.3万吨增加到2015年14座污水处理厂、城市污水日处理能力达73.4万吨。城市污水集中处理率为95.7%，比2010年提高了30.82%。

珠海市在农村构建镇村垃圾收集和保洁体系全覆盖系统，推行农村垃圾"分类收集、集中转运、统一处理"，推进"一镇一站、一村一点、一村一队"的垃圾收运体系建设：全市15个镇（不含街道办）每镇建设至少1座垃圾压缩中转站，并根据各镇实际增建，目前已建成18座，在建11座；122个行政村按照省级标准，全市村居共新建密封式垃圾屋655个，实现收集体系全覆盖；农村建立环卫保洁制度，全市各行政村全部配备村专门保洁队伍，共聘请镇、村保洁员约2413名，确保村容整洁。在桂山岛、外伶仃岛、

---

〔1〕 该数据来源于珠海市统计局网站：《珠海统计年鉴（2010—2015年）》。

大万山岛、东澳岛四个有人常住的主要海岛也建成垃圾压缩中转站，通过专用船只采用密封压缩方式转运至东部的生态园无害化处理。城镇生活垃圾无害化处理率自 2013 年始一直保持在 100%，提前实现规划目标。

2015 年，珠海市农村卫生厕所普及率及农村无害化卫生厕所普及率分别为 98.18% 和 97.21%。全市卫生镇、卫生村覆盖率分别为 93.33% 和 88.58%，分别比 2010 年提升了 46.66% 和 54.92%，均提前实现规划目标。

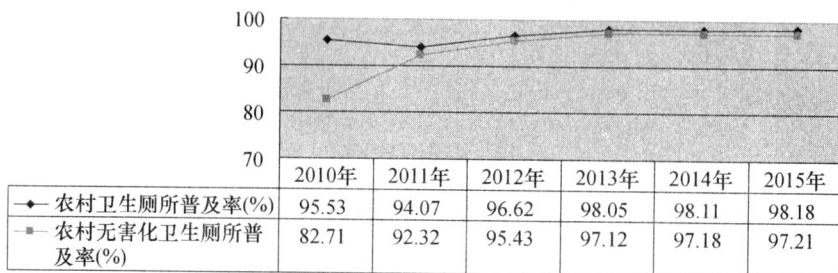

	2010年	2011年	2012年	2013年	2014年	2015年
农村卫生厕所普及率(%)	95.53	94.07	96.62	98.05	98.11	98.18
农村无害化卫生厕所普及率(%)	82.71	92.32	95.43	97.12	97.18	97.21

图 7-14 农村卫生厕所/无害化卫生厕所普及率

表 7-4 2010—2015 年城市生活垃圾和城市污水处理情况[1]

年份	污水处理厂数（座）	城市污水处理率（%）	城市垃圾无害化处理率（%）
2010	10	84.68	92.34
2011	11	86.00	100.00
2012	11	86.55	100.00
2013	13	88.52	100.00
2014	14	90.13	100.00
2015	14	95.70	100.00

3. 生态环境质量

森林覆盖率是衡量民众生态环境的核心指标，当前，珠海市共有国家级自然保护区 1 个，面积 4.6 万公顷。全年完成荒山荒（沙）地造林、更新造林、有林地造林面积 1569 公顷。全市森林覆盖率达到 35.94%（扣除湿地面积），城镇人均公共绿地面积为 19.5m²，全省排名第二，以优秀等级通过了国家园林城市复查。在城市道路绿化改造方面，珠海市积极打造林荫路和景观带，建设生态康体绿道，成功创建国家生态市和国家生态园林城市，成为

---

〔1〕 该数据来源于珠海市统计局网站：《珠海统计年鉴（2010—2015 年）》。

首批国家级海洋生态文明示范区、全国第二批水生态文明城市建设试点市和广东省海洋经济生态示范市。

珠海市人均绿地占有率逐年提高，从 2010 年的 13.67% 提高到 2015 年的 19.5%，公园个数大幅增加，通过兴建了文体和休闲设施大大增加了妇女可利用公共空间，大大提高了妇女的生存环境、生活质量和幸福指数。

此外，珠海市将环境空气、水环境、公众投诉等 6 项生态环境状况内容作为指标构成指数形式，于 2015 年 4 月首次对外公布 7 个区（功能区）的"生态环境指数"，每周向社会公布，让公众及时了解生态环境现状，扩大公众监督范围，推动政府加快推进生态文明建设。珠海由此成为全国首个发布"生态环境指数"的城市，环境空气质量于 2015 年 6 月荣登全国重点城市榜首。

4. 住房

住房是影响女性生活质量、生活水平的一个重要因素，珠海市人均住房面积和绿地占有率逐年提高，2015 年，城市居民人均住房建筑面积为 30.11m²，农村居民人均使用住房面积 42.05m²。为实现居者有其屋，珠海市对困境妇女实施救助帮扶，实施关爱母亲慈善安居工程——着力解决单亲特困母亲危房问题，从政策层面统筹推动单亲特困母亲危房改造优先纳入全市住房保障体系，加快了弱势妇女群体住房难问题的解决，保障了贫困妇女的居住安全。

表 7-5　珠海市人均住房建筑面积和绿地占有率[1]

年份	城市居民人均住房建筑面积（m²）	农村居民人均使用住房面积（m²）	森林覆盖率	城市人均绿地面积（m²）
2010	28.6	—	—	13.7
2011	30.1	33.7	29.0%	13.8
2012	29.3	37.5	29.5%	19.0
2013	29.9	38.2	29.7%	18.5
2014	30.0	41.7	29.9%	18.8
2015	30.1	42.1	35.9%	19.5

[1]　该数据来源于珠海市统计局网站：《珠海统计年鉴（2010—2015 年）》。

（二）社会文化环境

珠海市以创建文明城市、生态文明示范市为契机，推动智慧城市建设，镇街行政服务中心和村居公共服务站实现全覆盖。2015 年末，全市共有各类专业艺术表演团 2 个，群众艺术馆、文化馆 4 个，县级及以上公共图书馆 4 个，博物馆、纪念馆 6 个，美术馆 1 个，电影院 21 家，文化站 24 个。广播电视台 2 座，广播综合人口覆盖率和电视综合人口覆盖率均达 100%。全年出版报纸 16.05 万份（日发行量），各类期刊 105 万册。公共图书馆藏书量 329 万册（其中图书 158 万册，电子图书 171 万册）。建成"农家（社区）书屋"283 个，每万人公共文化设施面积 1350m²。城乡社区服务设施建设不断加强，社区公共服务水平得以提升，截至 2015 年底，共设立家庭服务中心 43 个，社区公共服务站 291 个。

（三）社会安全环境

狭义的社会安全指的是社会群体在基本生存条件方面所面临的危险的程度，一般可以通过社会保障体系来保障这种社会安全；广义的社会安全则指的是社会群体所可能遭受的对人身、财产、名誉、环境等方面的威胁或面临的威胁的程度。而社会安全环境则是社会群体抵御危险、避免伤害的能力、机制等条件的总体。男女因性别不同而在人身、财产等方面面临不同的威胁或危险，女性相比于男性而言，更容易受到侵害，如针对妇女的暴力和性侵：殴打、强奸、强迫卖淫等。社会环境的不安全往往导致女性成为暴力侵害的对象，用女性受害人方面的指标可以在一定程度上反映出妇女面临的安全风险以及国家或政府对不同性别群体的保护程度。

珠海市全力预防、制止各类侵犯妇女人身权益行为，公安部门成立了"110"反家庭暴力投诉中心，快速妥善处置各类家庭暴力案件及针对女性的性骚扰案件。法院设立家事审判专门法庭，以严厉打击侵害妇女的违法犯罪活动，刑事犯罪受害女性比例得到控制，自 2010 年以来，一直在 39.00% 左右。2015 年，刑事犯罪受害人女性为 39.35%，较 2010 年下降 0.55%，提前实现终期规划目标。率先在全国实施"家庭暴力人身安全保护裁定"试点，自 2009 年以来，截至 2017 年 2 月，香洲区人民法院共发出人身安全保护裁定 154 份，有效地预防和制止了家庭暴力。香洲区人民法院还被广东省高级人民法院指定成立家事审判合议庭，专门负责十类家事案件的审理。2015 年强奸案破案率比 2010 年上升 1.40%，达到 73.50%；拐卖妇女案破案率为 66.70%，较 2010 年上升 41.70%。

在妇女维权方面，珠海市致力于完善妇女维权工作服务网络，建立省妇联妇女维权与信息服务（珠海）站，打造信访接待、法律援助、人民调解、心理咨询"四位一体"维权模式，开展维权、心理、健康三条 24 小时热线服务。司法局在现有的各村居妇女之家阵地的基础上，建成区、镇（街）、村（社区）三级公共法律服务平台，建设区（镇）公共法律服务中心；成立婚姻家庭调解志愿小组，提供法律、免费心理咨询。2015 年，获得妇女法律援助的人数达到 846 人。

三、小结

总体而言，2005—2015 年珠海性别平等与妇女发展环境有了较大的改变，女性能够更多地参与环境资源的分享，发展的条件更为有利，城乡女性的生活环境有了很大的变化，无论是生活用水、卫生设施还是住房条件都有很大的改变，女性对环境建设的参与度也在不断提高。

但是，环境领域性别平等与妇女发展还面临着较大挑战，社会环境中仍然存在着不利于性别平等和妇女发展的因素，传统的男强女弱的文化观念以及"男主外、女主内"的性别分工，仍然在很大程度上制约着女性的发展。在社会安全环境方面，由于妇女在经济资源配置上没有获得真正意义上与男性平等的权利，特别是农村妇女的土地补偿、外嫁女土地权益得不到真正落实，外嫁女和离婚妇女诉讼现象仍然存在。涉家暴的信访、投诉及申请法律援助的案例仍占有较高比例，说明预防和制止家庭暴力工作的有效机制还需进一步健全。女童遭受性侵案件也时有发生，流动人口中妇女权益保障也是维权工作中的难点，弱势妇女群体权益保护工作更需要加强。

社会文化环境和社会安全环境需要进一步优化，为促进环境领域性别平等与妇女发展提供更多的制度性保障。

第八章　社会组织与妇女发展

非政府组织是人民的重要喉舌，非政府组织的力量和信誉在于它们在社会上发挥了负责的建设性作用。

——联合国人口与发展大会

第一节　妇女社会组织及其发展

一、妇女社会组织的概念

社会组织，在国际上又称为非政府组织。非政府组织（Non Governmental Organizations，NGO）是与政府组织对应的，与非营利组织（Non Profit Organizations）或第三部门（the Third Sector）的概念相近，是由关心其领域问题的群众自愿结合起来的非营利性的群众团体。非政府组织是在我国社会民主政治进程中，借鉴外国经验产生的。非政府组织须在政府的主管部门登记注册或备案，有自己的章程和组织网络，按照本组织的纲领和任务独立自主地开展工作，具有组织性、民间性、非营利性和非政治性四个特征。党的十六届六中全会提出要"健全社会组织，增强社会服务功能"，这里所指的"社会组织"是与政治组织、经济组织、文化组织相对应的概念，主要包括社会团体、基金会、民办非企业单位、部分中介组织等。党的十七大把民间组织纳入了社会建设与管理、构建和谐社会的工作大局，对传统的提法进行改造，提出了社会组织这一称谓，本书采用统一的社会组织这一称谓。"妇女社会组织"主要指专门致力于妇女发展的各种民间组织和社会团体。妇女社会组织，也称为女性社会组织或妇女 NGO。

现代意义上的妇女社会组织最早产生于 19 世纪早期。国际妇女运动第一次浪潮前后，一些妇女团体积极介入国际事务，大力促成将男女平等载入联合国宪章和成立妇女地位委员会，同时也推动着妇女社会组织的发展，为争取与男性平等的权利、提高自身的社会地位而不懈努力。我国妇女社会组织虽然起步晚，但发展较快。1995 年，联合国第四次世界妇女大会为中国妇女社会组织发展提供了重要的历史契机，形式多样的新兴妇女组织如雨后春笋般涌现，形成了大量公益性、互助性、自治性的妇女非政府组织。这些妇女社会组织在不同领域发挥作用，也在一定范围内联合行动，为推动妇女发展起着重要的作用。妇女组织化程度的提高成为当代我国妇女运动迅速发展的一个重要标志。[1]

妇女社会组织是社会组织的重要组成部分，除了具备社会组织的共性外，还具有鲜明的个性，即性别性。妇女社会组织并非简单意义上的纯女性参加的组织，而是指其活动的宗旨是以研究女性、服务女性为特征。

二、妇女社会组织的类型

妇女联合会是我国最大、最主要的女性社会组织，也最为大家所熟悉，它是全国性妇女社团，是八大人民团体之一。中国妇女社会组织蓬勃发展，既有民间注册的妇女社团组织，也有工商注册的非营利性妇女组织，以及仍未注册的各种非正式妇女组织。其中既有专业型、研究型，也有行业型、联谊型；既有实体型，也有网络虚拟型；既有非营利的有偿服务型，也有无偿的公益、志愿服务型。中国的妇女组织已经从妇联组织一枝独秀的格局，变为妇联一家牵头多家联合、妇联参与其他群团组织、独立于妇联之外的女性团体共存的格局。[2]

（一）研究型妇女社会组织

这类组织主要是指各类妇女学会、研究中心（所）、一些从事妇女/性别研究的学术团体，由活跃于妇联、高等院校以及各个社会科学研究机构内部的专家学者和关心妇女问题的有识之士组成，她们有科研实力，有工作热情，对妇女问题研究的视野很开阔，学术氛围和理论色彩很浓厚，主要从事妇女问题的研究，并且以其研究活动影响政府组织的决策。

（二）服务型妇女社会组织

主要指一些针对特定的妇女群体而提供救助、服务或咨询的非政府妇女组织机构，如各种法律服务咨询热线、心理咨询站、社区服务中心等，主要

---

[1]　肖扬：《对妇联组织变革动因及其途径的探讨》，《妇女研究论丛》2004 年第 4 期，第 45 页。

[2]　仪缨：《不同的声音——一次别开生面的"中国妇女组织研讨会"》，《妇女研究论丛》1999 年第 3 期，第 51 页。

为妇女成长成材、权益保护以及经济社会发展提供咨询和服务等。

（三）综合型妇女社会组织

综合型妇女社会组织是集上述各种功能于一身的妇女组织类型，这些组织同时开展研究、帮扶、宣传等多种活动，例如一些高校的妇女法律研究与服务中心。

（四）各类妇女职业团体或联谊性团体

这是建立在工作基础之上的，以行业、专业来划分的，由各种职业、各个阶层的妇女自愿组成的各种横向组织，其形式主要是各种妇女职业协会，例如女律师协会、女法官协会、女检察官协会、女企业家协会、女作家协会、女教授协会等。

三、社会组织是实现妇女参与的有效途径

社会组织是公民以组织形态参与的主体力量和重要途径，妇女参与社会组织也是女性参与广度和主动参与程度的重要指标。亨廷顿说过：个人视自己与团体为一体的意识越强烈，他就越有可能卷入组织和参与政治。团体组织是把个人与某一社会群体联系起来的纽带。位于团体或组织内的个人，可以在某一范围内参与对社会事务的决策、管理或协商，可以更充分地表达自己的愿望和建议，并通过集体对集体之外的社会产生更大的影响。

在当代世界妇女发展过程中，妇女组织不仅是受益者，更是推动者，各国许多妇女组织以其非营利性背景以及女性组织身份，在开展项目设立、调查研究中对女性群体的利益和需求更加敏感，她们通过项目实施了解妇女的需求和利益，根据本国妇女发展中出现的问题，分析原因，并向政府提出可行的对策和立法建议等，从而使政府决策时更容易考虑到妇女的存在及其利益。在我国，妇女社会组织积极分担政府公共服务，发挥了社会组织在推动国家民主建设以及妇女发展和性别平等领域的独特作用，在服务基层妇女和弱势妇女方面发挥了重要的作用。如妇联组织在推动财政部门出台并落实面向基层妇女的小额担保贷款财政贴息政策，开展了农村妇女"两癌"免费检查项目等。民间的妇女社会组织也在一定程度上缓解了妇联所面临的繁重的组织服务任务，使妇女多样性的利益诉求有了更多的渠道和组织依托。一些妇女社会组织还深入家庭和社区，开展法律援助、失独家庭救助、心理热线服务、农家女的培训等。或者参与各级环保部门管理，参与发起民间环保组织，在传播生态文明建设知识、培训和动员公众参与生态文明建设方面发挥了积极作用。

在现代社会，政府除了规范和控制由于新旧制度交替带来的行为失序问题外，重点是培育社会成员的现代行为，鼓励社会成员参与到社会组织中去，学习组织规则，在与组织其他成员的交往中习惯这种组织生活，社会组织常常比分散的妇女个人有更强的社会谈判力，甚至在特定情况下有影响决策层决策的作用，尤其是妇女社会组织受其组织目标和成员性别身份所决定，能动员广大妇女认识自身的潜质、能力和处境，自己掌握和运用自己的资源，使女性参与逐渐从一个简单的过程或手段发展成为一种理念。因此，我们应继续加强妇女组织之间、妇女组织与政府之间的合作，使妇女组织成为推动妇女发展的重要力量。

第二节　妇联组织及其建设

一、妇联组织的性质

世界上很多国家和地区都将妇女组织放在重要的政治地位。如日本内阁设立男女共同参画局，专门负责料理妇女事务；中国香港妇女事务委员会也属于政府机构，在参与和监督公共政策的制定、推行和实施过程中发挥出促进社会性别平等和社会的可持续发展的积极作用。设立专门保护妇女权益的政府部门能够从体制上保证将妇女的发展与国家经济和社会发展紧密联系在一起，保证社会性别主流化和政府行为的一致性，在我国，中华全国妇女联合会就担当着这样的职能。

妇联，即中华全国妇女联合会，成立于1949年3月，原名为"中华全国民主妇女联合会"，1957年更名为"中华人民共和国妇女联合会"，1978年又更名为"中华全国妇女联合会"。根据《全国妇女联合会章程》的规定，妇联是全国各族各界妇女在中国共产党领导下为争取进一步解放而联合起来的社会群体团体，是党和政府联系妇女群众的桥梁和纽带，是国家政权的重要社会支柱。其基本职能是，团结、动员广大妇女参与经济建设和社会发展，代表和维护妇女利益，促进男女平等。从法律层面上看，妇联作为群众团体，是非政府组织，但从历史和现实来看，妇联属于官办型社团，传统角色实际上是党和政府的施政助手，负责履行不宜由政府亲自履行的社会职能，它主要强调对党和政府的责任。

尽管中国政府明确表示，全国妇联是中国最大的妇女非政府组织。然而很多研究妇女问题的学者对妇联作为非政府组织的身份存在争议，这本身正是妇联角色变化在实践中的反映，而这种角色的变化又与妇联在这一时期所发挥的功能密切相关。妇联作为目前主要的妇女组织的特殊性表现在：

第一，从领导关系上看，妇联是在党的领导下的妇女组织，它被纳入参照《公务员法》管理的人民团体和群众团体之中，属于国家行政组织的一部分。国务院妇儿工委的办事机构设于各级妇联，表明妇联在实际上已承担了一部分政府管理妇女事务的职能。妇联领导人的任命权掌握在当地党委的手中，各级妇联组织领导人选任，仍由党委组织部门提名，上级妇联只有推荐的权利，这是其官办性的表现。妇联专职工作人员都是经政府人事部门统一招聘录用的，其日常管理、福利待遇等都参照公务员标准执行，从而在社会公众的心目中，妇联即是政府，找妇联就是找政府。

第二，从组织内部的管理运作方式来看，妇联采取的是纵向指导与横向管理相结合的组织模式。妇联的组织机构从中央到地方到基层，每一级政府都相应地建立每一级妇联。妇女联合会的行政经费、业务活动和事业发展经费，主要由政府拨款，提供经费保障，列入各级财政预算，并随财政收入的增长和工作需要逐步增加。全国妇联与各级地方妇联组织构成名义上的上下级关系，具有一定的指导权，下级妇联则与其所属的党政领导组织构成被领导与领导的关系，妇联在组织编制上隶属于各级党政机关，不能按其所需雇用工作人员，妇联的活动经费、成员的工资福利待遇都从当地政府的财政中支出，这是目前妇联组织系统的结构特征。

第三，从工作内容和工作形式上看，妇联对妇女采取的是非行政化的领导方式，实行妇女代表联系妇女的制度和团体会员制度。妇联与各界妇女联合，其工作对象不受年龄、职业与宗教的限制，也没有农村、城镇之别，将妇女团结在它的周围，最大限度地调动妇女的积极性，结成最广泛的统一战线，通过教育、服务来实现表达、维护和保障妇女自身利益的目标。

可见，如果从上述因素考察，妇联其实是一个行政系统，有学者将妇联归属于政治性社团，与工会、共青团等组织同属一类。然而，妇联在实际运作中又发挥了社会组织的功能，体现其民间性。妇联是妇女的群体性组织，通过与党政的组织联系，可以"代表和维护妇女权益，促进男女平等"，从而成为"党和政府联系妇女群众的桥梁和纽带"。妇联组织因此而拥有着多种参与公共政策的渠道，全国人大常委会出台的《妇女权益保障法》、国务院颁布的《中国妇女发展纲要》，都是由全国妇联起草的。可见，妇联组织在将性别平等纳入公共政策中发挥关键作用。

二、妇联组织建设的实践分析

妇联组织独立存在的重要基础在于其社会性。妇联以占人口半数以上的妇女为主要工作对象，工作领域覆盖了社会生活的方方面面，充分体现了工作联系的广泛性和工作基础的群众性。笔者以珠海为例，对珠海的妇联组织的实践运行情况进行分析。

（一）妇女组织的网络建设

珠海市妇女联合会到目前已经形成了从上到下、纵横交错、功能健全的组织网络，既有按层级式结构模式建立起来的纵向组织体系，如各级妇联组织、基层妇代会和基层妇委会，也有以团体会员为联结纽带的横向组织体系。珠海市妇联非常重视基层单位妇委会的建设，确保妇女 100% 进村（社区）两委。2015 年在全市 310 个村（社区）建立了"妇女之家"。妇联机关的职能部门有较强的内部控制机制，妇联组织与其他组织内部妇女组织也有着紧密的关系。珠海妇联组织与其他组织内部妇女组织的情况有两种：一是妇女儿童工作委员会与党政群机关、科教文卫等事业单位的妇委会有正常的妇女工作方面的业务往来；二是妇联与各民主党派妇委会、总工会女职工委员会及各种妇女协会、联谊会、研究会、宗教团体和其他群众团体的妇女组织有着广泛的信息沟通，它们积极接受妇联的业务指导，履行宣传妇联的决议，执行有关工作任务。妇联与这些妇女组织的联系是会员式的联合制。珠海妇联组织的工作对象从基层妇女群众拓展到高层次职业女性、知识女性。妇联干部的素质也从"单一"走向"组合"，干部队伍从专职为主走向专兼职结合，对促进妇女工作发展发挥着不可替代的作用。

（二）促进妇女参与实施社会管理

妇联与政府组织之间存在密切关系，这种天然具有靠近权力中心的优势，使得妇联有影响政府决策的可能。妇联在推动将性别平等意识纳入决策过程中发挥了重要作用，特别是妇联积极推进女性领导与妇女组织、妇女群众建立非正式网络联系，这对于担任公职的女领导了解妇女群众关切的问题，并将之纳入决策至关重要。在推进妇女广泛参与政治社会活动的同时，妇联也鼓励和支持各类妇女协会、研究会、联谊会等新型民间妇女组织和跨部门协调机构的发展，代表女性利益的民间妇女组织把妇女的呼声和需求反映给政府及其部门，对各级决策施加影响，将以往被忽视的女性问题带入议事日程。

（三）开展妇女研究与妇女交流

珠海市妇联在推动妇女研究方面表现得非常积极，注重理论研究，建立了专门的妇女研究机构，通过成立研究所、组织研讨会等方式积极推动妇女研究。妇联系统的许多研究成果直接转化为妇女工作的新思路、新举措，推动了妇女工作的发展。理论界、教育界一批专家学者自觉加入妇女研究队伍中，从各自学科的角度从事妇女研究，很大地拓展了妇女研究领域，各研究团体紧密结合珠海社会发展需求，面向政府和社会各界积极开展全方位、多层次的咨询服务，及时推广研究成果。

（四）拓展保障妇女权益的新领域

珠海市妇联以妇女为本的组织理念，带头形成了覆盖全市的妇女法律服务网络和服务工作体系，定期进行普法宣传、信访制度、法律诉讼援助、法律咨询热线等，积极与各个职能部门开展合作，充分利用社会资源，协调建立妇女维权机制，提升维权工作社会化程度。一是率先在全省妇联系统中开通了 24 小时妇女维权 12338 热线，畅通妇女诉求途径；二是在全市 23 个镇（街）社区妇女维权工作站配备结对律师和心理咨询师，为基层做好妇女维权工作提供专业力量支持；三是与市律师协会女律师委员会合作，邀请结对律师参与市妇联信访窗口值班，义务开展接待群众来访来信来电、免费解答法律及政策咨询、免费代书法律文书等工作。为了完善全天候维权机制体制，珠海市建立了省妇联妇女维权与信息服务站（珠海站），强化 24 小时服务热线，建立了个案跟踪服务制度，大大提升了全市妇女维权服务的水平。珠海市还以实施《珠海市妇女权益保障条例》为契机，大力宣传妇女权益与保障，推动地方性立法的贯彻执行。加强与市中院合作，推动了"人身安全保护裁定"制度的进一步落实。

三、妇联组织的发展

鉴于妇联与党和政府主管部门的特殊关系，妇联的组织变革必然要受到国家强有力的指导性约束，妇联要完全定位为纯粹的社会组织，目前可能并不现实。现阶段妇联应当寻找党和政府需求与妇女群众需求的结合点，这样既能满足党和政府对人民团体的政治性要求，又能通过妇女群众的普遍参与来获得社会的广泛认同；既能发挥自身的传统优势，又能应对社会变革带来的挑战。

（一）枢纽型社会组织

枢纽型社会组织首次面世于官方文件是在 2008 年 9 月，北京市社会工作委员会出台了《关于加快推进社会组织改革与发展的意见》，其中，提出了构建"枢纽型"社会组织工作体系的新思路。从概念上说，枢纽型社会组织，是指由负责社会建设的有关部门认定，在对同类别、同性质、同领域社会组织的发展服务、管理工作中，在政治上发挥桥梁纽带作用，在业务上处于龙头地位，在管理上承担业务主管职能的联合性社会组织。[1]

枢纽型社会组织最主要的功能是把同类别、同性质、同领域、同地域的社会组织联合起来，在政府管理部门和社会组织之间，通过类似于社会组织联合体的实践载体，服务和管理一个系统、一个领域、一个地域的社会组织。枢纽型社会组织可以在党和政府与各类专业性公益类社会组织之间发挥桥梁作用，以章程为纽带，在政治上发挥引领作用，在业务上发挥引导功能。通过政府委托，以购买服务的形式，发挥业务指导作用，以有效的服务促进社会组织的社会化、专业化，引导社会组织实现自我管理、自我服务、自我发展、自治自律。利用枢纽型社会组织进行管理的方式是一种去行政化、去科层制、实行扁平化的管理模式。

（二）枢纽功能

作为一个枢纽型组织，必须具备以下枢纽功能：

一是宗旨和理念枢纽，即组织遵循和倡导的公益服务宗旨对其他组织具有导向功能。二是公信力枢纽，即通过弘扬公益服务的理念，引领其他社会组织参与公益活动，形成公信力的信任枢纽。三是执行力枢纽，即通过本组织健全的组织系统和完备的执行力，发动和指导其他众多组织，提高它们的组织化程度及执行力，形成执行力的信赖枢纽。四是项目枢纽，即通过动员及整合众多社会组织和公众参与服务项目，并分享项目资源，为其发展提供保障。五是资源枢纽，即在发掘整合本组织资源的同时，发掘、整合其他众多组织的资源，使同领域的公共资源的有效配置与集中共享，既可以避免重复投入与建设，又可以加强领域内战略规划与提升同领域的资源获取能力。

总之，以上诸种具体枢纽功能要组合成一种整体系统的枢纽，最终提升社会组织乃至整个社会的社会化程度，实现有效治理和善治。

（三）珠海实践：以妇女之家为切入点

妇女之家是基层妇联组织凝聚妇女、服务妇女的重要阵地，也是妇联组织参与社会管理和公共服务的重要平台。珠海市将2014年定为妇女之家建设

---

[1] 崔玉开：《"枢纽型"社会组织：背景、概念与意义》，《甘肃理论学刊》2010年第5期，第76页。

年，全力打造了解妇情民意、传递党政温暖、服务妇女儿童的一线工作平台。

1. 以妇女之家为切入点，促进枢纽型社会组织建设

妇联的组织架构是建设枢纽型组织的优势所在，而妇女之家正是此优势的重要组成部分。通过建设妇女之家，有利于建立架构全、平台多、服务强、参与广、可持续的妇女管理服务枢纽网，有效发挥妇联枢纽型组织作用。通过妇女之家搜集和解决最基层困难妇女群众的民生服务需求，推动其纳入政府和社会的公共视野，从源头上维护妇女的权益，充分利用妇女组织"柔性"优势，化解矛盾和纠纷。

为了让妇女之家成为一个凝聚妇女、服务妇女的重要阵地，珠海市采用了以下办法：一是为每个妇女之家提供至少1000元的专项经费；二是为每个妇女之家提出工作要求、量化标准、流程程序的指导，提高其工作的可操作性和实效性；三是下沉资源，大大提高妇女之家在农村、社区群众中的向心力，妇联的一些深受妇女群众欢迎的品牌项目，如"小额免息贷款""妇女两癌检查""单亲特困母亲危房改造""阳光少年书角""困境儿童帮扶行动"等均下放到妇女之家，不仅提高了妇代会主任在群众中的威信，而且最大限度地提高了对广大妇女群众服务的能力和水平，"有事找妇联帮帮忙"成为群众的口碑；四是以人才优先、实务培训的方式，培养创新型、技能型、社工型的妇女之家人才，增强妇女之家负责人的经营能力；五是在妇女之家植入专业社工机构，以专业社工方式提升妇女之家的服务水平，挖掘妇女之家的服务潜能。如市妇联下属的晴朗天空服务社在横琴设立家庭综合服务中心，与妇女之家优势互补，联手开展专业服务，深受妇女欢迎。新青工业园珠海协作者协会的妇女之家，则利用有限的资源，采用购买服务方式经营妇女之家，把服务覆盖至工业园区，把妇女之家建在"两新"组织中。

2. 以妇女之家为载体，培育和发展妇女社会组织

市妇联通过定目标、给资源、树榜样、强培训，极大地激发了全市妇女之家的活力，使妇联最基层的枢纽组织网络如同"吸铁石"一样，不断吸纳整合各种社会力量和资源，妇女之家为各类社会组织提供了展示所长、履行社会责任的良好平台。如营养学会推广健康饮食、家学研究会推广和谐亲子理念、卫生诊所推广母乳喂养知识等。妇女之家周围聚集着一大批各类社会组织，使之成为构建枢纽型组织体系的"核心"。妇女之家把强身健体队、迷彩服义工队、居家养老队、家教服务队等248个群众自发组织紧紧团结在自己周围，激发居民参与社会事务的积极性和主动性，使社区居民中的矛盾得以及时发现、及时解决，为整个社区的稳定和谐作出了重要贡献，使妇

得到帮助和实惠，真正发挥了妇联组织在社会管理创新中的独特作用和优势。实践证明，妇女之家确实是基层妇联组织与妇女群众之间的重要桥梁和纽带，是基层妇联组织凝聚广大妇女力量、开展妇女工作、服务妇女所盼、参与社会管理创新、扩大妇联组织影响力的重要阵地。

当然，妇女之家在管理中也存在一些问题，各社区、村建设发展不平衡，妇女之家的活动范围和功能发挥具有一定的局限性，一些村、社区工作成员身兼多职，力不从心，人员素质和能力还需要进一步提高，服务功能比较单一，社会影响还不够高，社会资金筹集能力十分有限，在一定程度上削弱了妇女群众参与建设活动的积极性。一些妇女之家还在探索起步阶段，组织活动开展较少，内容形式较为简单，群众参与面和知晓率还不高，还未能很好地把妇女群众的能动性调动起来。虽然有的妇女之家已通过项目来培育完善经济功能，但由于项目规模偏小、缺乏自主品牌、市场占有率低，尚未形成带动能力强、具有市场竞争力的产业链条。

（四）进一步加强基层妇女之家建设的思考

1. 整合妇女之家功能

虽然各村居基本完成了妇女之家的基本建设，但基层妇女之家建设仍需要进一步强化功能，扩大妇联工作的影响力。在目前基层妇女之家工作中，基层妇联受人员、经费等限制，工作力量仍然薄弱。这就需要我们大力整合妇联系统的各项职能，尽可能地把各项职能和工作放到妇女之家的平台来开展，如搭建培训平台、就业平台、信息平台和交流平台等，形成集聚效应、品牌效应，使基层妇女之家成为宣教、维权、服务以及创业就业培训阵地，也可以共同建设儿童之家与妇女之家，形成"妇女儿童之家"。

2. 培育妇女之家的工作特色

在基层妇女之家的工作中，要切实从辖区实际情况出发，把握辖区内妇女不同的民生需求和社会诉求、知识能力和兴趣特点，有侧重地开展有针对性的活动，打造不同社区具有地域特色的妇女之家。比如，珠海市妇联就与香洲区人民法院、金湾区司法局、斗门区司法局建立了首批具有维权特色的妇女之家，目的是加强基层依法维权和建立化解纠纷机制，引导支持妇女理性维权。法律维权妇女之家利用专业优势，将妇女之家创建与《反家暴法》实施、司法援助、法院审判等结合起来，特别建立了"绿色讼诉"渠道，积极为弱势妇女儿童提供法律援助和司法救济。这种特色的妇女之家既是资源的整合，同时，也能够通过挖掘和培育特色服务来增强妇女之家对辖区妇女的吸引力。

3. 激发妇女之家的活力

在基层妇女之家的建设中，要以开放的思维方式和市场化的眼光，整合资源，借助社会和市场的力量来开展工作，如引导妇女之家通过与社会组织、专业社工组织合作，承接政府、妇联和社区公益项目等方式，寻求与社会组织合作的互利共赢点，拓展服务领域，完善服务功能。如此，可以强化服务家庭的功能，开展家庭文明的创建，或者推进家政服务等。同时，要积极创新工作机制，将基层妇女之家的活动更多地转向业余、周末、节假日，把妇女之家的活动开展成为各领域妇女都想参与，都可以参与的扎实有效的活动。除了传统的集体性文娱活动外，尽量开展一些知识相对丰富、层次相对较高的赋权性活动，提升活动质量，让广大妇女能够真正从活动中更多受益，变被动参与为主动参与。

四、妇联组织的全面改革

2016 年 9 月 18 日，中共中央办公厅印发了《全国妇联改革方案》，该方案强调，妇女工作是党的群众工作的重要组成部分。妇联组织是党领导下的人民团体，是党和政府联系妇女群众的桥梁和纽带，是党开展妇女工作最可靠最有力的助手。必须抓住全面深化改革重大历史机遇，以强烈的责任担当和自我革新勇气，全面推进全国妇联改革，引领带动各级妇联组织改革，努力提高为党做好妇女工作的能力和水平，开创妇联工作新局面。

《全国妇联改革方案》从七个方面提出了改革措施，包括：第一，改进全国妇联领导机构人员构成、运行机制和机构设置。第二，改革全国妇联机关干部选拔任用方式和管理制度。第三，创新动员妇女服务大局的载体和方式。第四，提高服务妇女、维护妇女合法权益能力。第五，做强基层，夯实基础。第六，打造"网上妇女之家"。第七，切实加强党的领导。方案中的每一项改革措施都具有针对性，这一改革行动体现了妇女事业持续健康发展和妇联组织不断改革创新的内在需求。该方案要求全国妇联全面推进改革，示范带动各级妇联组织改革，使妇联组织更加充满活力、更加坚强有力地开展妇女工作。笔者认为，妇联组织应积极筹划其组织变革，在创新中谋求妇联组织的大发展，优化妇联队伍，赢得更多的发展空间，在国家公共政策的制定和实施方面拥有更多的话语权。

在改革中，妇联组织要处理好三个关系：一是妇联组织与政府的关系。政府掌握公共权力，拥有大量公共资源，而妇联作为一个法律意义上的社会团体不存在真正的行政权力，党和政府支持妇联等人民团体参与社会管理和公共服务，但这种参与只能是有限的、有序的参与，因此，妇联组织要正确处理与政府的关系，明确参与的角色身份，做到不越位，充分发挥妇联联系群众的桥梁和纽带作用，在目前政府主导型的合作关系基础之上努力培养自身的自主性，以能朝着与政府形成合作伙伴型的、平等型的合作关系的未来方向发展。二是妇联组织要处理好与其他妇女非政府组织的关系。目前，许多民间妇女群众组织快速发展，有的通过申请已成为妇联的团体会员，有的还形成全国性网络，如全国反家庭暴力网络等，有些民间妇女组织善于利用体制外的社会资源，并大量吸纳志愿者，所以机构运行成本低，富有生命力。妇联应该发挥组织联合功能，当好其他妇女组织的指导者，将符合条件的民间妇女组织都吸收为妇联的团体会员，与之形成良好的指导、合作、优势互补的关系。三是妇联组织要处理好与妇女群众的关系。妇联组织是妇女权益的代表者和维护者，要牢固树立为妇女服务的意识，鼓励和帮助妇女依法自觉行使民主权利，引导妇女积极参与公共事务和公益事业，实行自我管理、自我服务、自我教育、自我监督等。

后　记

妇女作为妻子和母亲的角色，以其天然的情感优势，在社会繁衍和发展中具有特殊地位。同时，妇女作为一支伟大的人力资源，蕴涵着巨大的创造才能，她们以"巾帼不让须眉"的气魄，创造出令男人也刮目相看的业绩，推动着人类社会的文明与进步。妇女发展，不仅是妇女自身的全面发展，也意味着妇女参与并促进发展，公平地享有发展成果，同时也是与男性的和谐发展。

对于性别平等、妇女发展问题的研究，源于我在2010年接受珠海市妇联的委托做了一个关于"珠海市妇女生存现状与发展"的调研项目，在珠海市妇联的支持下，我的调研工作得到了很多政府部门、妇女组织以及妇女工作者的配合与协助，调研工作完成后形成的调研报告在2011年获得珠海市哲学社会科学优秀成果调研报告类二等奖。这次获奖给了自己很大的鼓励，也开启了我跟珠海市妇联更多的合作。在几年的时间里，我一直跟踪珠海市妇女发展的情况：2011年，由我主笔完成对珠海市实施《广东省妇女发展规划（2001—2010年）》的终期评估报告，该报告全面分析和评估了珠海市"十五""十一五"时期实施《广东省妇女发展规划》的主要目标达标情况，是对珠海市过去十年实施妇女发展规划成果的一个描述。2015年，我又完成了珠海市实施《广东省妇女发展规划（2011—2020年）》的中期评估报告。两个报告都是以数据监测统计为基础，以实地考察为依据，在写作的过程中，我接触了更多的数据、资料和案例，也深刻感受到珠海市在妇女发展方面所作的努力以及所取得的进步。2016年，我再次受珠海市妇联的委托完成了《珠海市妇女发展蓝皮书》的写作，之后，我将自己多年来对性别平等与妇女发展问题的研究进行了梳理与总结，从而完成本书，作为自己对前期研究工作的一个小结。

非常感谢珠海市妇联玄阳主席、胡约雅副主席、刘敬华副主席，以及权益部的陈佩瑜部长和市妇女儿童工作委员会办公室的万明卉，她们不仅给了我许多的参与机会，并提供各种方便，让我可以搜集资料、实地走访或者开展跟踪考察，以全面了解珠海市妇女发展的状况。几年来，在她们的支持与帮助下，我完成了一系列围绕妇女权利与发展的科研项目，比如外嫁女权益保障、家庭暴力等，对女性权利的研究也引发了我对性别问题的关注，完成每一个她们交付的项目的同时，也激励我在妇女权利与性别平等这个领域的研究不断地深入。从她们身上，我看到她们对工作的热忱与执着；她们在平凡的工作中进行大胆的改革与创新，推动珠海市妇女工作不断向前。

还要感谢广东省妇女维权与信息服务站的梁华晖大姐，她善良而富有爱心，退休之后，仍然热心于妇女维权工作。她经常将妇女维权工作中的难点以及经验跟我交流，希望有更多的方法能够帮助到那些在生活中需要法律和心理援助的妇女。我曾经帮她们把维权站的案例进行整理和编辑，制作成一本小册子，让更多从事妇女维权工作的社会组织以及妇联工作者可以从中获得启发，也希望给她们的工作提供更多的指引。在这个过程中，我也更深刻地了解到自己研究工作的意义。

还要特别感谢唐仲江编辑的高效工作以及认真的校对，从标点符号到文献引用都非常细心，使书稿得以顺利付印。

总是喜欢以一个有仪式感的结束，欣欣然地启动另外一个开始。梅花香自苦寒来，愿所有有意义的工作得以继续，并结出硕果！

陈　晖
2018 年 1 月